中国式现代化为什么行？

现代国家构建与文明互鉴

杨宝荣 著

当代中国出版社
Contemporary China Publishing House

图书在版编目（CIP）数据

中国式现代化为什么行？：现代国家构建与文明互鉴／杨宝荣著. -- 北京：当代中国出版社，2024.9

ISBN 978-7-5154-1387-7

Ⅰ. ①中… Ⅱ. ①杨… Ⅲ. ①现代化建设－研究－中国 Ⅳ. ①D61

中国国家版本馆 CIP 数据核字（2024）第 102514 号

出 版 人　王　茵
责任编辑　袁又文
责任校对　贾云华　康　莹
印刷监制　刘艳平
封面设计　鲁　娟
出版发行　当代中国出版社
地　　址　北京市地安门西大街旌勇里 8 号
网　　址　http：//www. ddzg. net
邮政编码　100009
编 辑 部　（010）66572264
市 场 部　（010）66572281　66572157
印　　刷　中国电影出版社印刷厂
开　　本　710 毫米×1000 毫米　1/16
印　　张　19.5 印张　1 插页　277 千字
版　　次　2024 年 9 月第 1 版
印　　次　2024 年 9 月第 1 次印刷
定　　价　98.00 元

目 录

第四部分 中国式现代化国际合作及参与全球治理探索

序

作为中国人，我们有幸见证了人类有史以来最波澜壮阔的快速发展和现代化进程。历史地看，当代中国人是幸运的，因为中国当前的快速发展成就是建立在数代人艰苦奋斗基础上的。中国快速发展的过程和成绩，表明了发展中国家从传统农业社会向现代化工业社会转型实现跨越式发展的可行性。在当前人类新技术带来史无前例发展变化、世界处于百年未有之大变局的背景下，世界上很多的国家和人民仍在为寻求发展之道苦苦探索，相比之下，中国的发展成就无疑是最吸引关注的。技术的进步，使人类从来没有像今天这样更容易近距离了解或感知不同国家或地区的文明。从长远看，分析不同因素对社会经济的进步效应，不仅有助于人类在不同传统文明和不同制度基础上的发展经验交流，也有助于探索解决长期困扰众多发展中国家发展问题的路径。

作为中国人，我们希望用自己的语言描述“中国式现代化”这人类史无前例的伟大发展成就。单一的学科理论难以解读中国发展背后的经验。可以确定的是，在新中国建设的不同时期，对于中国的发展，包括基本制度建设和解决发展难题的具体政策调整等，不同学科的专业人士都进行过大量细致的研究，也有汗牛充栋的学术著述。但也应该看到，在研究和阐述某些议题时，每个学科都会围绕自己的学科特点或知识体系来进行。这种精细化研究和阐述，导致业外人士或外国人很难通俗理解和全面把握具体发展阶段的特征和发展导向，甚至由于视角不全，导致对特定时期的政策特点解读出现偏颇。凡此种种，都不利于客观看待中国发展经验的系统性和完整性。经济社会的综合快速发展进步绝不是一个方面政策发力的结果。从此角度看，中国经验背后既有延续几千年的生产方式在现代化过程中的反映，也有中国共产党执政以来为实现现代化而对传统的继承、改造和塑造。可见，了解中国发展经验需要多角度系统看待中国的基本制度建设和发展政策。

用历史视角看待中国式现代化。中国式现代化创造了人类现代化进程中的一个奇迹，也开启了对中国传统文化与现代化研究的新高度。无论是现代化体系规模，还是现代化惠及人口、现代化速度、现代化方式等，中国都开辟了人类现代化的新篇章。人类发展史上，任何一个国家的规模性变革式发展成就，都会成为历史研究的关注内容。无论褒贬，中国式现代化的成就，已经引起世界的广泛关注，也必将成为人类发展史关注的内容，必将掀起世界对这个延续数千年文明的新的兴趣。中国式现代化并不是依靠单一的中国传统文化建立的现代化，但它却是建立在中国历史、文化、国情基础上的现代化。研究中国式现代化必然涉及对中国历史、传统文化、文明传承，以及学习西方现代化基础上的本土现代化价值重塑、现代思维方式培养、现代制度创新等的认识。这也是众多希望在自己历史文化传统基础上实现现代化发展的众多发展中国家的关注点。由此，笔者立足于本土历史视角，基于中国历史和国情，分析中国为实现现代化而作的制度设计和中国阶段发展的实践及创新。

用全球化视角看待中国式现代化。中国式现代化的成绩基于中国对全球化的理解，是中国式实践的成果，特殊性和共性的结合反映了全球不同发展条件国家参与全球化的新方式。中国式现代化反映了近代以来人类全球化融合进程的不同时代特点，其中主要包括反帝反殖反封建、民族自决与独立、政党制度选择、国家制度设计、弥补发展短板和利用市场经济国家发展经验等。人类的全球化进程是伴随人类生产、生活方式的发展而不断开展的。始于 15 世纪的全球化加速只是新技术条件下的全球化表现。相比，当前技术进步正以前所未有的速度和力度推进全球化进程。在此过程中，人类发展不平衡带来的问题将更加突出和迫切。中国式现代化在发展过程中，以问题为导向，而非教条地照搬其他发展经验，恰恰反映了全球化进程中多元文明共存的客观现实，也体现出充分利用制度优势弥补发展差距的成效。由此，从不可逆转并加速的全球化视角，以新时代世界发展需要和中国式现代化创新发展方式为主线，是笔者分析正在或即将到来的人类文明发展新形态的着力点。

用经验范式视角看待中国式现代化。理论是对探索实践的总结，但绝不应仅局限于总结，还应有前瞻性。人类现代化发展范式探索的是不同发展历史时期认识论、实践论、价值导向论的交织。在以工业化为核心、以市场为驱动力的现代化过程中，长期以来发达国家早期积累的经验无疑被奉为圭臬。但早期现代化国家的经验或范式早已不适合后来的发展中国家。无论是全球扩张的暴利积累，还是所谓的完全自由市场竞争实现工业化，或是发达资本市场对经济的影响，都无法指导较低发展起点国家的现代化发展，也不足以支持人类可持续发展的时代要求。对于发展中国家而言，认清这个客观实际很必要。一方面，认知固化是禁锢人类思维和制度进步的主要障碍，教条地使用旧有的经验或理论，无益于缩小同发达国家的发展差异。另一方面，发展中国家现代化的过程是其解决守旧与创新，主导与干扰，国家发展起点和阶段差异等众多现实问题的实践过程。过去，已经发生的变化对固守旧思维的国家是灾难；当前，正在和将发生的变化对持有守旧思维的国家和全球的发展仍将带来巨大挑战。目前，国际问题研究中对于中国式现代化所取得成就的理论总结严重不足，或按照西方发达国家已有理论来解读中国发展。因此，笔者将选择中国现代化发展成就，特别是选择中国发展进程中标志性的制度创新或让中国人记忆深刻的重大历史事件，重点论述中国所独有的诸如新民主主义革命、社会主义初级阶段、社会主义市场经济等理论特点，分析在全球化不可逆背景下，中国在认识论、实践论和价值导向论方面的探索经验。

用跨学科视角看待中国式现代化。中国式现代化的理论和实践是宏大复杂和相互作用的，绝不是单一学科认知所能阐述到位的。就笔者而言，阐述“中国式现代化为什么行”这一研究议题的过程也是不断学习的过程。由此，笔者将以单一专题方式围绕中国制度变革推动社会经济文化综合进步开展研究和阐述。为客观反映中国式现代化发展中制度设计的重要性，笔者主要依托中共政策文件、国家权威报告或党和国家领导人对时局发展的指导表述等文献开展研究。

作为中国人，“讲好中国故事”就是让中国式现代化的发展经验能被不同国家的人听懂和理解。这要求国际问题研究的学者将中国特色的发展故事能从现象到本质进行系统阐述。一方面，要针对发展中国家普遍面临的发展困境，从中国曾经面临的类似问题出发，分析中国为什么能够不断克服困难，走向成功。另一方面，要针对当前国际交流中的热点议题，分析其实质，并就中国的认识和具体政策经验加以分享。本书分为“中国式现代化快速发展经验的国际交流意义”“中国式现代化国家基本政治制度建设及发展导向”“中国式现代化经济发展与提升国家自主发展能力方式”“中国式现代化国际合作及参与全球治理探索”四个部分，每部分包括若干独立成篇的文章，每篇文章主要包括四方面内容：第一，为什么选择该议题，即该议题在国家发展中的重要性。第二，中国在该议题方面的发展阶段、发展成效和制度、政策设计。第三，中国经验对发展中国家的参考借鉴意义。第四，为实现该议题的发展，国际应该营造什么样的发展环境和倡导什么样的发展理念。

作为中国人，我们希望中国式现代化的发展经验能为更多国家的发展提供参考和借鉴，并带来快速和包容性发展。没有遭受过战乱、饥荒、侵略和贫穷，就不能真正理解中国无数革命者和建设者为现代国家建设前赴后继的精神追求，不能真正理解“有大家才有小家”及中国“家国一体”的含义，不能真正理解普通民众对和平与发展的渴望。从马克思主义诞生起，人类社会的共同发展和进步就成为国际政治领域的重要方向。新时代以来，随着中国自身实力的提升和更广泛参与国际合作的能力提升，中国提出了旨在推动全人类共同发展和进步的“人类命运共同体”理念。尽管人类在不断走向进步，但发展差异固化和影响人类发展的不稳定因素却从未消失。通过分享发展经验克服新的发展挑战，我们希望人类走向真正的大同世界。

第一部分

中国式现代化快速发展经验的国际交流意义

现代化是近代以来才出现的概念。它是以工业化生产方式和相应的生产关系变革为主要特征的。历史地看，现代化又是一个相对性概念。对于中国乃至广大发展中国家而言，现代化的过程是学习和仿效西方工业化生产和重塑本土生产关系的变革过程。工业化数百年以来，“文明优越论”“文明排他论”等一度伴随霸权的扩张甚嚣尘上，不同地区人民在传统社会基础上的现代化探索遭遇了严重挑战。

历经百年，当世界再次把目光集中到中国，是因为中国取得了持续快速的发展，这是因为执政的中国共产党的正确领导。“中国共产党为什么能，中国特色社会主义为什么好，归根到底是马克思主义行，是中国化时代化的马克思主义行。”①

中国式现代化的成就使传承数千年的中华文明焕发出新的活力。中国现代作家冰心曾在《成功的花》中写道：“成功的花，人们只惊羡它现时的明艳，然而当初她的芽儿，浸透了奋斗的泪泉，洒满了牺牲的血雨。”

作为现代化道路上的艰辛探索者，中国的成功激发出更多国家探索独立自主发展道路的热情。中国的发展成就，源于对已有现代化发展理论的不迷信、不盲目照抄照搬，是对文明多样性、世界各国自主探索现代化的肯定。

① 《中国共产党第二十次全国代表大会文件汇编》，人民出版社 2022 年版，第 14 页。

文明互鉴是学习发展经验的理性方式 *

2019 年 5 月 15 日，中国在北京召开了亚洲文明对话大会。这是人类进入工业化时代以来，不同文明交流的一次重要大会。它所反映的是新历史条件下，亚洲不同国家在尊重各自文明的基础上，就实现自身发展和共同发展议题交流经验寻求共识的意愿。这一盛会的召开，一方面表明了广大发展中国家在发展过程中自信度的提升；另一方面，这也是新中国成立以来平等对外文化交流政策的延续，是中国与广大发展中国家相互分享发展经验，促进地区繁荣、稳定与开放融通的体现。

人类的文明并不是单一国家或民族创造的。尽管近代以来西方列强在工业化的推动下开创了人类发展史上规模宏大的现代文明，但这种工业文明并不能否定数千年不同地区人类文明的积淀。在现代西方发达国家强调的价值观中，很多内容也来自古代文明。任何国家或地区的发展都有自己的历史和文化传统，现代化的发展短期内无法消除这种历史影响。由此，从发展经验看，现代化的发展都是在既有历史文化基础上进行的。同样，现代文明的发展也是建立在知识、文化相互交流基础上的。特别是在世界依存度空前增强的今天，没有对外交流，故步自封就不会有长足的进步。反之，过分强调单一文明的优越性也是不对的。

---

* 原文载于《瞭望中国》总第 405 期（2019 年 6 月），参见 http://www.outlookchina.net/html/news/201906/12009.html。

加强文明交流是现代国家对外关系的理性态度和立场。资本主义在全球扩张的一个突出后果是“西方文明中心论”的一家独大。一定历史时期的发展特征，不应该当作历史规律。历史地看，近代西方列强在全球殖民扩张的同时，客观上带着现代工业文明的基因，被殖民国家发展的相对进步只是殖民者扩张的附带效应，并不意味着殖民治理下的世界会取得持续的进步。在许多非洲国家，数百年被殖民产生的后果是依附于发达国家的单一产业结构特点和严重滞后的社会经济发展。人类历史上，不同地区的文明共存是常态。即使在资本主义列强主导国际关系的时代，一家文明排他性地存在也是没有过的。如果没有本国被压迫人民及国外被压迫民族的反抗和斗争，资本主义就不会出现改良和进步，而处于殖民统治下的地区也不会有真正的发展。从占据世界主流的“西方文明中心论”到“文明的冲突”，本身反映了广大发展中国家的不断进步和人类的共同发展。但这种进步仍然是不够的。拉美是现代民族国家发展起步较早的地区，且很多国家率先进入了中等收入国家行列。但经历 200 多年的发展，拉美很多国家仍难以摆脱中等收入陷阱，并在国际经济的周期性调整中一度陷入发展困境。世界是发展的，也应该是进步的。不同国家在发展这一永恒议题上，面临的挑战是永远存在的。不同文明互鉴，加强国家间的发展经验交流，才是促进相互理解，实现共同发展的必要途径。

肯定文明多样性、重视交流互鉴是中国共产党的一贯态度。肯定人类历史上的不同文明，重视吸收历史文明成果，推动社会进步，是中国共产党人一贯的思想态度和对外合作出发点。在现有的人类文明中，中华文明是最具沿袭性和完整性的。但是，近代以来，中国落伍了，中国人饱经百年沧桑，充分认识到了故步自封的危害。由此，近代以来学习西方工业文明中的先进性一直是中国的主流。但这种学习并不是媚权惧威，而是中国人理性思考的结果。当西方霸权横行，马克思主义通过列宁的社会革命实践成为指导人们谋取国家、民族、大多数人快速发展的实用有力的武器后，中国共产党认识到了马克思主义这一在当时还是“小众”思想的科学性，并由此开启了中华民族的伟大复兴之路。毛泽东在中国共产党第七次全国代表大会预备会议上的报告中指出:“全世界自古以来，没有任何学问、任何东西是完全的，是再不向前发展的。地球是在发展的，太阳是在发展的，这就是世界。停止了发展就不是世界。”“人类又有几十万年的历史，出了文明社会，出了资本主义社会，出了社会主义社会。马克思主义宇宙观教给我们，要懂得将来还要进步到一个共产主义社会。中国经过新民主主义社会，将来还要进步，直到阶级没有了，政党也不要了”。“旧的东西毁灭了又有新的产生。有马克思主义观点的人，一定要这样看问题。”①

新中国的成立极大推动了中国人民重新创造文明的进程。这一进程是促进世界和平与发展的进程，更是修复资本主义列强全球扩张以来对世界文明人为破坏的进程。正如 1949 年毛泽东在中国人民政治协商会议第一届全体会议上的开幕词中所讲:“我们团结起来，以人民解放战争和人民大革命打倒了内外压迫者，宣布中华人民共和国的成立了。我们的民族将从此列入爱好和平自由的世界各民族的大家庭，以勇敢而勤劳的姿态工作着，创造自己的文明和幸福，同时也促进世界的和平和自由。”新中国成立，中国人站起来了，以历史文明大国的姿态参与人类文明的和平发展进程，是中国常常强调的伟大复兴的重要内容之一。中华民族的伟大复兴并不是中华文明凌驾于世界其他文明之上，而是加入人类创造更加包容、和谐、多元文明的进程中。

文明互鉴要体现平等，既要敢于承认不足也要打破盲目崇拜。发展差异是世界普遍存在的现象，文明交流要体现平等。中国文化中强调既不“妄自尊大”也不“妄自菲薄”，这应该是文明交流的应有态度。前者，是西方列强文明扩张的态度，也是发展中国家一直面临的挑战。1958 年 7 月 12 日，毛泽东在同黑非洲青年代表团的谈话中明确讲道:“西方帝国主义者自以为是文明的，说被压迫者是野蛮的。可是我们没有占领别人的地方，非洲也没有占领过欧洲。是欧洲占领非洲，这就很文明了？欧洲不如非洲，它们占领别人的地方不是很野蛮吗？帝国主义占领我们中国，这就很野蛮。我们中国过去、现在都没有占领别的国家，将来也不会去占领美

① 《毛泽东文集》第 3 卷，人民出版社 1996 年版，第 299 页。

国、英国作殖民地，所以我们始终是文明国家。”“要有自信心，看不起欧美帝国主义，它们不算数。”对于后者，要承认发展不足，要克服盲目崇拜。文明交流的不平等一直是严重影响国际交流的障碍，这既有霸权主义行径影响的原因，也有自身发展滞后导致对自身文明的自信下降的原因。毛泽东在同黑非洲青年代表团的讲话中也讲道：“帝国主义者长期以来散布他们是文明的、高尚的、卫生的。这一点在世界上还有影响，比如存在一种奴隶思想。我们也当过帝国主义的奴隶，当长久了，精神就受影响。现在我国有些人中还有这种精神影响，所以我们在全国人民中广泛宣传破除迷信。过去中国人中有恐美病，要去掉它的影响。你们有没有人有恐法病？想必会有的，法国一直在宣传那些东西，总会有人跟着它走。我们要在人民中慢慢改掉这种思想。”①

发展经验不能僵化为教条使用。近年来随着中国的快速发展，中国发展经验的交流和学习日益受到关注。对此，中国政府的态度一贯是分享中国发展经验，但不希望别国照抄照搬。毛泽东同黑非洲青年代表团的谈话中曾指出：“我的著作，中国的情况，仅仅只能作你们的参考，你们办事要按照你们国家的实际情况。”“一个民族有自己的历史，有自己的环境。在这方面，我们过去是吃过亏的，照搬外国，就是照搬苏联的经验，结果把南方的根据地几乎都丢掉了，只好长征，使革命受了很大损失。马克思和列宁都曾说过，他们的理论仅仅是行动的指南，是指导方向的，不能当作教条。但我们有些同志就是不懂得这一点，后来受了损失，吃了苦头，才明白了。”“这以后我们就得到了教训，知道马列主义的普遍真理是应该相信的，但是要同中国革命的实际情况相结合。”②

社会经济发展才能增加文明延续的活力。毛泽东在中国人民政治协商会议第一届全体会议上的开幕词中指出：“随着经济建设的高潮的到来，不可避免地将要出现一个文化建设的高潮。中国人被人认为不文明的时代已经过去了，我们将以一个具有高度文化的民族出现于世界。”邓小平也

① 《毛泽东文集》第7卷，人民出版社1999年版，第382页。
② 《毛泽东文集》第7卷，人民出版社1999年版，第383页。

主张“发展才是硬道理”，中国要坚持“两手抓，两手都要硬”。两个文明建设都搞上去，这才是有中国特色的社会主义。习近平主席在亚洲文明对话大会上指出，文明因多样而交流，因交流而互鉴，因互鉴而发展。要实现世界的和平安宁、共同繁荣和开放融通，就需要加强世界上不同国家、不同民族、不同文化的交流互鉴。

国际视角的中国发展道路解读*

2017年10月18日召开的中国共产党第十九次全国代表大会被誉为新时代中国特色社会主义道路的里程碑式会议。会议提出了中国发展进入中国特色社会主义新时代的历史新定位。“中国特色社会主义进入新时代，意味着近代以来久经磨难的中华民族迎来了从站起来、富起来到强起来的伟大飞跃，迎来了实现中华民族伟大复兴的光明前景。”百年沧桑巨变，实现了中华民族发展历史上三个阶段的伟大跨越，这标志着近代以来中华民族的伟大复兴进入了新的历史时期。站在人类的发展史上，一个拥有五千多年连续不断文明的古国，将焕发出新的活力，大国尊严将重新得到体现。

国家的尊严很大程度上是一个世界性议题，它是国际社会对一国地位的认同。国家的尊严首先来自国家的国际地位，来自国家的实力。正如中共十九大报告所指出的，改革开放以来，“我们党团结带领全国各族人民不懈奋斗，推动我国经济实力、科技实力、国防实力、综合国力进入世界前列，推动我国国际地位实现前所未有的提升，党的面貌、国家的面貌、人民的面貌、军队的面貌、中华民族的面貌发生了前所未有的变化，中华民族正以崭新姿态屹立于世界的东方。”中共十八大后的五年中，中国国

---

* 原文载于《瞭望中国》总第391期（2018年12月），参见 http://www.outlookchina.net/html/news/201812/11772.html。

内生产总值从54万亿元增长到80万亿元，稳居世界第二，对世界经济增长贡献率超过30%。在当前世界经济复苏乏力、单边主义盛行、局部地区冲突和动荡频发、全球性问题日益加剧的背景下，拥有近14亿人口，秉持开放式国际合作，维持经济高速增长，民主法治不断推进，倡导国际多元文化包容性发展的中国，对世界的和平与发展所发挥的作用是巨大的，理应得到应有的尊严。国家的尊严更体现在对广大民众利益的维护。这是中国共产党的立党基础，也是中国共产党长期奋斗的目标。国之强，民之幸。国家有尊严，人民才有尊严。当前的中国人，特别是走出国门的中国人，更容易切身感受中国强大带来的尊严。

从国际视角看，中共十九大所释放的信息，不仅关系到中国共产党领导下的中国政治经济等多领域未来的发展方向，同时更关系到中国以什么样的姿态处理同外部世界的关系。十九大所释放的信息是明确的，一方面，正如会议的主题所指出的，"不忘初心，牢记使命，高举中国特色社会主义伟大旗帜，决胜全面建成小康社会，夺取新时代中国特色社会主义伟大胜利，为实现中华民族伟大复兴的中国梦不懈奋斗"。作为带领中国人民不断取得革命、建设和改革胜利的政党，该主题再次明确地表述了中国共产党人的初心和使命——为中国人民谋幸福，为中华民族谋复兴。另一方面，报告明确中国将继续以积极、开放的态度融入世界。这不仅体现在"加快完善社会主义市场经济体制""推动形成全面开放新格局"，更在于通过自身在社会、经济、文化、生态等多领域的现代化发展，"坚持和平发展道路，推动构建人类命运共同体"的实现。

这是一个难忘的时代！这种难忘首先在于当代的中国人在经历了近代以来的艰难，创造性地走出了具有中国特色的发展道路，迎来了从站起来、富起来到强起来的伟大飞跃。中华民族创造的这一伟大历史成就，直接归功于中国共产党的领导。这是一个探索发展理论取得伟大成就的时代。中国特色社会主义理论是对中国革命和建设社会实践的理论总结。在当前众多发展中国家仍迷茫于发展道路探索的背景下，中国的成功和对发展理论的总结"给世界上那些既希望加快发展又希望保持自身独立性的国家和民族提供了全新选择，为解决人类问题贡献了中国智慧和中国方案"。

这是一个世界发展经验广泛交流的时代。人类开启工业化时代以来，生产关系发生了前所未有的根本转变，世界性的交流日益变得广泛。学习别国先进的文化和发展理念成为时代主流。中国发展道路本身就是马克思主义基本原理同中国具体实际相结合、同中华优秀传统文化相结合的成果。优秀的文化是没有国界的，它属于全人类。中国特色社会主义理论也属于人类发展的宝贵财富。

中国作为最大的发展中国家，新中国成立70多年、改革开放40多年的时间内，中国道路所取得的成就是人类历史上的奇迹。实现这种发展奇迹的过程，既是执政的中国共产党不断探索的过程、勤劳的中国人民的奋斗的过程，也是中国融入世界的过程。近代以来，任何国家的发展已经离不开国际大环境。纵观中国近代史，不同时期革命和建设的一个重要目标就是围绕国际形势的变化，积极寻求学习国际发展理念和经验，积极融入世界。正如历经多年建设，近日通车的桥梁奇迹——港珠澳大桥被誉为是标准、文化、理念的对接一样，要实现落后国家同发达国家的有尊严对接，需要自身发展能力的升级。发展的低级版本兼容高级版本是不现实的。中共十九大以来的中国正在进行新一轮的对外开放合作。以此为起点，兼容并蓄人类文明成果，以更高的水平融入世界将是中国新的长征。

人类史上寻求和平的进程总是充满艰辛。由站起来、富起来到强起来，即使在21世纪的今天，仍然是世界许多国家梦寐以求、可望而不可即的事情。一些国家因战乱频仍，人民流离失所。一些国家因制度选择和政策局限性，长期处于严重欠发达状态。2011年10月20日，备受西方诟病的利比亚总统卡扎菲被反政府武装枪杀。反对者本以为推翻卡扎菲会带来一个更好的利比亚。但多年后的今天，原来安全稳定的生活远离了利比亚人民，目前这个600多万人口的国家中活跃着1700多个武装组织，存在着两个敌对的议会、三个政府，奴隶、掠夺、战争、暴力充斥着这个曾经繁荣祥和的国家。2015年9月，一张溺亡于土耳其沙滩上的叙利亚3岁儿童的照片让世界为之动容。叙利亚战争给叙利亚人民带来的深重苦难远未结束。即便是没有尊严的“民主”，其代价也是沉重的。

历史尚未走远，记忆犹新。在中国传统文化中，二战后出生的一代人已经是“古稀之年”了。纵然历史不会被人完全遗忘，但留在当代人印象中的悲惨过去也会随着历史长河的演进而淡化；那些烽火连天、民不聊生的残酷记忆，也不可避免地越来越远。而时代的警钟仍在警示中国人应该居安思危。2018 年 10 月 11 日，美国总统特朗普在接受美国福克斯新闻的早间节目电话采访时公然宣称“中国人好日子过得太久了”。这句话的影响力远胜于特朗普总统的多次“退群”和不断加码的对华贸易战，将中国人的记忆重新拉回到苦难深重的过去。由站起来到富起来，进而迈向强起来的过程并不是一帆风顺的。和平要靠自己去维护，好日子要靠自己去奋斗。从“落后就要挨打”“一切帝国主义皆是纸老虎”到“宽广的太平洋有足够的空间容纳中美两个大国”，不同的话语折射出的是中国人民在艰苦奋斗寻求发展、寻求民族尊严的过程中对国际关系的认识，反映了中华民族渴望和平，寻求和平发展的百年夙愿。

普通民众或许并不会仔细研读中共十九大报告的内容，也不会对十九大报告所阐述的当前和今后中国发展面临的复杂形势有深刻的认识，但历史总需要有人记录和描述。前事不忘，后事之师，在人类已经进入 21 世纪的今天，回忆历史并不是拉仇恨，而是增进理解，呼唤更多爱好和平的人共同维护人类应有的尊严，促进世界的和平、开放和包容发展。在不断开放融入世界的过程中，从国际视角认识中国的成功发展经验，不仅是新时代道路、理论、制度、文化自信的表现，也是为了让外部世界更好理解中国发展经验的世界性，更好理解构建人类命运共同体的实质。

认识的重要方式之一就是学习。“生在红旗下，长在新中国”，不仅是对一代人的描述，更是对一个时代的描述。从国际视野角度分析中国发展道路探索和形成的过程，有助于人们更好理解中国融入世界的经验，也是对外交流的需要。

传承和创新：认知中国经验要从了解中国共产党开始*

世界对中国发展成就的考察首先要从了解中国共产党开始，这是一个必然的逻辑起点。一方面，中国的发展成就是在中国共产党领导下实现的。另一方面，对于世界上并没有机会直接了解中国发展进步的民众而言，理解中国共产党是在什么背景下走上历史舞台的，在治理最大发展中国家进程中如何定位和扮演着什么角色，有助于更清晰地认识中国共产党带领下的中国的发展走向。

了解中国共产党，就必须要把握工业化以来全球化进程的主导方式和落后国家的现代化道路探索两条线索。这背后折射的是落后国家如何通过全球化实现与发达国家间的均衡发展。虽然中国共产党发展及成就在中国大地上，但其代表的发展理念却是高度国际化的。这种国际化不仅体现在共产党本身，也体现在治国理政导向的国际化。作为国际共产主义运动的产物，中国共产党本身的发展就是世界发展的历史选择。由此，看待中国发展成就，必须面对中国近代以来的世界化方式和进程。

第一，要摒弃对中国共产党污蔑化宣传的负面影响。污蔑无产阶级政党暴露出帝国主义的极端自私。冷战结束后，帝国主义这个词似乎淡出了世界的视野。但不可否定的是，第二次世界大战以来，在右翼资本主义国

---

* 原文载于《瞭望中国》总第 452 期（2022 年 8 月），参见 http://www.outlookchina.net/html/news/202208/12760.html。

家主导国际舆论，甚至长期把控联合国等多边组织的过程中，民族国家的发展道路探索遭到长期污名化，甚至暴力干预。这导致很多发达国家的民众对社会主义中国乃至广大发展中国家的道路探索充满质疑，甚至非议。同时，在学习西方发达国家市场经验的过程中，发展中国家有人也丧失了辨别力。由此，正确看待中国共产党的形成发展与全球化的关系，即正确看待中国共产党的本土文化传承、与世界接轨和创新是认识中国发展经验和未来发展的很好视角。正如 2022 年 5 月 27 日中共中央总书记习近平在中国共产党十九届中央政治局第三十九次集体学习时在《把中国文明历史研究引向深入 增强历史自觉坚定文化自信》讲话中指出的，“西方很多人习惯于把中国看作西方现代化理论视野中的近现代民族国家，没有从五千多年文明史的角度来看待中国，这样就难以真正理解中国的过去、现在、未来。”①

第二，在全球化的历史进程中认识中国共产党。这关系到如何看待中国共产党的出生背景和历史使命。中国共产党的诞生本身就是全球化的产物，中国共产党的一个天然属性就是工业化与全球化。由此，一方面，要认识到开放对中国的重要性，及中国共产党推动中国开放的主导作用。另一方面，要认识到中国共产党带领中国人民的工业化过程对全球化的推动作用。实现高度社会化的过程中，市场化的历史前提是工业化。无产阶级政党是工业化的产物，也是市场化的亲历者。中国共产党领导中国人民谋发展的一百年，就是融入全球化的一百年，在学习先进技术的同时不断推动制度的革新。尽管中国在不同时期有自己的发展特色，但是中国共产党从来没有背离融入世界的初衷。从世界史角度看特定时期被外界误读的中国政策，必然要考虑到中国所处的国际合作环境的特点。由此，维护开放的国际合作是中国共产党坚持的基本理念。

第三，在处理传统与现代关系的议题中认识中国共产党。中国共产党是在带领一个落后的农业国家向现代国家转变。中国共产党党章强调，中

① 习近平：《把中国文明历史研究引向深入 增强历史自觉坚定文化自信》，《求是》2022 年第 14 期。

国共产党“代表中国先进文化的前进方向”，处理传统与现代的关系既是中国共产党党建的内容，也是进行社会治理的重要内容。一方面，继承与守旧是一个密切相关的议题，“批判地借鉴”是中国共产党一贯强调的对待历史的态度。作为党和新中国的主要缔造者，毛泽东是一个传统文化的大家，也是用马克思主义中国化的成果来改造中国社会的。如毛泽东1941年5月19日在延安干部会议上所作的《改造我们的学习》的报告，时至今日仍是指导我们学习的重要文件。另一方面，正确处理传统与现代的动态辩证关系。这种关系涵盖广阔，既包括文化、宗教、科学等众多的社会认知内容，也包括重新塑造符合新时代发展需要的各种社会关系。人类在一些地区曾延续数千年的传统文明，即使是那些直接不利于现代生产关系的传统，要通过改造让其进步，也是困难的。三十年前的传统，就可能成为三十年后发展的制约。从一定意义上讲，对传统改变的节奏反映了社会进步的节奏。从中国的国家机构设置看，很多文化机构存在的一个基本出发点就是在处理传统与现代的关系。可见中国共产党对传统与现代化关系的重视度非常之高。从国际竞争看，社会思维和社会生产力、生产关系的进步都是构成一国竞争力的重要内容。现代化发展的引领者，必须要体现出正确处理传统与现代的能力。

第四，在科技进步推动社会进步规律下认识中国共产党。科技进步推动社会发展和认知进步是人类发展的一个基本规律，也是理解中国共产党强调技术进步重要性的内容。中国共产党党章强调社会主义事业“必须以经济建设为中心”，“依靠科技进步，提高劳动者素质，促进国民经济更高质量、更有效率、更加公平、更可持续发展。”在人类自身生产和消费不断升级的背景下，如果技术手段不能释放更多的生产潜能来满足这种需要，就可能引发一国内部或国际关系出现动荡。内卷和修昔底德陷阱是对不同范围内争夺资源导致的竞争关系的描述。工业化以来世界的发展表明，大规模的社会发展和进步必须要靠技术进步来推动。在过去发生的四次工业革命过程中，一些国家由繁荣走向了衰落，一些国家人民福祉不断增强，一些国家仍在孜孜不倦地追求实现工业化，一些国家不遗余力地制裁他国科技进步，凡此种种都反映出科技的重要性。中国共产党之所以坚持马克思主义，就是因为马克思主义深入阐述了垄断资本、金融资本在对全世界共同进步、包容性发展方面的制约。作为一个人口大国，如果不消除这种落后和制约，中国的社会矛盾就会不断尖锐化，中国就难以走出历史周期率困境。同样，在全球范围，如果不消除这种落后和制约，世界的相对均衡发展就不可能实现，历史造成的发展差异固化就得不到解决，国际关系也难以走出历史周期率困境。由此，可见主张垄断科技进步者的反人类恶意。

第五，在现代化与可持续发展的关系中认识中国共产党。关注世界的可持续发展是一个现代无产阶级政党的使命和担当。世界范围内比较，中国共产党带领中国在可持续发展方面所作的努力是绝无仅有的。就全球可持续发展看，当前“可持续发展”和“包容性发展”已经成为联合国确定的多边发展议题，这是多边主义的真正进步。历史地看，共产党人所倡导的发展和治理更早体现出当前联合国的这一特征。在一百多年前当马克思提出人类社会的发展方向时，很难想象，当前的社会生产和全球治理能达到现在的水平，无论是发达资本主义国家的改良，还是众多非政府组织的推动、普通民众认识觉悟的提高、广大发展中国家在国际舞台上的斗争，现代化的发展对全球是普惠的。当前，中国共产党针对自身发展水平以及新的时代发展需要，提出以高质量发展引导未来的发展，这将意味着中国的发展有助于带动可持续发展迈上新的台阶。

第六，在坚持正义与维护世界和平定位中看待中国的对外合作。当前世界与中国的广泛深入合作，被阴谋论者认为是中国蓄意扩大影响。这种认识忽略了一个事实：今天中国与世界的合作规模是在中国共产党一贯坚持的和平外交政策基础上，生产和科技进步带来的参与国际合作能力扩大的表现。在热衷于炒作“中国威胁论”的人眼里，中国综合国力提升带动的军事无疑是一个重要的“威胁”。军事行为能力和军事行为动力是衡量一国对外军事行为的两个主要维度。了解中国军事的人都明白，中国一直是世界和平的积极维护者。历史地看，反帝反殖就是反战。世界近代历史中之所以战争不断，就是因为殖民主义、帝国主义在全球发动了一系列侵略战争。新中国成立以来，“防御性国防政策”一直是中国国防建设的方向。中国从未主动挑起过战争和武装冲突，没有侵略过任何一个国家。中国共产党党章中“坚持独立自主的和平外交政策，坚持和平发展道路”的表述已经充分反映了中国共产党的对外合作立场。

当热爱和平的世界人民看到中国共产党带领世界上人口最多的国家摆脱绝对贫困，并不断以创新和包容发展开展广泛国际合作时，应该为中国共产党所取得的伟大成就点赞。这是人类理性的进步，也是文明的进步。任何当代史都将成为过去史，可以确信，在未来的全球发展史中，中国共产党领导的发展史一定会被贴上推动世界一体化发展的标签。

世界减贫经验看中国 *

在新冠疫情影响下，全球范围内新极端贫困人数的快速增加与中国共产党和中国政府忙于实现“全面脱贫攻坚”和“全面建成小康社会”任务正形成鲜明的对比。据世界银行估计，世界因新冠疫情陷入极端贫困的人数有可能扩大到 7000 万至 1 亿人。相比，率先控制疫情的中国，正忙于实现中共十六大提出的 21 世纪头二十年我国全面建设小康社会的奋斗目标。正如德国《每日镜报》8 月 18 日文章《西方必须证明可以比中国提供更好的生活》所说，中国不断改善的市场环境和巨大市场潜力，让更多有竞争力的西方公司扩大在中国的参与，如今中国市场正在拯救许多西方制造商免于倒闭。发展要让人民大众有获得感是任何政党和政府首先要考虑的问题，如果所谓的西方阵营还存在，那么它就应当证实西方制度的优越性，证实西方所谓的“自由”和“民主”能够保障民众过更好的生活。这些信息从一个客观的角度反映了所谓“意识形态阵营”噱头的虚伪性，凸显了中国体制的发展成就和对国际“减贫”议题的贡献。

减贫是 21 世纪以来的国际热点问题。一方面，减贫是联合国关于发展的重要议题。在联合国，开发计划署的主要任务和目标就是协助相关国家促进发展，通过项目合作来推动社会的整体进步，让人类技术进步带来

---

* 原文载于《瞭望中国》总第 430 期（2020 年 9 月），参见 http://www.outlookchina.net/html/news/202009/12367.html。

的发展惠及所有人。2000 年 9 月联合国首脑会议上签署的《联合国千年宣言》指出，减贫关系到消除饥饿、减少疾病、降低文盲、修复环境和提高妇女地位等众多领域的发展。另一方面，在发展中国家，国际合作的一个重要方面就包括减贫项目合作。从国际减贫合作历史看，20 世纪末期国际多边组织关注发展中国家的减贫才是真正进入议题。如国际货币基金组织 1999 年为贫穷国家设立低利息贷款配合低收入国家减贫方案的实施。但从减贫成效看，国际多边组织的项目减贫虽然在具体项目中帮助了合作国，但在整体上没有取得完全令人信服的成就。究其实质，在此过程中，项目合作绑定的要求合作国进行的市场化、自由化改革削弱了东道国的自主发展。减贫关系到一个国家和社会的综合性长期规划和发展，不同国家有着不同的国情，西方发达国家的"成功经验"是否适合广大发展中国家一直是受到质疑的。相较西方强调对社会贫困的救助主要依靠"富人"慈善行为和项目合作，中国政府通过全面综合方略推动社会经济发展来实现减贫更具有广泛性。

从"四个现代化"到"小康"的中国减贫路径。在"减贫"这一议题下，新中国成立后的各个发展阶段任务都是统一的，体现了中国有国才有家的逻辑。其一，毛泽东时代重视创建基本制度和发展环境来推动减贫。如 1949 年 9 月 30 日毛泽东在中国人民政治协商会议第一届全体会议上指出，中华人民共和国成立，就是要领导全国人民克服一切困难，进行大规模的经济建设和文化建设，扫除旧中国所留下来的贫困和愚昧，逐步地改善人民的物质生活和提高人民的文化生活。1960 年 5 月 7 日，毛泽东同非洲十二个国家和地区的社会活动家、和平人士和工会、青年、学生代表团谈话，就发展中国家贫困原因指出，"我们是朋友，我们是站在一条战线上的，共同反对帝国主义、殖民主义。帝国主义国家大多数不承认我国。它们实际上统治了中国一百多年，使中国变得很贫穷，变成一穷二白。穷就是贫困，白就是文盲多。"[①] 1955 年 7 月 31 日，毛泽东在中共中央召集的省、市、自治区党委书记会议上的报告中强调，在发展的问题上，"全

① 《毛泽东文集》第 8 卷，人民出版社 1999 年版，第 169 页。

国大多数农民，为了摆脱贫困，改善生活，为了抵御灾荒，只有联合起来，向社会主义大道前进，才能达到目的。”[①] 1964年后，中国将实现“四个现代化”作为社会主义的建设目标。其二，改革开放后全力发展经济标志着中国的减贫进入新的历史时期，其标志概念是“小康”。1979 年 12 月 6 日，邓小平在同日本首相大平正芳谈话时指出，“四个现代化这个目标是毛主席、周总理在世时确定的。所谓四个现代化，就是要改变中国贫穷落后的面貌，不但使人民生活水平逐步有所提高，也要使中国在国际事务中能够恢复符合自己情况的地位，对人类作出比较多一点的贡献。”“我们的四个现代化的概念，不是像你们那样的现代化的概念，而是‘小康之家’。”[②] 1982 年中共十二大提出人民物质文化生活要达到“小康”水平的目标以来，实现“小康”目标贯穿了改革开放的中国发展。中共十六大提出了 21 世纪头二十年我国全面建设小康社会的奋斗目标，中共十九大制定了决胜全面建成小康社会、夺取新时代中国特色社会主义伟大胜利的宏伟蓝图和行动纲领。2020 年是中国全面建成小康社会收官之年，打赢脱贫攻坚战是当前中国全面建成小康社会的重中之重。

从解决温饱到迈向全面小康，中国的减贫成效史无前例。一方面，从经济视角看，中国的减贫是一项综合发展计划。中国的减贫涵盖了新中国成立以来的所有发展。可以说，中共领导中国人民的发展史就是一部减贫史。无论是革命初衷、制度建设，还是改革开放，中共领导中国人民的经济发展过程就是一部追求全民脱贫的奋斗史。另一方面，70 多年如一日的奋斗铸就了当前中国在脱贫方面的成果。70 多年来，8 亿多人口脱贫。根据中国国家统计局数据，1949 年我国居民人均可支配收入仅为 49.7 元，2018 年居民人均可支配收入达到 28228 元，名义增长 566.6 倍，扣除物价因素实际增长 59.2 倍，年均实际增长 6.1%。城乡居民收入的快速增长，极大地改善了民众的生活水平，中国的减贫成就开创了人类社会史上的奇迹。中共十八大以来，国家大幅增加脱贫攻坚投入，累计新建改建贫困地

① 《毛泽东文集》第 6 卷，人民出版社 1999 年版，第 429 页。
② 《邓小平文选》第 2 卷，人民出版社 1994 年版，第 237 页。

区农村公路50多万公里，解决了1600多万贫困人口的饮水安全问题，对近1000万贫困人口进行易地扶贫搬迁，救治了1500多万贫困大病和慢病患者，贫困地区农民生产条件显著改善，生活质量不断提升，全国农村贫困人口累计减少超过9000万人。截至2019年末，全国农村贫困人口从2012年末的9899万人减少至551万人，累计减少9348万人；贫困发生率从2012年的10.2%下降至0.6%，累计下降9.6个百分点。

脱贫成功的根本在于中国的社会主义制度。从市场经济角度看，人们可以从现代农业、工业化发展、规模经济、科技进步、生态建设、人口红利……众多角度来解读中国的减贫发展。但世界范围内有众多依靠市场经济手段或者以上要素减贫而仍在苦苦挣扎的国家，这表明，中国的减贫经验根本是社会主义制度。仅从土地所有制保障而言，中国农民进城务工做的是收入的增量，这种所有制能有效应对非常时期的收入下降带来的风险。正如1980年1月16日邓小平在中央召集的干部会议上的讲话中指出的，“如果我们的国民生产总值真正达到每人平均一千美元，那我们的日子比……两千美元的还要好过。因为我们这里没有剥削阶级，没有剥削制度，国民总收入完全用之于整个社会，相当大一部分直接分配给人民。他们那里贫富悬殊很大，大多数财富是在资本家手上。”[①] 邓小平强调，“贫穷不是社会主义，社会主义要消灭贫穷”，“中国要解决十亿人的贫困问题，十亿人的发展问题……只能靠社会主义”，“我们坚持社会主义，要建设对资本主义具有优越性的社会主义，首先必须摆脱贫穷”。[②] 更广义角度看，新中国的发展目标，一个是解决“不受气”的问题，一个是解决“贫困”的问题。中国政府敢于在全球人口最多的国家践行“全面脱贫”目标，其动力和自信是中国共产党的领导和社会主义制度。

中国的脱贫将为世界带来更多的发展确定性。其一，中国的脱贫将为世界经济增长注入新的动力。中国的脱贫最直接的表现是恩格尔系数的降低，当世界大多数国家仍为产品销售担忧时，中国的脱贫无疑将为世界

---

① 《邓小平文选》第2卷，人民出版社1994年版，第259页。

② 《邓小平文选》第3卷，人民出版社1993年版，第116、229、225页。

经济的增长继续作出贡献。仅以世界很多国家关注的旅游业为例，中国已经连续多年成为出境旅游消费的世界第一。其二，中国的脱贫为世界稳定提供了动力。如果没有稳定、开放、公平的竞争环境，中国不会多年保持世界第二大外资流入国的地位。全球化是带动资源要素实现发展减贫的重要方向，全球化需要开放的国际合作环境和稳定的产业链供应，中国的发展离不开世界，维护稳定的全球产业合作符合中国的切身利益。其三，中国的脱贫将为世界走出“减贫悖论”提供重要经验。减贫的目标就是让更多的国家和人民在人类技术进步中受益。近代以来，西方率先的工业化使其成为世界减贫拥趸，但规避自由资本主义工业化进程中存在的问题是新的制度设计所必须要考虑的，由此出现了社会主义同资本主义制度的工业化方式选择。从发展和减贫角度看，这是一个方式和路径问题。在减贫问题上，任何制度不应该是属于东方或者西方的，而是应该属于进步和发展的。刻意贴上“东西方属性”标签仍是帝国主义的本来面目。同样，进步技术如果长期被操纵在个别国家以获取丰厚的利润，这不符合世界共同进步的要求。如果口口声声强调自己的价值观多么“普世”，但在发展利益方面却表现出极端自私，只会让世界对其虚伪看得更加清楚。

中国实现第一个百年目标向世界证明了什么*

2021 年 7 月 1 日是中国共产党成立一百周年纪念日，也是中国第一个百年目标实现节点和开启第二个百年奋斗目标的新起点。站在百年历史关头，回顾中共成立一百年来的艰难奋斗历程，中国百年目标的实现意义非凡。这种非凡是对一个执政党经历血雨腥风，经受无数挫折而不忘初心艰苦奋斗并取得巨大成绩的肯定，也是对中国人民百年探索与选择的肯定。站在百年未有之大变局的时代背景下，站在全人类共同前途命运的新时期关口，中国第一个百年目标实现的成就值得昭示。

证明中共信守对人民的发展承诺，带领中国人民前进的方向是正确的。在今天中国工业化、城镇化、脱贫攻坚、可持续发展等众多社会经济发展的伟大成就面前，如果用一段具有代表性的语言来概述，1954 年 9 月 15 日毛泽东在中华人民共和国第一届全国人民代表大会第一次会议开幕式上所作《为建设一个伟大的社会主义国家而奋斗》演讲中的一段话无疑是最具有代表性的："我们的事业是正义的。正义的事业是任何敌人也攻不破的。领导我们事业的核心力量是中国共产党。指导我们思想的理论基础是马克思列宁主义。我们有充分的信心，克服一切艰难困苦，将我国建设成为一个伟大的社会主义共和国。我们正在前进。我们正在做我们

* 原文载于《瞭望中国》总第 440 期（2021 年 7 月），参见 http://www.outlookchina.net/html/news/202107/12560.html。

的前人从来没有做过的极其光荣伟大的事业。我们的目的一定要达到。我们的目的一定能够达到。”① 如果说1954年毛泽东主席的讲话是新中国建立后，中国共产党对全国人民的发展承诺，那么第一个百年目标的实现，习近平总书记2021年在庆祝中国共产党成立一百周年大会上的讲话则是对这一承诺的庄严兑现。在半封建半殖民地社会基础上，在遭受百年侵略社会千疮百孔、工业化存在跨代差距的条件下，在不断遭受外来干扰和破坏的环境中，中共带领全国人民成就了人类史上一项前无古人的伟大事业，开辟了一条和平发展与创新发展的新道路，向世界证明了执政的中国共产党在领导中国人民实现伟大复兴的道路上“靠得住”。

证明中国人民选择中国共产党的正确性。历史的选择和人民的选择是决定一个国家发展方向的决定性因素。中国共产党走上中国历史的舞台正是这种选择的结果。植根于人民的中国共产党百年以来不忘初心，励精图治，百年的伟大成就正是中国人民正确选择的结果。正如2021年2月25日习近平总书记在《在全国脱贫攻坚总结表彰大会上的讲话》中就中国脱贫攻坚取得彪炳人类史册的贡献所指出的，“摆脱贫困，成了中国人民孜孜以求的梦想，也是实现中华民族伟大复兴中国梦的重要内容。中国共产党从成立之日起，就坚持把为中国人民谋幸福、为中华民族谋复兴作为初心使命，团结带领中国人民为创造自己的美好生活进行了长期艰辛奋斗。”实现脱贫，“这是中国人民的伟大光荣，是中国共产党的伟大光荣，是中华民族的伟大光荣！”“兄弟齐心，其利断金。”一个为人民服务，承诺脱贫“决不能落下一个贫困地区、一个贫困群众”的为中华民族谋福祉的政党，才会得到全国广大人民的拥护，才会克服发展道路上的众多风险挑战，迈向不断的胜利。②

证明社会主义道路是大规模实现快速脱贫发展的重要方向。工业化是人类有史以来快速实现发展的重要手段。通过制度设计来推动工业化弥补发展差距是当前很多发展中国家探索本国发展的主要路径。从实际成效

① 《毛泽东文集》第6卷，人民出版社1999年版，第350页。

② 习近平:《在全国脱贫攻坚总结表彰大会上的讲话》，人民出版社2021年版，第3、1、4页。

看，社会主义道路的成效是最显著的。从 1917 年俄国十月革命胜利后建立第一个无产阶级专政国家在世界 1/6 土地上进行大规模快速工业化，到 2020 年中国取得脱贫攻坚的伟大胜利，社会主义道路都提供了必要的制度保障并由此开创了人类史无前例的快速发展模式。正如中共十九大报告所指出的：中国共产党团结带领全国各族人民完成社会主义革命，确立社会主义基本制度，推进社会主义建设，完成了中华民族有史以来最为广泛而深刻的社会变革，为当代中国一切发展进步奠定了根本政治前提和制度基础，实现了中华民族由近代不断衰落到根本扭转命运、持续走向繁荣富强的伟大飞跃。第一个百年目标的实现，充分证明社会主义制度充满活力，社会主义制度为中国快速发展提供了重要的制度保障。

证明马克思主义基本理论的正确性。一方面，中国共产党是一个马克思主义政党。作为奋斗百年的执政党，中共第一个百年目标的实现，首先离不开执政党的坚定信念和正确的道路选择，以及在应对不同风险挑战时所作的正确策略。正确的选择背后是执政党正确的价值观和方法论，是意识形态的正确性。另一方面，从国际经验看，中国强调意识形态的正确性，就在于支持消除国际压迫和剥削，消除霸权主义行径，争取更多的国家和人民实现更大范围的脱贫和可持续发展，这也是马克思主义基本理论的重要内容。马克思主义是不断发展的。中国特色社会主义道路的形成、发展过程，就是马克思主义中国化的过程，是马克思主义基本原理同中国具体实际相结合的过程。中国的现代化过程就是改造旧有文化束缚，唤醒民众追求民主科学，实现美好生活的发展过程。由此，中国对外合作中一直坚守“不干涉”原则，支持合作国按照自己的国情选择自己的发展道路。

证明依靠自身艰苦奋斗和不断进取可以实现跨越式发展。“天下没有免费的午餐”，依靠“援助方”援助很难避免被人“收割”的命运。只依靠援助是不能解决发展困境的，只抱怨不公无益于寻求发展突破口。通过自身努力弥补发展差距并实现快速发展，是世界主流都在鼓励的行为。传承五千多年的中华民族文化精髓在民族发展中一直发挥着重要的作用。这同“从来就没有什么救世主，也不靠神仙皇帝。要创造人类的幸福，全靠我们自己！”的文化有着天然的相通性。中国第一个百年目标的实现，既没有通过对外抢夺，也没有通过制度霸权非法获利，更没有清算百年被掠夺的损失，而是通过勤奋与创造，不断弥补积累不足和技术差距，实现了从百废待兴到欣欣向荣的转变。这也反映在中国与第三世界国家合作中一直强调“授人以鱼，不如授人以渔”的理念中。

证明社会主义中国是维护世界和平与发展的中坚力量。一方面，近代以来，全球范围内发动的大规模极端暴力活动，包括贩奴、殖民、两次世界大战等，其肇事者都是血腥的资本主义国家。与此同时，无论是二战中的“祸水东引”还是战后的“铁幕冷战”，社会主义国家都被拥有国际话语权的资本主义发达国家视为洪水猛兽。即使在21世纪，在联合国多边框架下不断呼吁全球共同发展的今天，打着意识形态斗争仇视社会主义的霸权行径仍大行其道。另一方面，社会主义中国，从支持亚非拉民族自决，到支持联合国的多边主义，通过广泛的合作和资金、技术支持推动发展中国家的工业化和脱贫，社会主义中国在维护全球安全方面发挥了举足轻重的作用。作为一个依靠自身努力实现快速发展和脱贫巨大成效的优等生，仍面临世界上一些国家的不断诋毁和攻击。由此，广大的发展中国家应该有足够的理由相信，来自这一些国家的所谓“援助发展”“民主良治”“包容性增长”……就是不值得相信的谎言。由此看来，社会主义和资本主义在当代的一个显著制度差异就在是否真正支持广大发展中国家提升自主发展能力和实现大范围的可持续发展。

证明通过变革和改造适应社会进步的重要性。中国第一个百年目标实现的过程，一定视角看就是以实事求是的态度不断变革自身、改造传统认知的过程。这种变革和改造，既体现在对落后生产力的改造，也体现在对生产关系的改造。从一穷二白，到全面小康；从传统农业占经济主导，到现代工业化带动下的城镇化；从国有企业奠定国民工业产业体系，到多元化的市场经济；从向自然资源要增长，到绿水青山就是金山银山；从模仿学习仰视别人，到创新创造平视这个世界……在发展道路上，中国的社会经济情况一直在发生变化，中国民众的需求也在不断变化，中共的治理也在与时俱进。正如中共十九大报告所指出的，“勇于自我革命，从严管党治党，是我们党最鲜明的品格。”“世界每时每刻都在发生变化，中国也每时每刻都在发生变化，我们必须在理论上跟上时代，不断认识规律，不断推进理论创新、实践创新、制度创新、文化创新以及其他各方面创新。”

中国经验为世界发展提供借鉴*

中国的发展经验是可有条件或创造条件复制的。首先因为它是对人类社会实践及发展规律的重要总结。它是实证的结果，是大规模的制度探索和建设的结果。当我们说中国经验不可简单复制时，更多语境是因为中国经验的庞大认知体系和复杂历史背景和制度因素。说中国经验的可复制性突出的是中国发展经验是普遍性规律，说中国经验的不可简单复制强调的是产生中国经验的历史文化传承等个性。从人类对科学规律的应用成效看，只要是规律的东西，都是可以学习利用的。其次，在当前国际社会日益重视发展成效目标考核背景下，中国成功的发展经验应该成为现代国家自主发展道路选择的有益参考。

中国发展经验是理论化的经验。一方面，当中国以"经验"表述制度建设和发展成效时，凸显的是中国文化的谦和。但客观上，当一个制度取得了人类史上史无前例的发展成效时，将其描述为"发展理论"无疑是更为恰当的。如果这样的发展经验不能称为"发展理论"，其他的发展经验又如何能成为发展理论？特别是当中国的发展成就并不像一些早期工业化国家的快速发展建立在掠夺和殖民基础上的时候，这样的发展理论对于解决发展中国家的发展预期应该更具有实用性。另一方面，作为发展

---

* 原文载于《瞭望中国》总第 439 期（2021 年 6 月），参见 http://www.outlookchina.net/html/news/202106/12543.html。

理论，中国的发展经验是尊重发展规律，并能在面对新的发展挑战时与时俱进修正自己的发展理论。真理的相对性是客观存在的。特别是在社会科学方面，中国发展经验之所以应该称为发展理论就在于并不是僵化、教条地使用别的发展经验，而是以实事求是的态度对国家包容性增长和可持续性发展的规律积极探索并作出规律总结。革命时期，中国根据自身国情特点，创造性地提出了一系列革命理论，成功地指导了中国的革命实践。社会主义建设时期，中国根据自身国情广泛吸收国际发展经验，成功地走出了中国特色社会主义道路。中国的发展经验是用科学的方法得出的科学规律。

中国发展经验就是通过发展构建人类命运共同体。中国经验最直观的，也是最受世界关注的是快速发展和减贫成效。仅以“联合国千年发展目标”的实现为例，2012 年中国成为全球第一个实现联合国千年发展目标使贫困人口比例减半的国家，2020 年成为第一个完成联合国千年发展目标减贫目标的发展中国家，对全球减贫贡献率超过 70%，为全球的减贫事业作出了巨大的贡献，有力地支持了联合国框架下的全人类共同发展议题。中国发展经验是发展中国家在追求快速发展和平等发展过程中的一系列制度探索成效和经验的总结，是马克思主义基本理论的继承和中国化发展，是融合和开创人类现代文明的发展经典。中国发展成效和制度探索，既是中国的，也是西方的；既不是中国独占式的经验，也不是中国盲目学习来自“西方”的经验，它是对人类发展进程中，社会制度经验的广泛吸纳和创新。如果我们站在中国几千年传统文化的基础上，也可以说，始于 19 世纪的来自西方的马克思主义是不可复制的。如果站在那些不愿意触动特定利益集团根本利益的国家和政府的角度，改造社会等于革自己的命，中国经验也是不可复制的。但如果站在现代国家探索独立自主发展的角度看，中国经验就是开放式自主发展的制度探索实践和发展规律的总结和应用。

中国经验是人类对制度发展方向思考和实践的成果。中国发展经验的起点是与 19 世纪末 20 世纪初人类第一次全球大规模反思和探索制度发展方向同步的。如果将新航路的开辟和率先工业化国家的全球扩张看作全球化的开始，那么伴随这一全球化进程的是长期存在的国际发展的不平等及民族国家独立自决意识兴起。中国正是在这一全球反思制度发展方向的浪潮中开始重视和选择通过社会主义来挽救中国的。马克思是对人类制度发展及全球演进规律总结的集大成者，其理论不仅包含认识论也包括了方法论。这种科学理论为中国的制度探索和社会发展实践提供了重要支持。中国实践马克思主义的过程是马克思主义中国化的过程，也是中国对马克思主义关于人类发展规律的应用和发展。中国发展经验基本形成之后就进入了冷战后的多极化和全球化加速发展时期，这也是中国发展的加速时期，是中国发展经验的兼容和完善时期。人类社会的发展不会停止，制度的进步就不会终止。只要人类社会集体安全与发展不均衡等问题广泛存在，我们就需要不断反思制度建设该有的正确方向。

中国发展经验是顺应全球化发展的产物。从生产力变革和技术进步角度看，中国的发展经验，就是积极融入全球化的发展经验。近代以来全球化的发展是由技术进步推动的，这一概念也被形象地描述为“工业化”。如同认为“历史终结论”是短视一样，人类工业化进程也不会停止。技术的进步必将带动人类的交往方式发生前所未有的变化，带来人类的全球化、一体化关系更加密切。如果人类不终结，技术进步还将为人类带来更多的后现代，后后现代……中国的发展经验属于人类的制度探索成就，是适应全球化发展议程的新制度建设。从人类发展的制度进步角度，不断主动改革生产关系对生产力的适应能力，不仅有利于避免特定阶段形成的利益阶层固化，也有利于技术创新和进步。特别是对于广大发展中国家而言，中国经验是政府如何利用自身资源、市场、区位等优势促进落后国家快速弥补同发达国家差距的样本。其中包括分阶段分层次逐步突破发展瓶颈实现单一发展向全面发展的具体发展战略。客观上，中国经验的探索并不是一蹴而就的，在认识过程中也存在过失误。由此，从过程评估看，参考中国的发展经验能够降低现代国家探索有效发展道路的制度成本。因此，学习中国经验就必须正视和积极融入全球化的发展进程。

中国经验可操作层面的特点是有效发挥上层建筑和经济基础的相互作用。一方面，积极改造旧有生产关系对生产力的制约，在促进现代生产力发展和生产关系变革方面，这种经验是具有可复制性的。形式上，要正确认识社会主义中国制度探索与人类发展进步中的其他科学经验的兼容性。在中国强调中国的发展经验为人类发展经验的有效探索作出了积极贡献的同时，并不强调中国经验与世界其他发展经验的排他性与独占性。如果说20世纪中国的伟大革命探索是世界秩序变更的时代特点反映，那么，这一时期中国重视经济基础和上层建筑的相互作用的突出表现是通过勤奋和节俭来弥补现代化发展的基础短板。现代化、全球化的发展特征之一是社会化。这一时期中国确立的国家基本制度正是对这一特征的反映。另一方面，在维护国家基本制度基础上充分利用市场手段促进经济发展。中国改革开放探索出的社会主义市场经济经验，突出的是如何在市场发展中发挥政府的调控作用并提升其能力，这种经验也是可以复制的。其集中体现是并不强调夸大政府的调控作用，而是遵循价值规律让市场发挥作用。

中国经验国际交流面临的挑战。在国家发展实践中，自身的发展应该是一国最大的政治议题。由此，如何从中国的发展经验汲取符合自身发展国情的有效成分促进一个国家的发展才是主要的。事实上，很多国家在依据本国国情进行自主发展的过程中，最大的风险挑战并非来自自身，而是源自国际霸权干预。由此，发展中国家文明互鉴和发展经验平等交流就更需要坚持多边主义和维护多边主义舞台权威。这也是中国一贯强调多边主义重要性的原因。正如2021年4月14日伊朗驻华大使克沙瓦尔兹扎德在接受《环球时报》记者专访时表示的，在过去这些年中，中国在经济、政治和军事等各个领域都已成为世界大国，精确的规划、良好的执行、政府和民众的共同努力是取得这些成功最重要的因素。中国的治理模式是一种全球可参照的范例，它能够以最快、成本最低的方式实现经济增长、减贫和可持续发展。过去，西方一直将其自己的西方式民主模式作为达成良治的唯一制度，并一直试图将此施加给别的国家，但中国的良政善治已然对这一模式形成挑战。

中共第三个历史决议开启发展新篇章 *

2021 年 11 月，在中共中央的十九届六中全会上通过了《中共中央关于党的百年奋斗重大成就和历史经验的决议》。这是中国共产党继 1945 年中共六届七中全会通过《关于若干历史问题的决议》、1981 年中共十一届六中全会通过《关于建国以来党的若干历史问题的决议》之后，在中国共产党成立百年时段通过的第三份历史决议。历史决议以七个部分全面阐述了中共成立以来的奋斗经验和成绩。作为中共重大历史性文件，历史决议的信息是巨大的，影响和意义是长远的。

百年政党创造无数人类奋斗奇迹。对于个人而言，百岁已是期颐之年。但对于一个健康成长的政党，百年之景却是风华正茂、生机勃勃茁壮成长期。作为一个百年大党，中国共产党成长历史可谓一路“惊天动地”：用小米加步枪坚持艰苦卓绝十四年抗战打败了武装到牙齿的日本侵略者；在三年多时间秋风扫落叶般消灭八百多万国民党反革命武装，实现了数千年“耕者有其田”的梦想；在一贫如洗的基础上建设成了一个伟大的社会主义国家；改革开放后又实现了持续 40 多年的高增长；新时代以来消除绝对贫困提前十年实现联合国可持续发展议程……这些都是人类史上绝无仅有、叹为观止的奇迹。虽然中国数千年的古代社会也曾为人类文明创造

* 原文载于《瞭望中国》总第 445 期（2021 年 12 月），参见 http://www.outlookchina.net/html/news/202112/12638.html。

出无数辉煌和伟大，但从共同发展和综合进步看，这百年历史的成就是历史上绝无仅有的。这种叹为观止的奇迹首先并且主要归功于中国共产党的领导。

跨度百年，三个历史决议是了解中共不断取得伟大成绩的密钥。短短百年时间，中共所实现的伟大功绩是绝对难以简单描述的，涉及中共的政党建设、国家建设、发展能力等众多方面，且其中多种因素相互交织，相互影响。更重要的是，这些建设是在长期不友好的外部环境下实现的。由此，三个历史决议所阐述的内容，绝不仅仅是中国国内的发展，而应放在世界史的发展角度看。可以说，中共的奋斗史，也反映了近代以来世界的风云跌宕，中共的发展深深地烙着国际共运的痕迹。从时间粗略地看，从 1921 年中国共产党成立，到 1945 年第一个历史决议，革命道路探索时期 24 年；从 1949 年新中国成立，到 1981 年第二个历史决议，新中国革命和建设实践探索 32 年；从 1981 年到 2021 年包含中共百年奋斗成就和经验的第三个历史决议出台跨度 40 年。可见，在经历较长时间的改革开放和社会主义现代化建设，适时就这一时期的成就和经验进行总结是非常必要的。

百年奋斗交出满意答卷，第三个历史决议彰显中共不忘初心的历史担当。三个历史决议对比，前两个历史决议都涉及“历史问题”。相比，第三个历史决议则突出强调百年来的重大成就和历史经验。如果说，前两个历史决议突出表现了中共在应对不同发展时期挑战中存在教训值得总结，那么第三个历史决议则更突出中共百年所取得伟大成绩的总结。很大程度上，这是一份中共百年奋斗向人民提交的答卷，也是在开始新的百年奋斗征程上，为开好新局而代表全体党员作出的一份世纪宣言，证明了中国共产党行，中国共产党坚持的马克思主义行，中国共产党选择的道路行。

总结成长经验，执政党建设水平进一步提高。在中国人的文字表达习惯上，“经验”通常是和“教训”联系在一起的。对比三个历史决议，我们可以看到，中共在肯定不同时期正确路线、方针、政策的同时，也对一定时期内存在的问题进行了反思。在第一个历史决议中，关于革命斗争中脱离革命现实的“左”或右方向性问题一度成为决议所强调的问题。第二个历史决议中，对“文化大革命”的反思和经验总结是重要内容。相比，第三个历史决议则凸显了开放条件下，如何加强现代化执政党建设的意见。中共十八大以来，在习近平总书记党建思想指导下，中共自身的制度性建设不断加强，也赢得了中国人民的广泛认同。正如历史决议所指，坚持自我革命是中共一贯坚持的优良作风。

“开创中国特色社会主义新时代”写入历史决议。中国特色社会主义新时代是中共百年来的重要时代。在我们通常强调共产党人要谨记我们“从哪里来，到哪里去”的初心时，同时也要清醒我们现处哪里。过去，从第一个历史决议到 1949 年中共七届二中全会上毛泽东告诫全党“夺取全国胜利，这只是万里长征走完了第一步”，所以全党同志要做到“两个务必”进京赶考；今天，习近平总书记指出“我们比历史上任何时期都更接近中华民族伟大复兴的目标”，所以告诫党员干部要“奋勇当先、实干担当”。由此，第三个历史决议指出“中国特色社会主义新时代是我国发展新的历史方位”，这是在清晰地告诉我们，我们在收获成就的同时，已经开始了新的历史征程。

十个方面总结中共百年奋斗的历史经验。之前的两个历史决议都肯定了不同历史时期中共完成历史使命的经验。但从内容上看，马克思主义普遍真理和中共领导的革命、建设实践如何结合，是中共在之前两个历史决议着墨较多的内容。因为社会主义在中国的实践和探索是人类前所未有的新事物，在应对挑战过程中，出现偏差是很正常的。这体现在之前历史决议都涉及的对“左”和右的错误的判断。站在社会主义实践所取得的伟大成绩面前，这种探索经验都是非常有价值的，也是我们今天取得成就的重要理论指导。作为第三个历史决议的第六部分，站在时代的高度以“中国共产党百年奋斗的历史经验”为题总结指出，坚持党的领导、坚持人民至上、坚持理论创新、坚持独立自主、坚持中国道路、坚持胸怀天下、坚持开拓创新、坚持敢于斗争、坚持统一战线、坚持自我革命十个方面是经过长期实践积累的宝贵经验，是党和人民共同创造的精神财富，必须倍加珍惜、长期坚持，并在新时代实践中不断丰富和发展。

“中国共产党百年奋斗的历史意义”昭示共产主义事业在中国的成就。

自从马克思主义诞生以来，共产主义事业就一直受到污蔑、攻击。全人类向往的“大同社会”之所以遭此境遇，是因为“共同发展”会损害大资本家的利益，所以代表那些少部分人利益的政权才会对社会主义进行污蔑并进而造成其民众对社会主义的恐慌和仇恨。中国共产党百年奋斗的意义就在于告诉世界，中共领导下的中国人民，依靠自己的艰苦奋斗，敢于为自己的生存权、发展权斗争，结束了我们百年受凌辱的历史，历史性地消除绝对贫困，让人类史上人口规模最大国家的人民实现了尊严和自由。同样，从世界范围看，中共领导中国人民成功的奋斗实践深刻影响了世界历史进程：过去，中国成功的革命实践有力地支持了广大亚非拉国家的民族自决和独立，支持了联合国的真正多边主义建设。今天，中国的成功的现代化建设实践正有力地支持广大发展中国家谋求可持续发展的需求。中国成功的革命和建设实践表明，国家的发展首先需要一个代表先进生产力、有担当和奉献精神的现代政党。

新时代理论指导新时代发展。中共十八大以来，针对当前世界发展形势和中国发展阶段特点，以习近平同志为核心的中共中央提出了系列新的发展理论。这些理论不仅仅站在中国解决自身发展问题的高度，而且立足于应对人类发展挑战，是为人类可持续发展、包容性发展而作出的理论思考，是和国际发展趋势和中国的国际地位密切相关的。中共第三个历史决议在“开创中国特色社会主义新时代”部分中从十三个方面系统阐述了新时代中共的理论发展和创新，涉及新时代中国现代国家制度建设和社会经济发展方向的众多指引，是决议的重要部分。

新时代的中国共产党：只有更好。第三个历史决议在“新时代的中国共产党”篇章中指出，“时代是出卷人，我们是答卷人，人民是阅卷人。我们一定要继续考出好成绩，在新时代新征程上展现新气象新作为。”过去一百年，中共带领中国人民求生存、求发展取得了举世瞩目的伟大成绩。站在新的历史起点，人民的需求在变，世界的期望在变，作为无产阶级政党，在带领中华民族伟大复兴、构建人类命运共同体的探索上，没有最好，只有更好。决议向全体中国共产党党员提出了新时代的新要求。

人类命运共同体：共渡难关与共享繁荣同样重要*

在人类发展史上，从来没有实现过绝对的均衡发展，但人类总体却在不断走向更加均衡的发展。特定视角看，前者反映出的是发展要素差异，后者反映的是秩序建设方向成效。如何全面发挥二者的积极作用，是人类全球化不断加深背景下共建美好世界需要思考的问题。特别是新冠疫情暴发以来，叠加部分国家的逆全球化政策以及当前的俄乌冲突，世界发展的不确定因素在急剧放大。中国提出的构建人类命运共同体理念正是应对“世界百年未有之大变局”的积极举措，也是寻求解决国际社会发展矛盾之道。

全球性危机面前任何国家难以独善其身，共渡难关和共享发展对于人类命运共同体的实现同样重要。新冠疫情是全球性的公共卫生危机，只要有地区或国家不能控制疫情，国际交流就会存在健康风险；俄乌冲突不仅危及鲜活的生命，也影响到地区乃至全球粮食、能源供应安全，并且产生新的难民及治理问题；片面的制裁，导致物流、资金流受阻，物价上涨，投资下降和经济萧条……不同国家、不同行业、不同个体，对冲击的感受或者描述是不一样的，但很大程度上是因为岁月开始变得并不静好。在人类灾难过程中，总不乏受益的行业或群体，可以肯定的是，那绝对是少部

* 原文载于《瞭望中国》总第 449 期（2022 年 4 月），参见 http://www.outlookchina.net/html/news/202204/12691.html。

分人群，决不能代表人类。正如中国国家主席习近平 2022 年 3 月 18 日同美国总统拜登进行视频通话中所强调的，当前世界和平与发展面临新挑战，世界各国已经十分困难，既要应对新冠疫情，又要保经济民生。作为大国领导人，中美要考虑妥善解决全球热点问题，更要考虑全球稳定和几十亿人民的生产生活。

共享繁荣易，共渡难关难。司马迁在《史记》中提出“人富则仁义附”。放在国际关系中，富国、强国有着更多的经济资源和经济手段让发展中国家或合作国家受益，从而收获价值认同，这是不难实现的问题。难的是富国、强国在面对自身发展困难时如何同合作伙伴共渡难关，或者真正帮助发展中国家应对发展挑战和发展困境，而不是利用自己的优势转嫁困难，收割合作方。历史表明，近代以来的世界强国在面对危机时更多扮演了转嫁危机的角色。世界历史的发展要不要摆脱这一周期律或如何摆脱这一周期律，是当前世界发展要严肃思考的问题，期间大国所发挥的作用就尤为突出。正如习近平在同拜登会谈中所强调的，“形势越是复杂，越需要保持冷静和理性。任何情况下都要拿出政治勇气，为和平创造空间，为政治解决留有余地。”“长久之道在于大国相互尊重、摒弃冷战思维、不搞阵营对抗，逐步构建均衡、有效、可持续的全球和地区安全架构。”①

安全困境的解决首先要放弃冷战思维。旧有的思维和理念不能解决发展中出现的新问题。俄乌冲突并不是一个孤立案例。冷战结束以来，这样的事情频频发生，其根源是什么？就俄乌冲突看，北约以所谓的安全问题为由进行多轮东扩无疑是重要的因素，其背后就是一些国家冷战思维在推波助澜。站在人类共同命运的角度，所谓的安全困境值得思考。一方面，从国际安全发展实践和理论看，一个国家的安全从来都是相对的，但人民的生计和需要却是绝对的。正如中国两千多年前西汉政论家贾谊在《论积贮疏》中所说：“民不足而可治者，自古及今，未之尝闻。”对于国家和政府而言，如何更好地解决民生问题，是维护安全首先要关注的问题。另一

---

① 《习近平同美国总统拜登视频通话》（2022 年 3 月 18 日），新华网，http://www.news.cn/politics/leaders/2022-03/18/c_1128483866.htm，2022 年 3 月获取。

方面，人们可以看到，在一体化发展较好的地区，人员、商品、资金、技术流动的背景下，所谓的安全困境对于普通民众是不存在的。可见，推动全球统一大市场的基础设施建设、运作，让资源分配和市场分工更加高效，将会对传统安全困境带来好的发展机遇。

克服所谓的经济周期和摆脱“冷战思维”一样重要。不断爆发的地区冲突热点背后都有复杂的经济因素。这一现象即使在神话乃至古老的宗教中都难以消除。人类近代以来，经济因素则更加突出，其根源就是资本主义和资本主义市场经济的作用。经济周期是什么？可以描述为产业升级周期，也可以描述为长期严重影响国际经济供给的个别发达国家的货币政策调整周期等。毋庸置疑的是，在所谓的经济周期描述中，更多是以发达国家需求变化为依据的。客观上，工业化开启以来数百年的发展历史中，资本主义市场经济为世界经济的发展一度提供了重要驱动。但在 21 世纪的今天看，仍然将世界经济的可持续发展寄托在资本主义市场经济，就难以避免周期律的发生。世界尚有大量的国家处于不发达状态，需求端有着巨大的被开发需求，这一过程将伴随更长周期的增长与共同发展。只是，在切换增长驱动的同时，世界需要协调好诸如硬通货币、产业转型、基础性投资等众多要素。从安全角度讲，一个日益共同发展和加强合作的世界，会极大地缓解诸如资源争夺带来的安全困境等问题。

秩序建设，当前及今后世界各国应该高度重视应对危机的方向。从马克思主义社会学规律看，统一大市场、公平发展机遇、包容性发展、高度社会化的生产和分配……都是人类在实现共同发展目标中的趋势性特征。中国大胆学习西方市场经济的基本规律和经验的同时，一些西方国家却仍拘泥或热衷于所谓的“东方”“西方”及“制裁”“遏制”概念，这是典型的冷战思维。这种陈旧的思维方式，是无益于世界包容性发展的。世界秩序的治理只有回到联合国多边框架下，回到真正的多边主义立场，回到全人类的可持续发展议程，让更多的普通民众回到共同发展预期和家园的建设中，才能解决众多的“历史遗留问题”。

安全理念差异的背后是实力变迁的困惑，也是思维不能与时俱进的反映。或许，发展中国家在发展中从来没有感受过那种依靠掠夺、依靠不劳而获就富可敌国，就能坐享其成的繁荣。所以很难理解，那些依靠不光彩的历史发家的利益集团和国家对于安全的定位是如何的“霸陵”和“赤裸裸”。同样，发达国家也很难理解，发展中国家在维护国家基本安全上的执着。百年未有之大变局背景下，很多国家应该认真思考一下所秉持的关于秩序、安全理念的正确性。一方面，这需要西方大国摒弃冷战思维，用更多的资源促进更加开放的国际合作。应对疫情带来的社会经济冲击，更应该让我们反思制度的因素。另一方面，就主权国家的国内市场而言，当中国强调加强反垄断和反不正当竞争，努力营造各类所有制企业竞相发展的良好环境时，其目标是为了更广泛群体共同富裕目标的实现，应该得到广大发展中国家的支持。当今的世界，已经不是个别霸权国家或集团完全说了算的时代。正如习近平阐述中国立场时所讲，面对复杂多变的国际环境，每个国家都应该有能力“从事情本身的是非曲直出发，独立自主作出判断，倡导维护国际法和公认的国际关系基本准则，坚持按照联合国宪章宗旨和原则办事，主张共同、综合、合作、可持续的安全观”。①

努力解决好自己的发展问题为世界注入稳定性和可预期。这是中国在国际社会中负责任的一贯表现，也应该是世界各国学习的榜样。从远看，新中国成立 70 多年，依靠自力更生艰苦奋斗实现了全人类 20% 人口的脱贫。从近看，在新冠疫情肆虐的背景下，2021 年中国高增长达到 8.1%，持续多年为世界经济增长贡献 30% 动力。2022 年中国的两会如期召开，探索新时代新发展阶段应对新发展挑战的解决方案。在国际形势充满不确定的背景下，中国政府作出了年度国内生产总值增长 5.5%、提供城镇新增就业 1100 万以上的预期目标。在追求共同发展和可持续发展的道路上，中国不断为世界注入动力和能量，让每个国家，特别是弱小的国家及绝对多数民众，对发展能有预期有奔头，生计能有改善。这是大国在世界发展重大关头该有的态度，也是努力的方向。

① 《在复杂动荡的国际局势中彰显中国担当》，新华每日电讯，http://www.xinhuanet.com/mrdx/2022-04/10/c_1310551212.htm，2022 年 4 月获取。

世界上最不怕封锁和制裁的就是中国*

现代国家发展依靠“自给自足”是行不通的。人类开启工业化进程以来，一个国家的发展和进步已经不可能在闭关锁国的条件下独立完成。无论是支撑现代商品生产和工业化生产的资本积累、技术积累，还是支撑商品可持续生产的市场流通条件以及社会综合发展进步等，任何国家都难以依靠自身国内条件单独完成。生产技术的发展推动了全球化进程，全球化也意味着行业生产的社会化和专业化。

发展中国家与外部合作的中断通常是受到外部的限制。一方面，造成这一现象发生的原因是大国“硬”制裁，即通过军事、外交、经济等手段直接封锁被制裁国家。这是国际政治中强国发挥霸权的重要手段。制裁给相关国家带来的发展危害是极其严重的。一些国家，特别是那些产业结构单一或极不完善、自身国内市场狭小的国家，因为受到大国的制裁或封锁而导致其经济出现崩溃，甚至一些国家由于被断绝同外部的联系，导致基本民生问题出现严重困境。如在资源进口国出现燃料短缺严重，民用和企业生产难以继续；资源出口国财政收入严重下降，必要进口商品受到制约，货币通胀严重……最终导致民怨载道，社会动荡，执政党或政府被迫下台，国家进一步陷入混乱。另一方面，导致这一现象发生的原因是一些

---

* 原文载于《瞭望中国》总第 410 期（2019 年 8 月），参见 http://www.outlookchina.net/html/news/201908/12087.html。

强国或国际机构的“软”制裁，即通过市场准入、技术转让、贸易壁垒、关税、融资限制等经济手段限制被制裁国家同外部世界的经济合作，使其接受制裁机构的要求。典型的现象是冷战后期在很多发展中国家，特别是众多的非洲国家，受制于工业企业起步较晚，产业相对优势不突出，国际竞争能力弱，自身市场较小等因素，一大批国有企业在企业绩效低下、政府补贴严重难以为继的背景下，最后不得不向外部寻求资金援助。对此，现代西方经济理论指导下的国际多边金融机构和主权国家，纷纷要求这些国家进行完全私有化和自由化为代表的市场改革。这种改革的直接后果是推动了 20 世纪社会主义阵营的巨变。在改革三十多年后的今天看，这种改革并没有带来预期的效果。这些发展中国家仍受到一轮又一轮的发达国家主导的经济周期影响，并在一次又一次地继续寻求资金援助和支持。

相似的经历不同的结果在于，中国立足于发展的“自给自足”。同大多数遭遇“硬”“软”制裁过的国家一样，新中国从成立之初就开始不断遭受西方列强的制裁，但中国共产党领导下的中国政府从来没有屈服，而是坚持在斗争中求合作，在合作中求发展。坚持开放合作是中国共产党和中国政府的一贯立场。中国近代以来的落后和挨打的局面就是因为闭关锁国。中国屈辱的近代史充分表明，封闭就要落后，落后就要挨打。中国近代以来的发展历史，就是一部中华民族自主融入世界的历史，“自主”是态度，“融入”是目标。但是，这一过程是充满斗争艰辛的，正如毛泽东所讲，“以斗争求团结则团结存，以退让求团结则团结亡。”新中国成立后，中国坚持“自主”对外合作的举措是毛泽东提出的“打扫干净屋子再请客”“另起炉灶”。1949 年 2 月，毛泽东在同苏共中央政治局委员米高扬交谈时就未来中国合作方针指出：“我们这个国家，如果形象地把它比作一个家庭来讲，它的屋内太脏了”，“解放后，我们必须好好加以整顿。等屋内打扫清洁，干净了，有了秩序，陈设好了，再请客人进来。我们的真朋友可以早点进屋子来，也可以帮助我们做点清理工作，但别的客人得等一等，暂时还不能让他们进门。”[①] 关于开展广泛

① 逄先知、金冲及主编：《毛泽东传》（二），中央文献出版社2013年版，第926、926—927页。

的合作“融入”世界，中共积极寻求开展同包括美国在内的世界的广泛合作。但是，美国支持蒋介石政权并随后开启了冷战，封锁中国，关上了同中国合作的大门。为此，毛泽东在新中国成立前夜连续发表多篇文章批判美国资产阶级政权的虚伪和美帝反华的真实面目、表明中国国际合作立场，其中包括《丢掉幻想，准备斗争》《别了，司徒雷登》《为什么要讨论白皮书？》《“友谊”，还是侵略？》《唯心历史观的破产》等。毛泽东在《别了，司徒雷登》文中所指：“封锁吧，封锁十年八年，中国的一切问题都解决了。”在之后四十多年的冷战对抗中，中国共产党领导下的新中国立足于自给自足，积极发展同社会主义阵营的合作并推动社会经济科技等领域的综合全面发展，在既无外债又无内债的背景下建立了比较完整的工农业和现代国民经济体系。相比较而言，在世界经济的周期性调整中，很多发展中国家受自身产业发展和市场条件局限性影响仍很严重。对此，西方发达国家积极以援助为条件施压促使其进行以“经济转型”或“结构调整”为内容的社会经济改革，由此导致了苏联解体、东欧剧变。在中国，1989 年政治风波后，西方国家再次开始了对中国的“制裁”。对此，党中央坚定发展大局，积极通过改革开放着力解决好自己的发展问题，通过一系列市场经济为导向的提高经济活力和产业竞争力的改革，再次成功瓦解了西方的制裁。正如邓小平所指：“世界上最不怕孤立、最不怕封锁、最不怕制裁的就是中国。建国以后，我们处于被孤立、被封锁、被制裁的地位有几十年之久。但归根结底，没有损害我们多少。为什么？因为中国块头这么大，人口这么多，中国共产党有志气，中国人民有志气。还可以加上一点，外国的侵略、威胁，会激发起中国人民团结、爱国、爱社会主义、爱共产党的热情，同时也使我们更清醒。所以，外国的侵略、威胁这一套，在我们看来并不高明，而且使我们可以从中得到益处。”[①] 正是在这种外部制裁和威胁下，中国不断深化改革，成功捍卫了中国特色社会主义。

前事不忘，后事之师。在中国由“富起来”向“强起来”的伟大历史

① 《邓小平文选》第 3 卷，人民出版社 1993 年版，第 329 页。

转变中，美国开始了以“加增关税”为手段的“软制裁”，试图再次遏制中国的发展。中共十八大以来，中国政府针对国内存在的发展不平衡、发展质量不高、治理结构有待完善、治理水平有待提高等众多发展问题，坚持新时代的历史使命感，从历史中汲取经验，提出了系列新时代的发展方案。中国文化讲“方法总比困难多”，敌对和遏制中国的理由有千千万，中国的应对方式有万万千。只要不脱离最广大人民大众的根本利益，只要代表人类进步的发展方向，中国就完全有能力维护自己的发展利益。正如习近平主席多次讲的，面对外部挑战，中国首先要办好自己的事，要保持战略定力，坚持问题导向，因势利导、统筹谋划、精准施策，在防范化解重大矛盾和突出问题上出实招硬招，推动改革更好服务经济社会发展大局。

中国自给自足发展起点的发展经验对世界发展理论探索的意义。其一，它是中国长期发展理念的内化。作为数千年的农业国，发展的自给自足理念深入人心。高度关注中国农民的毛泽东曾讲“手中有粮心中不慌”，也是对此的反映。其二，它是一种“生存经济”。中国的发展经验是长期面对西方封锁和制裁的。战争年代，中国共产党领导下的革命军队和根据地人民需要大生产来自救。和平发展时期，要实现数亿人口的发展而不受制于人，必须要自力更生艰苦奋斗，并立足于依靠自己实现长远发展。其三，它是一种重视以我为本的发展理念。正如多次在党和国家发展方略中所指，发展的任务是满足人民日益增长的物质文化生活和精神文化生活的需要，是一种立足于自身大市场供需平衡的解决方案。其四，它是符合自身发展条件的发展理论。中国地大物博人口众多，这是产业经济的发展的较大优势，为中国应对外部挑战创造了良好物质基础和市场基础。其五，“自给自足”为由“生存经济”向“发展经济”奠定了坚实的基础。一方面，表面看，自给自足并不是市场化的理论，但却是众多发展中国家在发展起步阶段不得不面临的问题。无论是从工业化起步的农业基础条件来看，还是从通过“节衣缩食”实现工业化发展需要的初期资本积累来看，自给自足都是很必要的，这同西方列强通过全球殖民掠夺实现积累有着本质的区别。另一方面，“自给自足”并不排斥更高阶段的市场经济发展。

中国人讲，“一屋不扫，何以扫天下。”如果不能通过自身努力满足最基本的物质需求，凡事都通过市场融资的手段解决，那么国家陷入债务危机、汇率危机、财政危机等众多发展困境将是常态。这种在适度积累基础上的发展，将为社会主义市场经济的健康发展提供重要的保障。

制度优势在于绩效显著*

2019年10月31日，中国共产党第十九届中央委员会第四次全体会议通过的《中共中央关于坚持和完善中国特色社会主义制度 推进国家治理体系和治理能力现代化若干重大问题的决定》中系统阐述了中国国家制度和国家治理体系所具有的十三个方面的显著优势，而其中八个是和发展相联系的优势。这种涵盖多领域的广泛的优势所体现的正是中国在人类现代化发展道路上的引领作用。

优势既是相对于别的发展经验的对比，也是对自身发展基础上快速进步的描述。总体上，优势体现在我们通过这些制度实现了超出正常水平的发展。当其他发展中国家看待中国的快速发展经验时，对这种优势形象的描述就是相关制度对实现发展的绩效。绩效对于一个制度的健康发展是非常重要的。“绩效”一词市场经济条件下被作为衡量企业的重要指标。但广义的绩效是涵盖政治、经济、文化、外交等多领域的发展成效，狭义的绩效可以是部门、行业的发展成效。对于国家而言，绩效低意味着一个社会制度不能代表生产力的发展方向，一种治理体系不能代表大多数人的利益，社会的运转不能体现公平公正。当一个政府体制内到处充斥着“推诿”“不作为”现象时，背后往往伴随的是公职人员权力的寻租与腐败和

* 原文载于《瞭望中国》总第417期（2019年12月），参见 http://www.outlookchina.net/html/news/201912/12209.html。

利益集团的固化及对制度的侵蚀，这样的国家要想取得可持续的发展是不可能的。同样，如果一个企业或行业形成了奖罚不严明，干与不干一个样，干多干少一个样，那这种制度也势必会导致人浮于事，部门发展缺乏竞争力并进而影响社会的健康发展。

重视绩效是共产党和社会主义制度的天然属性。首先，只有绩效才能体现共产党的先进性。在马克思主义的人类发展理论中，共产党代表了先进的生产力，是建立现代化生产关系的领导力量。中国选择和坚持社会主义制度的一个重要出发点就是重视绩效。其次，从发展结果和成效看，新中国成立以来不同发展阶段所取得的伟大成绩都可以归功于党和政府引导下的发展绩效。一方面，重视绩效贯穿中国共产党领导中国革命和建设的所有发展阶段，只是不同时期的语境不同表述有所不同。简而言之，在毛泽东时代，对绩效的描述更多使用“积极性”，而在社会主义市场经济改革过程中，绩效则成为常用词。另一方面，革命时期、新中国成立初期和改革开放后等不同发展时期工作重点不同决定了重视绩效的对象和工作方法不相同。革命时期对绩效评估的重点是军事，新中国成立初期对绩效评估的重点是围绕工业化开展的各行业基础建设，改革开放后对绩效评估的重点是市场活力。按此逻辑，无论哪个阶段，如何激发民众、企业、政府、事业单位绩效的问题都是贯穿其中的。有人将改革开放前的社会主义等同于“吃大锅饭”“绝对平均主义”。站在今天看，“吃大锅饭”是特定时期的历史现象，它只是反映了工作重点转变而出现的组织方式调整，而非制度局限。特定阶段，制度的绩效考核依靠自觉和“甘于奉献”是可行的，但什么时候进行调整，则需要顶层设计的智慧。

从调动工作积极性到反对搞绝对平均主义，提高绩效是毛泽东领导中国革命和建设的重要思路。在《毛泽东选集》中，可以发现毛泽东关于提高积极性的论述基本贯穿在中国革命和建设的各个时期以及生产和管理各个领域。仅就革命队伍的建设和革命政府的工作方法举例如下。早在1929 年 12 月，毛泽东在中国共产党红军第四军第九次代表大会（古田会议）决议案中就明确指出绝对平均主义的来源和危害：“绝对平均主义的来源，和政治上的极端民主化一样，是手工业和小农经济的产物，不过一则见之于政治生活方面，一则见之于物质生活方面罢了。纠正的方法：应指出绝对平均主义不但在资本主义没有消灭的时期，只是农民小资产者的一种幻想；就是在社会主义时期，物质的分配也要按照'各尽所能按劳取酬'的原则和工作的需要，决无所谓绝对的平均。红军人员的物质分配，应该做到大体上的平均，例如官兵薪饷平等，因为这是现时斗争环境所需要的。但是必须反对不问一切理由的绝对平均主义，因为这不是斗争的需要，适得其反，是于斗争有妨碍的。"[①] 1934 年 4 月 10 日，毛泽东在《乡苏怎样工作？》中就明确强调提高绩效是苏维埃工作的原则："改善乡苏工作的方向，应该朝着最能够接近广大群众，最能够发挥群众的积极性与创造性，最能够动员群众执行苏维埃任务，并且最能够争取任务完成的速度，使苏维埃工作与革命战争、群众生活的需要完全配合起来，这是苏维埃工作的原则。"[②] 同样，早在 1954 年政府工作报告中就明确指出："工资制度在过去几年内有了一些改进，但是目前仍然相当混乱，而且平均主义现象还没有克服。平均主义是一种鼓励落后、阻碍进步的小资产阶级思想，是同马克思主义思想和社会主义制度毫无共同点的东西。平均主义妨害职工学习技术和提高劳动生产率的积极性，对于发展经济建设很有害，因此我们必须坚决反对平均主义。"

因势利导促进绩效提升一贯受到党和国家的重视。一方面，改革开放前，中国的绩效提高主要体现在人民当家作主。面对百年耻辱，人民长期生活在兵荒马乱中，渴望一个稳定的社会，能出现一个带领民众摆脱奴役的社会。而共产党在领导各族人民推翻三座大山建立新制度后，这样的制度活力就充分释放出来。其典型表现是热情饱满地投入到社会主义建设中。正是基于这种认识，毛泽东在《论十大关系》中明确强调："我们一定要努力把党内党外、国内国外的一切积极的因素，直接的、间接的积极因素，全部调动起来，把我国建设成为一个强大的社会主义国家。"[③] 在中

---

① 《毛泽东文集》第 1 卷，人民出版社 1993 年版，第 83—84 页。
② 《毛泽东文集》第 1 卷，人民出版社 1993 年版，第 343 页。
③ 《毛泽东文集》第 7 卷，人民出版社 1999 年版，第 44 页。

共八大上，如何调动一切积极因素，迎接社会主义建设高潮成为重点。这一时期流行的话语是“抓革命促生产”“多快好省建设社会主义”。在现代化工业技术条件严重滞后的条件下，要实现社会主义的快速发展，弥补同发达国家的发展差距，充分调动社会主义建设者的积极性无疑是至关重要的。另一方面，改革开放后，中国的绩效提高主要体现在以市场手段激发人民生产积极性。作为改革开放的重要内容是通过绩效改革搞活经济。这一时期一句流行标语叫作“时间就是金钱，效率就是生命”。让国有企业摆脱经营困境的一个重要方向是建立现代企业制度。在 20 世纪 90 年代后期的国有企业改革中，建立现代企业制度提高企业绩效成为一个热点议题。可见，从始于安徽凤阳的农村土地承包改革，到国有企业经营的市场改革，都反映的是党和国家在改革中重视提升绩效的逻辑。

绩效标准的动态提升反映了党和政府为人民谋幸福、为民族谋复兴从未懈怠。从不同时期的党和政府的各种文件中都可以发现，满足人民日益增长的物质文化需要一直是党和政府的工作目标。很显然，在过程中，绩效的标准是不断提升的。从新中国成立后依靠人民当家作主“翻身农奴把歌唱”的热情和积极性完成基础产业的发展、保障人民基本生计和国家安全，到改革开放后依靠人民富起来的积极性搞活经济并实现多年高速增长、基础设施建设进一步完善，再到新时代解决发展不平衡提升产业竞争力，并推进国家治理体系和治理能力现代化，实现可持续发展，反映的都是党和政府利用社会经济发展规律，通过提高生产绩效推动生产关系现代化的变化。每个时期任务的完成都意味着民众物质文化生活的一个大的飞跃，是我们社会的一个进步。同样，这也意味人民对党和国家又有新的更高的需求。在富起来向强起来的迈进过程中，人民对生态、国际尊严、社会治理更加公平公正等方面有着更高要求。由此，党和政府不仅要巩固之前发展取得的成绩，还需要为未来的使命奋斗。

协调、协同、共同发展成为新时代绩效考核的重要指标。新时代中国共产党的总任务是带领全国各族人民实现社会主义现代化和中华民族伟大复兴。在此过程中，中国发展的世界性更加突出。中国发展已不仅是本国的发展，同世界的互动性也空前加强。由此，协调不同发展主体，协同各方利益，积极推动新型国际关系的构建并实现共同发展，已成为当前及今后中国发展绩效的重要内容。这在客观上也要求中国制度优势进一步释放治理效能。

艰苦奋斗：中国崛起的一个密码*

在新中国 70 周年华诞来临之际，2019 年 9 月 27 日，国务院新闻办公室发布了一份《新时代的中国与世界》白皮书。主要从“中国走出一条符合国情的发展道路”“中国的发展是世界的机遇”“建设繁荣美好世界是各国人民的共同梦想”“中国为建设更加美好的世界贡献力量”四部分解读了新中国成立 70 年来的发展与世界的关系。如果用一句话理解，那就是分享中国发展经验并表达中国爱好和平、愿与世界各国人民共建美好家园的愿望。

白皮书让人印象深刻的不仅是以翔实数据展示了中国过去 70 年依靠自身努力在实现发展方面所取得的伟大成绩，还总结了中国成功的发展经验。中国的成功不仅来自自力更生、艰苦奋斗，还来自以主动的心态学习世界，打破封锁积极融入世界。我们敢于承认不足并认真学习他国优点，中国的崛起依靠的是千千万万的奋斗者和奉献者。这无疑是一个新的现代发展模式。正如白皮书介绍新中国在维护世界和平的行动时所指出的：“70 年来，中国没有主动挑起过任何一场战争和冲突，没有侵占过别国一寸土地。”白皮书发布的节点体现了中国政府爱好和平的良苦用心：中国的和平崛起总被别有用心的国家或媒体解读为“威胁”或“洪水猛兽”，

* 原文载于《瞭望中国》总第 414 期（2019 年 10 月），参见 http://www.outlookchina.net/html/news/201910/12160.html。

中国举行盛大的国庆 70 周年大阅兵，无疑会重新加重这些人或者国家的不安。因此，白皮书似乎在告诉他们，别担心，中国在积贫积弱的时候都没有靠偷靠抢靠战争而是通过艰苦奋斗求发展，在迈向“强起来”的过程中，中国会比过去有更多的能力和手段创造发展和增长，中国会以更加积极的心态维护人类共有的安全和秩序。

维护和平不仅需要有意愿更需要有能力。在实现“强起来”的过程中，中国强大的军事力量既不是“稻草人”，也不会穷兵黩武。但中国一定会坚持毛泽东曾说的“人不犯我，我不犯人；人若犯我，我必犯人”[①]的自卫原则。看国庆 70 周年阅兵，“受阅的 70 个型号装备均为中国制造，40% 是首次亮相”的解说，让国人感到振奋的同时，也会让人回想起新中国成立时首次阅兵的“万国装备”，想到周恩来总理针对当时中国没有足够的飞机参加检阅，而提出飞机不够，我们就飞两遍的尴尬与无奈。但就是在这样的起点上，中国人民经过 70 年的努力，实现了从一个落后的农业国变成了一个比历史上任何时期都更接近中华民族伟大复兴目标的快速工业化国家。任何国家都需要有尊严，但在现有国际环境中，维护尊严还是要有实力，而有实力不等于滥用实力，阅兵展现的现代化装备就是要向世界展示，中国有实力维护自己的尊严，阅兵也是一次对国人奋发向上的精神激励，看到现在，对比过去，我们才能更加清醒意识到自己在不断进步。

中国的崛起不容易，中国人的内心坦荡荡。当外界解读中国人的阅兵是“秀肌肉”的时候，很难理解中国人的心情。这也正是白皮书所要表达的内容。中国人没有也不需要有大国崛起的原罪情节，所以中国人表现得不卑不亢。一方面，一定意义上讲，“秀肌肉”并不是坏事，总比动辄发动武力颠覆主权国家政府要好得多。另一方面，如果代表了绝大多数人的利益，那么反对者的声音越高，说明我们的路子越正。正如 1939 年 5 月 26 日毛泽东在《被敌人反对是好事而不是坏事》的文章中就革命的进步与敌人的反对关系所指出的：“对我们来说，一个人，一个党，一个军队，

---

① 《毛泽东文集》第 2 卷，人民出版社 1993 年版，第 152 页。

或者一个学校，如若不被敌人反对，那就不好了，那一定是同敌人同流合污了。如若被敌人反对，那就好了，那就证明我们同敌人划清界线了。如若敌人起劲地反对我们，把我们说得一塌糊涂，一无是处，那就更好了，那就证明我们不但同敌人划清了界线，而且证明我们的工作是很有成绩的了。”①

文明国家和文明社会的行动同样是有边界的。当一个社会充满极端暴力的时候，会被认为超出了一个文明社会所接受的程度。在全球化价值日益趋同的今天，我们同样应该认识到国家不文明会给人类和平与安全带来更严重的挑战。一方面，毕竟在21世纪的今天，全世界所有国家都有自己的法律法规，并且这样的法律法规所追寻的内在价值在很大程度上都是相同的，那就是社会绝大多数的公平和公正。另一方面，一个国家的行为是否文明，很多时候并得不到历史公正的裁决。如近代的中国曾遭遇鸦片战争和八国联军的入侵。这是当时的“文明世界”针对“不文明国家”的战争。正如法国著名作家维克多·雨果1861年11月25日在一篇写给巴特雷上尉的信中形象描述的：“在地球上某个地方，曾经有一个世界奇迹，它的名字叫圆明园。世界上的艺术家、诗人、哲学家都知道有个圆明园，伏尔泰现在还提起它。人们常说，希腊有巴特农、埃及有金字塔、罗马有竞技场、巴黎有圣母院、东方有圆明园。尽管有人不曾见过它，但都梦想着它。这是一个震撼人心的、尚不被外人熟知的杰作，就像在黄昏中，从欧洲文明的地平线上看到了遥远的亚洲文明的倩影。这个奇迹现已不复存在。一天，两个强盗走进了圆明园，一个抢掠，一个放火。”传统文化影响深远的中华民族，历来是世界行为体中的“温和派”。历史的错误传承给下一代是不公平的，但也不能因为忘记历史而犯同样的错误。这就是中国的和平理念。新中国成立后，我们同这两个曾经劫掠中国的“强盗”更多时候保持了较好的合作。同样，不应忽视的是，即使在21世纪，仍发生了很多严重针对主权国家的野蛮暴力。对此，文明社会却保持了集体缄默，这无疑是极其不正常的。正因为这种国家的不文明行为仍能大行其

---

① 《毛泽东著作选读（甲种本）》，人民出版社1965年版，第115页。

道，让人不得不反思，一个国家的安全到底靠谁来保护才是可靠的？中国的结论是，我们的发展不偷不抢，我们的安全靠自己。正如习近平主席所讲："我们伟大祖国的每一寸领土都绝对不能也绝对不可能从中国分割出去！"[①]

从"世界人民大团结"到构建人类命运共同体，体现了中国政府爱好和平，力促世界共同发展的一贯美好立场和奋斗目标。国庆日《求是》杂志发表的习近平总书记《推进党的建设新的伟大工程要一以贯之》的文章中，多次指出了中国共产党在带领全国人民迈向新征程过程中面临的风险和挑战，同时强调"要把新时代坚持和发展中国特色社会主义这场伟大社会革命进行好，我们党必须勇于进行自我革命，把党建设得更加坚强有力"。[②] 毛泽东时代中国有一首红色歌曲叫作《大海航行靠舵手》，其实也可以用"湍急靠舵手"来描述特定风险时期的舵手风险意识和把控能力的重要性。当世界的目光关注天安门广场的盛大欢庆，被中国现代化的国防装备吸引时，同样也应留意到悬挂在天安门城楼两边的"中华人民共和国万岁""世界人民大团结万岁"标语。过去，我们通过"世界人民大团结"来反帝反殖，支持亚非拉民族自决与独立，推动了人类社会秩序向健康方向发展；今天，我们以构建人类命运共同体来推动人类共建共享发展。面对世界发展不确定性带来的挑战，中国有足够的信心维护自己的安全并继续坚定地沿着中国特色社会主义道路前行。

---

① 习近平：《在第十三届全国人民代表大会第一次会议上的讲话》，人民出版社2018年版，第11页。

② 习近平：《推进党的建设新的伟大工程要一以贯之》，《求是》2019年第19期。

共同富裕示范区开启改革新征程*

2021 年 5 月 20 日，中共中央和国务院发布了《关于支持浙江高质量发展建设共同富裕示范区的意见》(以下简称《意见》)。《意见》表明，作为试点，浙江的共同富裕示范既是高质量发展，也是可持续发展；既是制度发展探索，也是深化市场机制实践探索……共同富裕示范区的开启，标志着中国特色社会主义发展进入了新的改革进程。作为地域特点明显、人口密度高、行业差异大的国家，共同富裕示范区的探索将会是世界范围内的发展议题。

共同富裕始终是中国共产党为之奋斗的目标。跨越百年，中共成立后不同时期的历史使命不同，话语特点也有很大的差异，但共同富裕无疑一直是中共为之奋斗的目标。1956 年 9 月 24 日，毛泽东同参加中国共产党第八次全国代表大会的南斯拉夫共产主义者联盟代表团谈话时说："关于中国的前途，就是搞社会主义。要使中国变成富强的国家，需要五十到一百年的时光。"① 第一个百年目标的实现，充分证实了毛泽东领导的中国共产党走社会主义道路发展中国的预期是正确的。1985 年 3 月 7 日，邓小平指出："社会主义的目的就是要全国人民共同富裕，不是两极分化。如果我们的政策导致两极分化，我们就失败了；如果产生了什么新的资产

---

* 原文载于《瞭望中国》总第 441 期（2021 年 7 月），参见 http://www.outlookchina.net/html/news/202107/12576.html。

① 《毛泽东文集》第 7 卷，人民出版社 1999 年版，第 124 页。

阶级，那我们就真是走了邪路了。”“总之，一个公有制占主体，一个共同富裕，这是我们所必须坚持的社会主义的根本原则。我们就是要坚决执行和实现这些社会主义的原则。”[①] 在中共十三大到十九大的报告中，共同富裕都被明确强调是中国社会主义的发展方向。事实上，正是在改革开放中坚持社会主义制度，我们才实现了全面脱贫。

共同富裕是共识，如何实现共同富裕是发展路径选择。共同富裕是中共就社会主义制度对人民发展预期的承诺。《意见》开宗明义地指出：“共同富裕是社会主义的本质要求，是人民群众的共同期盼。”中国社会主义现代化建设探索过程也是追求实现共同富裕的过程。在此过程中，生产组织方式的变革带动和促进生产力的发展凸显重要成效。这背后集中体现的优势就是社会主义所有制特点。作为制度探索，不同发展阶段，中国共产党都为未来实现共同富裕作出了积极有益的探索。这种探索既包括为实现共同富裕而夯实制度和产业基础阶段，也包括利用制度弹性提升国民经济发展质量阶段，同时也包括巩固发展成效、引领发展模式的阶段，整个过程中发挥根本作用的是社会主义的所有制。正如邓小平 1985 年在《搞资产阶级自由化就是走资本主义道路》中所指，“社会主义与资本主义不同的特点就是共同富裕，不搞两极分化。创造的财富，第一归国家，第二归人民，不会产生新的资产阶级。国家拿的这一部分，也是为了人民，搞点国防，更大部分是用来发展经济，发展教育和科学，改善人民生活，提高人民文化水平。”[②]

示范区经验直接关系到国内经济发展不平衡问题的解决。市场规律基础上的市场化发展必然带来发展差异的问题。如果完全靠市场调节，不仅不可能实现已经实现的脱贫攻坚和第一个百年目标，共同富裕也不可能实现。这已经是被发达资本主义国家证明的议题。在中国，从 1982 年中共十二大首提“我国生产力发展水平总的说来还比较低，又很不平衡，在很长时期内需要多种经济形式的同时并存”，到中共十三大报告指出“在各

① 《邓小平文选》第 3 卷，人民出版社 1993 年版，第 110—111、111 页。
② 《邓小平文选》第 3 卷，人民出版社 1993 年版，第 123 页。

项实际工作中，要善于审时度势，自觉地及时地解决经济生活中出现的不平衡，以经常性的小调整来避免比例严重失调情况下被迫进行的大调整”，以及十四大报告、十五大报告，都指出发展不平衡是社会主义初级阶段的发展特点，指出将通过提高生产力来解决发展不平衡的重要举措。而在中共十九大报告中，发展不平衡进一步成为中共高度关注的议题，是历届中央全会报告中提及次数最多的。通过中国特色的社会主义道路和理论解决发展不平衡问题已经成为今后党和国家着力解决的重大问题。正如《意见》所指，“实现共同富裕不仅是经济问题，而且是关系党的执政基础的重大政治问题。”能否实现共同富裕，直接关系到中国的制度优势表现和示范作用。

示范区的开启，标志着中国通过改革实现共同富裕的经验开始推广。浙江作为 GDP 全国排名第四，人均 GDP 排名第五的沿海省，在改革开放的发展中所取得的成就是突出的，“具备开展共同富裕示范区建设的基础和优势”。《意见》要求，到 2025 年，浙江省推动高质量发展建设共同富裕示范区取得明显实质性进展；推动共同富裕的体制机制和政策框架基本建立，形成一批可复制可推广的成功经验。到 2035 年，浙江省高质量发展取得更大成就，基本实现共同富裕。在 2049 年第二个百年目标实现过程中，2035 年这个节点是重要的，既为进一步通过改革完善示范区经验预留了时间，也为更大范围推广经验作好了准备。作为今后国家的主要发展方向，“共同富裕示范区”正拉开新的改革序幕。

改革驱动下的“共同富裕示范区”机制化建设将为未来全民共同富裕保驾护航。从脱贫攻坚的经验看，总体上，城乡发展不平衡仍是实现共同富裕的最大挑战。从依靠生产要素富裕到完善市场竞争机制和健全保障制度达到全民共同富裕是中国特色社会主义市场化改革的逻辑。在社会主义市场发展阶段初期，伴随资本、技术水平的差异，不同地区和不同行业及人群中部分人先富起来，是市场发挥规律的必然。如果说党和政府在脱贫攻坚中发挥了决定性作用，那么选择市场改革走在前沿的省份进行共同富裕示范，体现的则是对机制手段的重视。同样是市场，这是社会主义市场有别于资本主义市场的地方，这种区别就在于政府在引导发展中发挥更大的作用。《意见》中一些高频率词汇反映出在实现共同富裕中的工作重点和政府作用，如通篇 38 次提及“城乡”概念，32 次提及“机制”，27 次提及“改革”，25 次提及“创新”，20 次提及“分配”，18 次提及“保障”，15 次提及“高质量”，12 次提及“统筹”等，为民众和外界描绘出了新时代中国迈向共同富裕的基本路径。

向共同富裕目标迈进，中国将为世界共同发展提供新的发展经验。对发展中国家而言，资本主义制度的选择和发展出现的“中等收入”陷阱，是迄今西方经济学家没有解决的问题。这种问题的根源在于收入增长和收入分配国家制度方面的缺陷。中国通过自身的制度建设和发展，已经率先提前实现了 2030 年议程的减贫目标。中国共产党和资本主义政党的本质差异在于，前者努力将共同富裕不断扩大，从独善其身走向世界普惠，并实现“人类命运共同体”，而后者则希望维护一国特定利益集团在本国或世界的“独占性优先富裕”。作为中国新时代对外合作的重要举措，“一带一路”倡议的目标就是通过更广泛的国际合作，创新增长和发展模式，为世界发展提供多元化选择和发展动力，打造人类平衡普惠的发展模式。由此，有理由相信，在中国追求共同富裕奋斗目标的过程中，中国将通过“一带一路”与相关国家的合作，为世界更多的国家带来发展，并推动经济全球化朝着开放、包容、普惠、平衡、共赢的方向进一步发展。

“把握历史主动”的中国式现代化凸显中共理论建设的世界性 *

2022 年 10 月，中共召开的第二十次全国代表大会是中共历史上的标志性会议。国际社会可从中共二十大报告第一部分“过去五年的工作和新时代十年的伟大变革”中系统地看到过去十年中国所取得的伟大成就。从长远看，不断发展的中国能为其他国家提供什么样的合作机遇或分享什么样的发展经验，则是被更多关注的一个焦点。

“把握历史主动”与“中国式现代化”是连接中外对中共二十大报告认知的重要纽带。如果用简单明了的关键词将中外对中共二十大报告的关注点连接起来，选择“把握历史主动”和“中国式现代化”是有意义的。一定意义上，“把握历史主动”切合发展中国家长期强调的“自主发展能力”，“把握历史主动”就是要践行“独立自主发展”。将“独立自主发展”主观意愿转化为现实成效需要遵循理论并坚定实践。“现代化”则是共同使用的话语。中共二十大报告多次强调中国式现代化及相关内涵，实质是对中国现代化过程中的经验总结，推动了理论发展。可见，这个纽带既具有实践性特征，又具有理论性特点。中共二十大报告在总结新时代以来中国所取得的多领域成绩的同时，强调“把握历史主动”是实现第二个百年奋斗目标的主动力。“中国式现代化”的表述，不仅阐述了中国现代化的

---

* 原文载于《瞭望中国》总第 457 期（2022 年 11 月），参见 http://www.outlookchina.net/html/news/202211/12809.html。

方向，也是对广大发展中国家探索符合自身发展条件的现代化的支持。

如何实现独立自主发展既是一个综合性理论问题，也是一个复杂的实践问题。自主发展能力是发展中国家长期广泛讨论和关注的议题。在经济领域，“现代化”“工业化”“科技兴国”“教育兴国”都长期被视为独立自主发展的重要手段。在政治领域，从寻求民族自决和独立，到各种制度探索及相关的基本经济制度设计，其核心目标是实现国家和民族的独立自主发展，让国家的资源真正造福本地的民众，让国家的经济能够公平参与全球化合作，让国际资源不断弥补自身发展短板。近代以来发展中国家对符合自身特点的自主发展道路和理论的探索和实践一直热度不减。这些探索都是积极的主观努力，但绝大多数国家社会实践成效不显著，这同发展实践的被动性有很大关系，或者说，是所确定的社会经济发展目标与政治制度所能提供的保障不匹配。换言之，政治制度并没有很好地保障社会经济发展目标的实现。

“把握历史主动”才能最大化实现自主发展能效。“把握历史主动”是一个很学术的话语。对此如何理解？习近平主席在 2018 年 12 月 18 日庆祝改革开放 40 周年大会的讲话中指出：“历史发展有其规律，但人在其中不是完全消极被动的。只要把握住历史发展大势，抓住历史变革时机，奋发有为，锐意进取，人类社会就能更好前进。”① 可见，在认识和尊重历史发展规律基础上，抓住时代脉搏，积极进取可谓是“把握历史主动”。“把握历史主动”对企业而言，就是必须要明白行业的发展趋势特征。有句话很好地诠释了“把握历史主动”的重要性：“赢了对手却输给了时代。”对执政党和政府而言，“把握历史主动”的前提是实事求是地总结经验，国家政策要以解决问题为着力点，必须清楚特定发展阶段大多数民众的发展需求和变化，国家的制度设计和政策导向一定要符合人类社会进步趋势，满足人民的发展需要。

从“精神上由被动转为主动”到“把握历史主动”，习近平系统阐述了中国革命和建设成功的内在动力。2022 年 10 月 1 日出版的第 19 期《求

① 习近平：《在庆祝改革开放 40 周年大会上的讲话》，人民出版社 2018 年版，第 3—4 页。

是》杂志发表中共中央总书记习近平的重要文章《新时代中国共产党的历史使命》。在中共即将召开的二十大会议前夕，这篇文章的含义是深刻的。其中，文章篇首强调自从十月革命一声炮响给中国送来了马克思列宁主义，“从此，中国人民谋求民族独立、人民解放和国家富强、人民幸福的斗争就有了主心骨，中国人民就从精神上由被动转为主动。”[①] 其中“精神上由被动转为主动”反映了中共以马克思主义引领中国人民追求独立自主和繁荣富强方面的理论价值和实际效果。“精神上由被动转为主动”是本文的灵魂，反映了科学理论对国家现代化建设的重要性。“精神上由被动转为主动”，反映了中国人民在历史长河中找到了符合自己国情的、能让劳苦大众普遍走向现代化的奋斗方向，也是“把握历史主动”的根本所在。这与二十大报告中的“把握历史主动”实现中国式现代化相得益彰。

中共全国代表大会报告对“把握历史主动”和“中国式现代化”的体现。检索中共七大到二十大的报告，发现“历史主动”和“中国式现代化”首次出现是在二十大报告中。其中有两次对“历史主动”进行表述：习近平在报告开篇就强调，“中国共产党已走过百年奋斗历程。我们党立志于中华民族千秋伟业，致力于人类和平与发展崇高事业，责任无比重大，使命无上光荣。全党同志务必不忘初心、牢记使命，务必谦虚谨慎、艰苦奋斗，务必敢于斗争、善于斗争，坚定历史自信，增强历史主动，谱写新时代中国特色社会主义更加绚丽的华章。”报告的第二部分“开辟马克思主义中国化时代化新境界”，再次强调“马克思主义是我们立党立国、兴党兴国的根本指导思想。实践告诉我们，中国共产党为什么能，中国特色社会主义为什么好，归根到底是马克思主义行，是中国化时代化的马克思主义行。拥有马克思主义科学理论指导是我们党坚定信仰信念、把握历史主动的根本所在。”而“中国式现代化”则在二十大报告中共有五次提及，其中四次描述未来“中国式现代化”对中国而言的深度和路径，一次反映“中国式现代化”与国际合作的广度。

东西方现代化理论差异背后是“政党”历史观的不同。历史地看，世

① 习近平：《新时代中国共产党的历史使命》，《求是》2022 年第 19 期。

界多元文明的长期并存和发展反映的是世界发展的多样性和客观性。但近代以来，快速工业化和殖民、霸权导致了西方历史观、优越论、发展理论的全球扩张和霸权国家对外文明的不断重塑。就现代化而言，也强调西方发展理论的唯一权威性和排他性，这是有悖世界历史常识的。英国历史学家汤因比在研究西方历史的基础上指出，“人类从历史中学到的唯一教训，就是人类无法从历史中学到任何教训。”即使在当代西方发达国家，我们几乎不可能看到因政党更迭系统总结过去的成绩并从中总结经验教训，新上台的政党极力否定、推倒之前的政策司空见惯。相比较，“中国式现代化”的提法，则是对中国实践经验的科学总结与提炼。这种纵深历史跨度的经验总结和应用，对现实问题解决会提出更加合理的制度建设方案。

“把握历史主动”与“中国式现代化”丰富了人类现代化发展理论，凸显新时代理论建设的世界性。首先，中共是一个高度重视从历史中汲取经验教训并发展理论的政党。如革命时期的“游击战”“革命根据地”“新民主主义革命”，建设时期的“社会主义市场经济理论”等，这些理论都对中国的发展与国际合作发挥了重要的指导作用。就重大的时代转变，还会通过决议来总结历史发展经验。从社会主义初级阶段的社会主义市场经济实践到进入发展新时代，中国社会经济发展经历了巨大变化，参与国际合作的力度和广度也正在发生深刻的变化，理论总结恰当其时。其次，更广泛的高质量发展与国际合作亟须探索新的理论来指导实践。一方面，随着中国的快速发展，一些在市场条件下出现、存在的问题或“顽瘴痼疾”已经严重地影响了国家的发展质量与国际合作，这要求进行新的理论探索和制度安排。十八大以来，中共高度重视以自我革命精神解决新问题，并在一系列新的制度安排和社会实践中推动中共的理论新发展，其集中表现就是习近平新时代中国特色社会主义思想。另一方面，不同制度条件下的市场主体合作如何真正惠及更多发展中国家，需要解决很多新的问题，由此需要新的创新理论指导。从长远看，随着中国高质量发展及参与全球合作，未来的中国将探索更多有利于世界共同包容性发展的制度建设经验，也将配套性地为世界发展提供更多的公共产品。

从中共十九大报告强调“中国特色社会主义道路、理论、制度、文化不断发展，拓展了发展中国家走向现代化的途径，给世界上那些既希望加快发展又希望保持自身独立性的国家和民族提供了全新选择，为解决人类问题贡献了中国智慧和中国方案”，到二十大报告指出“科学社会主义在二十一世纪的中国焕发出新的蓬勃生机，中国式现代化为人类实现现代化提供了新的选择，中国共产党和中国人民为解决人类面临的共同问题提供更多更好的中国智慧、中国方案、中国力量，为人类和平与发展崇高事业作出新的更大的贡献”，中共对于发展理论的自信在不断增强。正如习近平所讲“实践没有止境，理论创新也没有止境”，[①]“把握历史主动”才能更好地探索符合本国国情的现代化，“把握历史主动”才能反映中国参与全球事务的负责任大国的担当。

① 习近平：《辩证唯物主义是中国共产党人的世界观和方法论》，《求是》2019 年第 1 期。

第二部分

中国式现代化国家制度建设及发展导向

制度进步是推动人类整体性进步的关键。近代以来，在早期实现工业化或现代化国家的“制度绩效”示范下，全球范围内首次出现了规模性的制度学习或效仿，其中包括政党制度、选举制度、民族国家构建、有利于工业化的经济制度等。由此，通过制度保障弥补发展不足以实现快速发展是每个国家都希望实现的议题。在此过程中，其中个别国家利用时代特殊条件以不同方式实现了发展，但更多国家至今仍停留在发展严重滞后的水平。其间，中国也进行了近百年的艰辛探索。幸运的是，在马克思主义指导下，中共走上历史舞台，并探索出了一套符合中国国情、符合国际发展趋势的国家制度。因此，中国的国家制度建设既有时代进步特点，又体现了中国的开创性。

中国式现代化国家制度设计的出发点是能让广泛的长期处于传统农业社会的人口多数获得长足的现代化发展，最终实现国家发展的可持续性。中国国家制度的设计是在中国近代百年探索中找到的发展方案。一个新制度的诞生和发展，必然面临守旧势力的阻碍。为此，建设一个新制度需要持续激发制度活力，并广泛提升民众知行能力以适应现代化发展需要。中国在确立现代化政党制度、所有制等制度上，还针对落后的发展国情开展了长期的制度维护和完善，包括应对外部干扰及有利于该制度运行的内部制度、经济和文化等建设。

以清晰的发展阶段特点推动制度建设不断发展是中国式现代化的重要经验。以“资本主义”或“社会主义”概念进行国际交流，对于不同制度的国家民众或许有理解难度。但我们可以通过制度的基本作用这个出发点来看待国家制度。“姓资姓社”的根本是能否促进更快发展与增进更广泛人口受益，这条标准应该是符合任何发展中国家的共识。而要在不同起点实现快速发展，必须有切合不同发展阶段的制度保障。由此可以看到，中共提出的“新民主主义阶段”“社会主义初级阶段”等阶段划分理论清晰地定位了中国的阶段发展属性，也明确了中国的阶段发展任务，这是中国式现代化建设成就中制度建设和发展的重要特点。从国际上看，冷战后很多国家在外部诱压下，实施了所谓的“转型”发展，其实质是淡化了各自国家所处发展阶段的发展属性特点。阶段性特点的不清晰意味着发展目标的不明确，发展手段的缺位或越位。

为人民服务：中国共产党最简单质朴的执政信条*

选票政治是当前很多国家“民主政治”的重要内容。执政党为了上台而非常重视在选举前迎合主要利益集团或特定民众的需求。由此，选举前口号成为判断一个执政党上台后经济发展方向的重要内容。但是，从政治学角度看，打什么口号并不能仅仅从字面理解。古希腊就讲“民主政治”，但古希腊社会合法存在的奴隶阶层表明这样的“民主政治”只是奴隶主的“民主政治”。中国古代思想家孔子也主张“以民为本”，但这是维护封建帝王“家天下”的需要。在最“民主”的美国，大选代表着不同利益集团的利益也是公开的现象。

政党制度直接关系到现代国家的发展。首先，从人类发展历史看，政党制度同现代国家的形成是密切相关的。随着资本主义制度的全球扩张，在全球资产阶级革命占主流的社会变革过程中，政党制度的研究也更多和“民主”相联系起来。客观上，近代资产阶级国家的诞生离不开资产阶级政党的作用，从这个角度看，政党制度是同资产阶级民主制度相伴生的，因为资产阶级政党的一个重要作用是对抗封建的专制统治，资产阶级政党的产生也意味着对先进生产关系的推动。但是，随着资产主义生产方式的扩张，资产阶级民主的狭隘性和虚伪性以及对人类社会发展的制约性已经

---

* 原文载于《瞭望中国》总第 406 期（2019 年 6 月），参见 http://www.outlookchina.net/html/news/201906/12027.html。

凸显。由此，探索工业化条件下，资本主义生产方式和生产关系矛盾发展的规律成为马克思理论研究的基本出发点。其次，马克思主义理论诞生后的社会主义实践探索中，无产阶级政党发挥了主导作用，这是人类社会的发展方向。研究政党政治通常会因陷入复杂的概念范畴让人迷失了政党政治的初衷。民众被一些国家眼花缭乱的选举议题迷惑时，忽略了将政党的性质放在历史的维度去判断——是否代表了社会生产力变化下生产关系的发展方向，是否代表了更广大人民群众的利益。正如恩格斯在《共产党宣言》1883 年序言中所指，“每一历史时代的经济生产以及必然由此产生的社会结构，是该时代政治的和精神的历史的基础”。作为工业化先进生产力的代表，共产党从诞生之日起就代表着消除等级差异，实现人类共建、共治、共享的社会关系发展方向。特别是在信息化技术发展的今天，推动构建人类命运共同体已成为共产党新的时代使命。

发展的困境也是政党制度的困境。资产阶级政党从一国走向世界是历史的进步，无产阶级政党从一国走向世界也是历史的进步。政党从为一国的广大民众谋福祉到为一个地区、全人类谋福祉需要一个必然的过程。这个过程既是生产力、生产关系发展的过程，也是价值观念趋同的过程。现下，当发展中国家一个政党在某些重要领域不能兑现选前承诺的时候，民众可能会在下一次选举中关注另一个政党、一个新的选举议题，而从国家的整体发展和民众福祉来看，却没有太多的进步。相比，发达国家的情况有根本的不同。发达国家凭借自身优势可以通过全球市场来实现发展目标，如西方发达国家强调环境治理日益取得成效是自身治理的结果，却根本不提自身能源消耗日益增加的情况下，能源消耗对环境的破坏实质是转嫁到了发展中国家，如发达国家向发展中国家输出大量的垃圾、使用发展中国家加工后的原材料而把资源开发带来的环境破坏留在当地。政党是推动现代国家发展的必要组织，民主也是个好东西。但一个政党是否真正代表广大人民的利益，则需要作出合理的判断。就从人类的普遍进步和福祉大幅度提升的视角看，执政的中国共产党领导中国人民依靠自力更生艰苦奋斗所取得的成绩是史无前例的，中国共产党自身的制度建设经验也是值得学习的。如果要用一个简单质朴的话概括中国共产党的执政经验，“为人民服务”是最恰当的。

“为人民服务”是中国共产党最具有代表性的执政信条。“为人民服务”是1944年9月8日毛泽东在张思德同志的追悼会上所作演讲的主题。这句在中国革命时代提出的简单质朴的“语录”已经成为中国共产党的执政信条。《为人民服务》与《愚公移山》《纪念白求恩》被称为“老三篇”，是共产党干部接受马克思主义教育的必读文章。毛泽东时代，“为人民服务”的标语会在大多数社会服务机构甚至街头巷尾看到。时至今日，政府部门仍悬挂有这一标语。从1945年中共七大毛泽东思想被确立为党的指导思想并写入党章以来，全心全意为人民服务一直是党章中规定的党的根本宗旨。在中共的历次全国代表大会报告、全党主题教育活动中，如何更好地为人民服务一直是核心议题。因为有了“为人民服务”的执政原则，才有了“人民公仆”的要求。有人认为中国共产党由革命党变成执政党，执政的理念就应该发生变化。确实，革命党变为执政党，理念需要变化。但需要变化的是由革命的任务转向带领人民向更好发展的阶段迈进。毛泽东1953年1月5日在《反对官僚主义、命令主义和违法乱纪》中指出：“官僚主义和命令主义在我们的党和政府，不但在目前是一个大问题，就是在一个很长的时期内还将是一个大问题。就其社会根源来说，这是反动统治阶级对待人民的反动作风（反人民的作风，国民党的作风）的残余在我们党和政府内的反映的问题。”“各级党委应有决心将为群众所痛恨的违法乱纪分子加以惩处和清除出党政组织，最严重者应处极刑，以平民愤，并借以教育干部和人民群众。”[①] 正如习近平总书记所讲，当官不发财，发财不当官。作为执政党，手中拥有的权力是人民赋予的，如果不能利用人民的信任为人民服务，而利用人民的信任谋一己之私，势必会脱离人民大众，遭到历史的唾弃。中国共产党领导建立的新中国虽然在短短的70多年中取得了举世瞩目的伟大发展成就，但相比于历史上存在800年的周王朝，仍是一个非常年轻的国家。“靡不有初，鲜克有终”，只有“不忘初心、牢记使命”，修养与制度建设并重，坚持用人民的满意衡量党的工作才能打

① 《毛泽东文集》第6卷，人民出版社1999年版，第254、255页。

破治乱兴衰历史周期率。

“为人民服务”是毛泽东对现代政党制度发展的贡献。首先，“为人民服务”既是立党基础，也是党建的根本目标。现代国家依靠执政党治理社会，治党就是治国。一切依靠人民，一切为了人民，是毛泽东思想的核心，更是毛泽东建党的思想精髓。虽然古今中外历史上关于政府与民众的关系表述汗牛充栋，但毫无疑问，毛泽东提出的“为人民服务”绝对是二者关系的一个经典阐述。毛泽东一贯强调共产党执政理念上将人民当作一切工作的出发点。1944 年 9 月 18 日，毛泽东在《坚持为人民服务》的讲话中指出，“与人民利益适合的东西，我们要坚持下去，与人民利益矛盾的东西，我们要努力改掉，这样我们就能无敌于天下。”① 从革命战争年代强调“人民战争的汪洋大海”，到新中国站起来时第一个呼声“人民万岁”，无不体现了人民在毛泽东心中的重要地位。把中国建设成文明、民主、富强的社会主义现代化国家，是毛泽东一生“为人民服务”的目标。正如习近平所讲，举什么旗、走什么路、以什么样的精神状态、朝着什么样的目标继续前进是四个关系党和国家工作全局的重大问题。而决定这四个重大问题的基础就是中国共产党代表谁的利益的问题。其次，以人民是否满意作为党工作是否合格的唯一标准，接受人民的监督和检验。1964 年 8 月 29 日，毛泽东在谈话中强调：“力量的来源就是人民群众。不反映人民群众的要求，哪一个人也不行。要在人民群众那里学得知识，制定政策，然后再去教育人民群众。所以要当先生，就得先当学生，没有一个教师不是先当过学生的。而且就是当了教师之后，也还要向人民群众学习，了解自己学生的情况。”② 正如习近平 2013 年 12 月 26 日在纪念毛泽东同志诞辰 120 周年座谈会上的讲话中所指：“全心全意为人民服务，是我们党一切行动的根本出发点和落脚点，是我们党区别于其他一切政党的根本标志。党的一切工作，必须以最广大人民根本利益为最高标准。检验我们一切工作的成效，最终都要看人民是否真正得到了实惠，人民生活是否真

① 《毛泽东文集》第 3 卷，人民出版社 1996 年版，第 210 页。
② 《毛泽东文集》第 8 卷，人民出版社 1999 年版，第 324 页。

正得到了改善，人民权益是否真正得到了保障。面对人民过上更好生活的新期待，我们不能有丝毫自满和懈怠，必须再接再厉，使发展成果更多更公平惠及全体人民，朝着共同富裕方向稳步前进。”[①]

① 习近平:《在纪念毛泽东同志诞辰120周年座谈会上的讲话》，人民出版社2013年版，第18—19页。

从《论联合政府》到《论人民民主专政》*

“独立自主”是世界近代民族独立运动的核心内容。时至今日，广大的发展中国家，特别是那些曾经有过被殖民经历，并在民族自决过程中保留了同原殖民宗主国千丝万缕联系的国家，仍将“独立自主”作为维护国家发展和对外合作的重要内容。追求独立自主发展，是当代中国同广大发展中国家合作的历史起点。“同样的历史遭遇”这一概念所反映的正是中国在追求民族独立自主发展过程中同被殖民国家的历史共识。中国道路的成功经验的基础，就是中国一贯坚定地将“独立自主”作为新中国国家制度建设的根本。诚然，尽管中国是一个大国，但是在获得“独立自主”这一目标的过程中是充满艰辛的。正因为如此，中国更能体会到那些曾被纳入殖民体系的民族在国家建立和发展中的艰难，也由此在对外关系中一贯支持广大发展中国家独立自主探索发展符合自己国情的发展道路。事实上，由于发展水平和发展阶段的差异，包括中国在内的广大发展中国家要实现真正的独立自主发展目标仍路途遥远。2018 年初美国商务部发布公告称，美国政府在未来七年内禁止中兴通讯向美国企业购买敏感产品，由此导致中兴通讯不得不宣布受此影响主要经营活动已无法进行。

一个国家的存在或建立，并不意味着一个国家的强大。晚清时期，因

---

* 原文载于《瞭望中国》总第 395 期（2019 年 1 月），参见 http://www.outlookchina.net/html/news/201901/11836.html。

为国家衰弱，导致中国人获得了一个极度羞辱的专有名词“东亚病夫”。在 19 世纪以后的一百多年中，这份羞辱一直伴随着中国人，割地赔款已经成为常态。即使在国民党统治下的中华民国时期，在中国的领土上，仍有列强众多的享有治外法权的租界。列强在中国境内开设的商业场所内，甚至出现“华人与狗不得入内”的告示。中华民国期间，纵然有吉鸿昌这样的敢于维护民族尊严的中国人存在，但在西方列强看来，旧中国就是一个笑话。纵使有无数个爱国的吉鸿昌存在，如果不能缔造一个能彻底、真正代表广大人民大众利益的政府，这样的国家就永远是一个软弱的、严重缺钙的国家。中国曾是两次世界大战的参与者和胜利者，但战争的胜利并没有改变中国继续被瓜分、掠夺的状况，战后的中国在领土完整、民族尊严、民族独立自主发展等方面并没有得到维护。

选择一种什么样的制度或建立一个什么样的国家来实现中华民族的伟大复兴，是近代以来无数仁人志士前赴后继、孜孜探求的真理。这也正是逐渐进入中国政治舞台中央的中国共产党人首要考虑的问题。无论是作为中国近代历史研究，还是作为中国对外合作的发展成就经验交流，该问题都是一个至关重要的基本起点。正如梁启超在《少年中国说》一文中所指出的：“今日之责任，不在他人，而全在我制度。制度强则国强，制度独立则国独立，制度进步则国进步，制度雄于地球，则国雄于地球。”

一个制度是否促进了生产力的发展是衡量一个制度是否先进的重要指标。马克思恩格斯在《共产党宣言》中就资产阶级在历史的发展中曾作出积极的贡献指出，“资产阶级在它的不到一百年的阶级统治中所创造的生产力，比过去一切世代创造的全部生产力还要多，还要大。”但是，资产阶级自身的局限性又导致资产阶级重新成为社会生产力发展的局限者。马克思恩格斯通过生产方式和生产关系的视角分析得出，“资产阶级的生产关系和交换关系，资产阶级的所有制关系，这个曾经仿佛用法术创造了如此庞大的生产资料和交换手段的现代资产阶级社会，现在像一个魔法师一样不能再支配自己用法术呼唤出来的魔鬼了。几十年来的工业和商业的历史，只不过是现代生产力反抗现代生产关系、反抗作为资产阶级及其统治的存在条件的所有制关系的历史。”[①] 从这一论述不难发现，资本主义的所有制关系，决定了资本主义社会的生产力不能获得持续提升，并进而得出资本主义社会制度最终将由自己的掘墓人——无产阶级来埋葬。历史是发展的，只要人类存在的现实不会终结，人类的发展史和进步史就不会终结，所谓“历史的终结”就永远不可能发生。中国特色社会主义理论之所以是发展了的马克思主义，就在于中国共产党人坚持将马克思主义基本原理和中国的具体实际相结合，在探索社会综合发展和进步的基础上实施更加有效的社会实践手段，取得了伟大的成就并总结出了新的发展经验。

从中国革命和建设发展现实看，从长远角度出发，建立一个能够规避天生存在的缺陷的新的制度，正是中国共产党伟大领袖毛泽东长期思考的问题。诚然，任何制度都需要不断完善，但从马克思主义角度看，代表资产阶级利益的资本主义制度所存在的缺陷无疑是中国制度设计中首先要考虑的问题，因为它并不能代表中国最广大人民群众的利益。此外，在推翻封建制度后建立起来的新制度，也要考虑到基础薄弱带来的问题。马克思主义的经典理论和苏俄的社会主义革命经验无疑是中国共产党人学习的重要来源。在当时历史条件下，马克思关于资产阶级革命和社会主义建设的理论毕竟缺乏更多的社会实践检验，而苏俄所实现的革命及社会主义制度的实践又同马克思的判断存在一定的差异，因此，运用马克思主义基本原理并结合苏俄经验，从中国的实际出发推动中国革命和建设成为必然选择，是毛泽东对马克思主义的新发展，由此提出了中国的新民主主义革命、社会主义革命和建设等多阶段发展规划。这种马克思主义理论指导下的决策思路得到中共各代领导人的很好继承。无论是邓小平时代确立的中国经济建设“三步走战略”部署，还是中国特色社会主义新时代确立的“三步走战略”，都体现了马克思主义者的决策思路。

作为中华人民共和国的缔造者，毛泽东对新中国的制度设计思想无疑是解读新中国建设和发展经验的起点。毛泽东针对不同时期国内、国际政

① 《共产党宣言》，人民出版社 2018 年版，第 32、33 页。

治经济形势的变化，对新中国的制度设计有着丰富而深刻的思考，抗战胜利前召开的中共七大会议（1945 年）上毛泽东作的政治报告《论联合政府》和为庆祝建党 28 周年写的《论人民民主专政》都是毛泽东对中国新民主主义革命时期国家制度设计的重要思考。从文章标题看，从“联合政府”到“人民民主专政”貌似发生了较大的变化，甚至由于受一定时期内国际敌对势力的舆论影响，有人将“人民民主专政”的“专政”，视为洪水猛兽，但是，站在新中国成立近 70 年的今天，从国际交流视角看中国的发展经验，这两篇文章所反映的毛泽东关于新中国的制度设计思路是一致的。对于前者，蒋介石集团发动反人民内战，最终导致中国共产党主张的建立联合政府的愿望破灭；对于后者，人民民主专政强调的是人民的民主和对给中国独立自主发展进行破坏的反对派进行专政，这种专政在任何一个国家，包括总将“民主”“自由”放在嘴边的西方发达国家都是极其普通正常的事情。

在《论联合政府》中毛泽东指出，“我们主张在彻底地打败日本侵略者之后，建立一个以全国绝大多数人民为基础而在工人阶级领导之下的统一战线的民主联盟的国家制度，我们把这样的国家制度称之为新民主主义的国家制度。”“我们主张的新民主主义的政治，就是推翻外来的民族压迫，废止国内的封建主义的和法西斯主义的压迫，并且主张在推翻和废止这些之后不是建立一个旧民主主义的政治制度，而是建立一个联合一切民主阶级的统一战线的政治制度。”针对“有些人怀疑共产党得势之后，是否会学俄国那样，来一个无产阶级专政和一党制度。我们的答复是：几个民主阶级联盟的新民主主义国家，和无产阶级专政的社会主义国家，是有原则上的不同的。”[①] 在《论人民民主专政》一文中毛泽东指出，现阶段的“人民”就是“工人阶级，农民阶级，城市小资产阶级和民族资产阶级”。新中国要建立的制度就是“这些阶级在工人阶级和共产党的领导之下，团结起来，组成自己的国家，选举自己的政府，向着帝国主义的走狗即地主阶级和官僚资产阶级以及代表这些阶级的国民党反动派及其帮凶们

① 《毛泽东选集》第 3 卷，人民出版社 1991 年版，第 1056、1056、1061—1062 页。

实行专政，实行独裁，压迫这些人，只许他们规规矩矩，不许他们乱说乱动”。[①] 这些论述，都清晰地表明了即将成立的新中国的国家制度性质。

如果从“断章取义”角度看待毛泽东对于新中国的制度设计思考，既不是历史唯物主义的认识论，也并不能真实反映新中国成立以来的制度设计现实。代表最广大人民的利益和维护国家独立自主发展，才是贯穿其中的主线。

① 《毛泽东选集》第 4 卷，人民出版社 1991 年版，第 1475、1475 页。

中国人从此站立起来了*

回顾19世纪以来的中国历史，令全国人民激昂兴奋、扬眉吐气的大事莫过于在1949年10月1日开国大典上，中华人民共和国的缔造者、伟大领袖毛泽东在天安门城楼宣布："中华人民共和国中央人民政府今天成立了！"大典上毛泽东宣读的《中华人民共和国中央人民政府公告》昭示了这个在世界上传承了数千年文明且不断遭受深重苦难的民族，经历晚清以来的积贫积弱、备受凌辱与侵略，在中国共产党的带领下通过28年的英勇奋斗推翻了帝国主义、封建主义、官僚资本主义三座大山的压迫，取得了最终的胜利。

中华人民共和国成立后，被世界广为流传的是新中国伟大领袖毛泽东简洁而高度概括的一句话——"中国人从此站立起来了"。这句精辟的话语体现了中国文化的特点，宣告了百年来外国列强瓜分、侵略中国历史的终结。更重要的是，体现了重新屹立在世界东方的中国以维护和平的形象融入西方主导的全球化的对外立场。从今天看，这是中华民族实现伟大复兴，从"站起来"到"富起来""强起来"的重要起点。

相比西方大国建国伊始的领导发言，再观看公开留存的毛泽东主席在天安门城楼的经典宣告，总觉意犹未尽。翻阅文献，寻找最能体现中

---

* 原文载于《瞭望中国》总第394期（2018年12月），参见 http://www.outlookchina.net/html/news/201812/11807.html。

国民族精气神，拥有大国尊严的那句“中国人从此站立起来了”，需要回溯到1949年9月21日召开的全国政协第一届全体会议。作为开幕式发言主题，“中国人从此站立起来了”在短短的两千余字中被两次提到。毛泽东在开幕词中讲到，“我们的工作将写在人类的历史上，它将表明：占人类总数四分之一的中国人从此站立起来了。中国人从来就是一个伟大的勇敢的勤劳的民族，只是在近代是落伍了。这种落伍，完全是被外国帝国主义和本国反动政府所压迫和剥削的结果。一百多年以来，我们的先人以不屈不挠的斗争反对内外压迫者，从来没有停止过，其中包括伟大的中国革命先行者孙中山先生所领导的辛亥革命在内。我们的先人指示我们，叫我们完成他们的遗志。我们现在是这样做了。我们团结起来，以人民解放战争和人民大革命打倒了内外压迫者，宣布中华人民共和国的成立了。我们的民族将从此列入爱好和平自由的世界各民族的大家庭，以勇敢而勤劳的姿态工作着，创造自己的文明和幸福，同时也促进世界的和平和自由。我们的民族将再也不是一个被人侮辱的民族了，我们已经站起来了。我们的革命已经获得全世界广大人民的同情和欢呼，我们的朋友遍于全世界。”①

毛泽东在全国政协第一届全体会议开幕式上的发言，已经清晰地预见了新中国成立后面临的恶劣外部环境，同时也表明了毛泽东应对挑战的立场。其一，反对帝国主义干涉中国内政并扶植利益集团发动反人民内战，对斗争的长期性保持清醒认识。毛泽东指出，“双十协定”的失败充分证明，“和帝国主义的走狗蒋介石国民党及其帮凶们一道，是不能解决任何有利于人民的任务的。即使勉强地做了决议也是无益的，一待时机成熟他们就要撕毁一切决议，并以残酷的战争反对人民。”“帝国主义者和国内反动派决不甘心于他们的失败，他们还要作最后的挣扎。在全国平定以后，他们也还会以各种方式从事破坏和捣乱”。② 正是这种判断，决定了新中国成立后长期将“备战备荒为人民”作为国家发展政策导向。事实

① 《毛泽东文集》第5卷，人民出版社1996年版，第343—344页。
② 《毛泽东文集》第5卷，人民出版社1996年版，第342—343、344页。

上，无论是冷战期间还是冷战后，西方列强支持下的颜色革命、代理战争这种丑恶行径仍大行其道。而毛泽东的警惕，确保了新中国的安全，也让蒋介石寄希望于帝国主义支持下反攻大陆的梦想彻底失败。其二，中华民族的前途和命运，不能依托外国列强及其国内利益代言人来实现。毛泽东指出“双十协定”失败的“唯一收获是给了人民以深刻的教育，使人民懂得：和帝国主义的走狗蒋介石国民党及其帮凶们决无妥协的余地，或者是推翻这些敌人，或者是被这些敌人所屠杀和压迫，二者必居其一，其他的道路是没有的”[①]。

一个伟大时代的开启，常以重要的政策文件作为标志。放眼世界，近代以来英国 1640 年颁布的代表资产阶级革命胜利成果的《权利法案》，美国反英统治胜利后于 1776 年 7 月 4 日颁布的《独立宣言》，法国大革命后通过的《人权宣言》，都被视为该国发展进程的标志，也成为解读相关国家新时代国家性质的主要载体。之所以强调近代，是因为在近代西方工业化推动下，人类整体脱离“迷信”“专制”，走向进步的脚步加快。尽管资本主义血腥的扩张史给世界带来了严重的灾难，但相比于中世纪欧洲曾长期处于无知和愚昧充斥的黑暗统治之下，资产阶级革命无疑开启了人类进入新时代的大门。之所以强调重要政策文件，是因为这些文件都代表了时代的发展方向。如同近代西方列强国内所发生的划时代事件一样，中国人民政治协商会议第一届全体会议也成为新中国政治体制发展的重要里程碑。广泛代表参与下的中国人民政治协商会议第一届全体会议就新中国建立什么样的政治制度作出了立法规定，其中包括通过的具有临时宪法性质的《中国人民政治协商会议共同纲领》和《中国人民政治协商会议组织法》《中华人民共和国中央人民政府组织法》等文件。这为中华人民共和国今后的政治发展确立了方向。

中国人民政治协商会议第一届全体会议所确立的中国政治制度表明中国近代以来学习西方“德先生”（民主）和“赛先生”（科学）的长期努力取得了成效，代表最广大人民利益的人民民主制度以国家组织的形势确定

---

① 《毛泽东文集》第 5 卷，人民出版社 1996 年版，第 343 页。

下来。民主和科学并不是近代出现的新事物，但却是人类工业文明以来获得真正繁荣发展的事物，是近代中国无数仁人志士前赴后继救国救民的追求，也是马克思主义学说的重要内容。更重要的是，只有马克思主义理论所阐述的人类未来发展方向，才能解决中国数亿人口当家作主和发展的需求，只有马克思主义武装下的中国共产党带领中国人民的革命实践是成功的。正如毛泽东在《改造我们的学习》一文中所指，“灾难深重的中华民族，一百年来，其优秀人物奋斗牺牲，前仆后继，摸索救国救民的真理，是可歌可泣的。但是直到第一次世界大战和俄国十月革命之后，才找到马克思列宁主义这个最好的真理，作为解放我们民族的最好的武器，而中国共产党则是拿起这个武器的倡导者、宣传者和组织者。”[①] 寄希望于通过西方列强帮助来实现中华民族的振兴是不现实的。谙熟中国文化的毛泽东将帝国主义在国内的代言人形象描述为“帝国主义走狗”，是因为明确地认识到：发展依靠列强，领导者又是利益集团代理人，很显然是不可能带领人民获得真正的独立自主和持久发展的。

人类社会之所以不断取得进步，很大程度上在于人类拥有追求“真善美”的价值观，而不仅仅是利益的追逐。构建一个人与自然、人与人和谐相处的“大同社会”是中华民族几千年的梦想。近代西方工业化的启动，在前所未有地释放社会生产力的同时，对传统生产关系带来了前所未有的冲击，加重了那些处于较低发展水平地区人民的苦难。在 21 世纪今天和平的中国，或许很难理解百年前强调“独立自主”的中国仁人志士为追求民族独立和民族尊严前赴后继、义无反顾的献身精神。翻开百年前的报纸刊物，满眼都是救亡图存的报道。当年轻一代乐于欣赏西方影视作品中那些“为自由献身”的真理追求者时，也应同样理解百年前的中国。时穷节乃现，危难出英雄。当一个国家的人民大众处于水深火热的境遇时，如果没有挺身而出的担当者，那么这个国家的命运只能是灰飞烟灭。幸运的是，中华民族在百年危机中出现了中国共产党，并由此扭转了衰败命运。

---

① 《毛泽东选集》第 3 卷，人民出版社 1991 年版，第 796 页。

中国的传统文化中，以既不妄自菲薄，也不狂妄自大为做人准则，反映的是中国人的内敛与积极上进。新中国发展历史表明，中国共产党领导下的勤劳的中国人民既勇于承认不足并学习西方强国的先进发展经验和科学知识，又不惧强权勇于维护自己独立自主的和平发展环境。

抗美援朝战争：大国崛起的洗礼之战*

战争是最血腥的暴力，战争历来也是研究国际关系的重要内容。战争参与方的武装直接对抗，超出了外交的协调范围，也更体现战争方的深层次矛盾；冲突方的战争装备不仅很大程度上体现了各自的科技水平，更是衡量战争方综合实力的平台；更为重要的是，近代西方列强在全球肆意横行，国家间的冲突已经超越简单经济利益的争夺，正义和非正义的体现更加明显，战争双方对待战争的态度反映了各自的政治理念是否进步。在军事专家或指挥人员眼里，如何赢得战争考虑得更多是战争的策略，但在中国政治家眼中，民心向背才是赢得战争的根本。虽然挑动战争一方千方百计寻求战争的“合理性”，但无论如何现代的人类以战争方式解决冲突绝对是历史的倒退。

中华民族的传统文化中历来反对以战争解决争端，故此才有“穷兵黩武”“好战必亡”的警语。提出“枪杆子里出政权”并领导中国人民通过武装斗争建立新中国的政治家毛泽东，对于战争的认识继承了中国传统文化中反对战争的思想，同时通过新中国的对外军事活动体现了中国的对外战争观。早在 1939 年 9 月 16 日，毛泽东在《和中央社、扫荡报、新民报三记者的谈话》中针对国民党反动派向解放区的军事进攻提出了中国共产

*原文载于《瞭望中国》总第 399 期（2019 年 2 月），参见 http://www.outlookchina.net/html/news/201902/11888.html。

党军队的自卫原则：“人不犯我，我不犯人；人若犯我，我必犯人。”从新中国成立后参与的历次战争看，纵使人犯我，而我犯人的限度也仅限于以战止战，中国参加的抗美援朝战争就是这一理念的反映。正如抗美援朝战争中方称之为“抗美援朝，保家卫国”一样，新中国成立以来发生的中印边界自卫反击战、珍宝岛自卫反击战、西沙群岛自卫反击战、中越边界自卫反击战、南沙群岛自卫反击战都是出于自卫的需要。正如习近平总书记多次就中国的和平安全观所讲的，走向“强起来”的中国，更是世界和平的坚决倡导者和有力捍卫者，中国人民将坚定不移维护人类和平与发展的崇高事业，愿同各国人民真诚团结起来，为建设一个持久和平、共同繁荣的世界而携手努力！

1950 年到 1953 年间的抗美援朝战争，是新中国成立后直接参加的第一场真正意义上的大规模国际战争。由于战争期间中国人民志愿军的表现以及战争的结果，这场战争也由此成为此后国际舆论中中国战争能力的重要评判对象。在世界现代史上，朝鲜战争无疑是一场经典的战役。战争虽然结束 70 年了，但战争的双方在军事教学中仍都进行着对这场战争的分析。

对于研究中华人民共和国历史的后人而言，这场战争的政治重要性无疑也是非常突出的。可以说，这是新中国成立的一场以战争形态体现的成人礼。其意义已经远远超出了战争本身的胜负和具体战役的指挥策略。对于新成立的中华人民共和国而言，这既是一场捍卫国家安全的战争，又是一场宣示国际政治立场的战争。这场战争，让西方世界认识到了中国维护和平的决心和能力；这场战争让西方世界认识到了中国主张和平解决国际、国内争端的大国理念；这场战争让西方世界认识到了中国的民族崛起已经不可阻挡，暴力干预中国的发展已经不可能；这场战争让西方世界认识到东方沉睡的雄狮已经苏醒！

从细节看，抗美援朝战争之所以重要并备受关注，很大程度上是由以下因素决定的。

其一，作战方。抗美援朝战争中国是以“志愿军”直接赴朝参战对抗以美国为首的 16 国联合军团的。这 16 国包括美国、英国、法国、加拿大、澳大利亚、新西兰、荷兰、比利时、卢森堡、希腊、土耳其、哥伦比亚、泰国、菲律宾、南非、埃塞俄比亚。这次战争，除第二次世界大战中的法西斯国家德国、意大利、日本及已不复存在的奥匈帝国外，其他几个帝国主义列强都参加了。由此可见，无论是国际舆论，还是参与战争的国家，都将该战争视为一次重要的军事行动。当然，战争的结果也影响了这些国家对新中国的认识。现代战争史上，这一战争是值得 16 个国家反思的战争。这个军团是包括全球六大洲国家的世界军团。这些国家基本上代表了当时全球范围内最发达或最有实力的国家。尽管有人认为 16 国军团没能最终赢得胜利，同这些国家没有倾全力投入有关，但这种看法其实是不值得推敲的。尽管那个时代是一个讲究丛林法则的时代，但不讲利益的战争是没有意义的。

其二，战争烈度和规模。一方面，中国和朝鲜作为落后的农业国家，对抗 16 国军团，战争惨烈度可想而知。尽管中国和朝鲜军队得到了苏联的支持，但这种支持毕竟是有限的，也绝不可能和对阵的西方军团相比。作为联合军团的主力，美军投入了除原子弹以外的所有现代化武器装备。相比，中朝军队的装备则整体严重落后。另一方面，战争双方直接投入作战兵力数百万人，可谓是第二次世界大战结束后规模最大的世界级战争，其中美国动员了全部陆军的 1/3、空军的 1/5 和海军近半数的兵力。就是在此条件下，中朝军队开展了对联合军团的五次大规模战役，中国赴朝作战部队中涌现出了无数可歌可泣的英雄人物，其中包括黄继光这样的革命烈士。若干年后，参战的美军将士在回忆这段历史时，都对中国军人的大无畏牺牲精神感到恐惧。可以说，抗美援朝战争打的不只是装备和策略，更是一场意志的较量。志愿军的这种意志并不是来自上级的命令，更多是来自战士内心的精神力量，那就是保家卫国。诚然，任何人的生命都是弥足珍贵的，但如果牺牲能换来更多人的和平与幸福，那么这种无畏将会有无穷的动力。

其三，战斗结果。以战止战是中国出兵参战的根本目标，战争的结果实现了中方的目标。正如 1950 年 11 月 4 日中国共产党和各民主党派联合发表抗美援朝宣言中所指，“中国人民是酷爱和平的。我们以前一向要和平，我们今后永远要和平。我们要中国的和平，我们要亚洲的和平，我们要全世界全人类的持久和平。我们主张朝鲜问题应当以和平方式来解决，帝国主义者的侵略军应当从朝鲜撤回去。然而美帝国主义者及其帮凶们不但不愿意撤退侵略军，停止侵略战争与以和平方式解决朝鲜问题，反而向'三八线以北'，向中国的边境鸭绿江、图们江疯狂地发展这种侵略战争。这样就迫使我们认识了这样一个事实，那就是：世界上爱好和平的人民如果想要得到和平，就必须用积极行动来抵抗暴行，制止侵略。"[①] 事实上，经过数年的战争，参战各方于 1953 年 7 月 27 日签署《朝鲜停战协定》，止战三八线并重新回到谈判桌上，可以说实现了中国参战的目标。相比较而言，尽管美国从不公开承认朝鲜战争的失败，但从战争任务来看，没有达到出兵的目标，就是一种失败。

对于新中国而言，抗美援朝战争的重要意义无论如何形容都不为过。这场战争巩固了新生的社会主义政权，这场战争迫使西方列强不得不重新重视中国的地区大国作用，这场战争为中国赢得了多年的相对安全环境，这场战争表明中国在发展严重落后的条件下有坚定的意志维护自己及周边的安全，这场战争洗刷了中国近代以来被列强肆意凌辱的羞耻，这场战争打出了中国军人的精气神，可同近代以来西方所有崛起大国的关键一战相媲美，这场战争让中国尊重主权国主权、和平对话政治解决冲突问题的主张在国际上掷地有声。时至今日，当西方国家认为中国有能力影响朝鲜政府的对外政策的时候，中国仍坚持了这一毛泽东时代形成的对外关系原则，即尊重主权国政府的充分自主权。

① 《各民主党派联合宣言》,《人民日报》1950 年 11 月 5 日。

现代化征程：制度先行*

2019年10月31日，中国共产党十九届四中全会通过的《中共中央关于坚持和完善中国特色社会主义制度 推进国家治理体系和治理能力现代化若干重大问题的决定》，提出坚持和完善中国特色社会主义制度、推进国家治理体系和治理能力现代化的总体目标是，到中国共产党成立一百年时，在各方面制度更加成熟更加定型上取得明显成效；到2035年，各方面制度更加完善，基本实现国家治理体系和治理能力现代化；到新中国成立一百年时，全面实现国家治理体系和治理能力现代化，使中国特色社会主义制度更加巩固、优越性充分展现。

将制度建设作为核心议题，再次凸显了中国共产党对国家制度建设的重视。从世界关注中国制度建设的视角看，可谓贬褒不一。对于一些将中国视为竞争者甚至敌对国的国家而言，中国强调完善制度建设无疑是令其忧心忡忡的，因为中国的制度建设将进一步提升中国的发展优势。对于尚面临发展困境的国家而言，不断完善的中国制度，将提高中国发展经验的可学习性或参照性。从执政党治理能力建设看，四中全会关于国家制度和治理能力建设的现代化目标直接关系到中国"强起来"的历史使命，有评论将其称为中国的第五个现代化，可谓并不夸张。

---

* 原文载于《瞭望中国》总第416期（2019年11月），参见 http://www.outlookchina.net/html/news/201911/12196.html?from=groupmessage。

制度建设的现代化反映了中国发展经验的成熟

制度建设的现代化目标是中国发展经验的总结。在站起来、富起来、强起来的不同发展阶段中，面临的国内外环境和要实现的发展任务是不同的。将中国的发展按照改革开放前后两个阶段划分时，更多是以中国市场化改革特征为标准，是社会主义阶段发展理念和政策的探索及创新。但执政党性质决定了中国发展经验的统一性。从新中国建立以来制度经验的连续性和完整性看，中国的发展阶段也可以按照“建国后国民经济恢复——过渡 / 改造——社会主义建设实践探索——社会主义发展经验总结和制度完善”四个时期划分。从发展经验交流的国际视角看，中国特色社会主义理论的实质是社会主义，这个大前提同很多国家当前的发展制度选择并不相同。同样，用中国的发展经验看相关国家的发展问题时，中国在由新民主主义向社会主义过渡及改革开放前所经历的发展成绩在很多国家是缺课的，用市场的手段解决这种缺课带来的短板，其制约性无疑也是突出的。而从发展经验连续性看，改革开放后中国重视强调中共八大的重要意义，所体现的正是这一内涵。在经历改革开放四十多年后，系统总结新中国成立后不同建设时期的发展经验，并作为制度经验巩固下来，是新时代中国共产党的重要历史使命。这可以很好理解 2013 年在十八届三中全会上习近平将全面深化改革总目标设定为“推进国家治理体系和治理能力现代化”的深刻意义。

由重视技术进步到制度巩固完善反映了中国发展经验的成熟。“四个现代化”曾长期是中国共产党和中国政府的发展目标。1954 年的政府工作报告就提出实现工业、农业、交通运输和国防的现代化任务，并指出这是摆脱落后和贫困、提高人民物质生活和文化生活、巩固国家独立和安全的基础。1964 年的政府工作报告中，将实现“四个现代化”作为今后社会主义的建设目标：“在不太长的历史时期内，把我国建设成为一个具有现代农业、现代工业、现代国防和现代科学技术的社会主义强国”。[①] 单纯地从“四个现代化”的表述看，体现更直接的是技术的进步。但如果只是单纯看作技术进步，极容易让人想到晚清时期洋务派变革的“师夷长技以制夷”。这是不能正确反映中国的发展经验的。因为中国“四个现代化”建设所取得的伟大成绩是在中国社会主义基本制度条件下取得的。也正是在此过程中，社会主义中国的各种制度体系建设不断完善，制度保障不仅涵盖了根本制度、基本制度，也包括民生保障、制度监督、生态文明等均衡发展、可持续发展的重要的现代化制度建设领域。这些制度建设不仅巩固了中国成功发展经验的制度基石，更是在前瞻性地引领世界制度发展。正如习近平总书记在十九大报告中所讲：“发展是解决我国一切问题的基础和关键，发展必须是科学发展，必须坚定不移贯彻创新、协调、绿色、开放、共享的发展理念。”

制度现代化将是中国对世界发展的新贡献

人类现代化发展的起点是制度变革。近代以来，制度革命所催生出的社会发展和进步效果是空前的，近代工业文明的发展是和制度建设密切相关的。这既包括土地、资源、企业等所有制等基本制度，也包括民主、法制、反腐和绩效评估等众多方面的管理制度。从制度变革阶段看，19 世纪到 20 世纪，关于基本制度的重要性讨论曾经长期占据世界主流，并伴随了人类有史以来最大范围的全球性制度革命。在此过程中，一个重要的现象是民族国家的独立是和新制度的建设相伴随的。在苏联革命成功并建立社会主义制度取得快速发展的经验后，特别是二战后很多民族国家在独立后进行了社会主义制度实践。究其原因，最重要的是这些国家从苏联社会主义的实践中看到了后发国家社会实行社会主义制度的优越性。当后人从不同学科视角解读这一现象时，会夸大本学科视角认知的重要性，由

① 《周恩来选集》下卷，人民出版社 1984 年版，第 439 页。

此导致读者对这一现象认识失真，如有的观点认为一些民族国家选择社会主义制度是苏联的“制度扩张”。没有人会怀疑，任何一个现代国家的政治家将国家的发展作为第一要务，尽管会有其他民族或宗教的因素掺杂其中，但毫无疑问，将国家发展的蛋糕做大都是符合国家长远利益的。

现代国家发展中存在的众多问题要归于制度因素。一方面，在社会经济发展领域，当分析国际经济问题时，常会听到“结构性问题”的概念。“结构性问题”是一个相对性问题，没有一个国家的经济不存在结构性问题，因为一国国民经济的结构不仅同自身产业有关，还同国际产业分工密切相关。差异在于，不同国家能否或多大程度上通过制度性安排对结构性问题进行调整。由此，结构性问题也是制度性问题。中国通过制度性安排快速建立完整的现代工业体系，通过改革开放促进市场经济活力和持续快速增长，通过淘汰落后产能应对国际经济周期性调整，通过产业升级应对环境污染……体现的都是社会主义的制度优势。相较而言，冷战后，世界绝大多数国家以市场改革进行发展转型时，对自身发展中存在的问题更多是从经济结构甚至产业发展角度讨论，而忽略了制度因素的影响。另一方面，在社会治理领域，当多党制国家热衷于“选举议题”和“治理腐败”等政治议题，而发展政策却换汤不换药，普通选民对政治缺乏参与热情时，中国的社会治理能坚持以人民利益为优先，能以敢于自我革命精神和魄力面对和解决发展中存在的问题，所体现的正是无产阶级政党的先进性和执政理念。正如习近平总书记多次讲话中强调，勇于自我革命，是我们党最鲜明的品格，也是我们党最大的优势。

国家治理体系和治理能力的现代化既是确保中国未来健康发展的制度条件，也是对人类制度进步的重要贡献。一方面，中国国家治理体系和治理能力的现代化首先是立足于自身的健康发展和中华民族伟大复兴任务的实现。在过去 70 年的探索中，我们取得了伟大的成绩，同时也在不断改革和完善自己的制度。中国走的是一条人类史上从未有过的制度探索道路，既避免了社会主义不成功的案例，也避免了封闭搞社会主义建设的弊端，同时也与不搞社会主义的国家在发展成效上形成了鲜明的对比。因此，将中国的制度发展经验巩固和完善起来，有利于我们在未来的社会发展中取得更大的成绩。正如十九届四中全会所指出的："推进全面深化改革，既要保持中国特色社会主义制度和国家治理体系的稳定性和延续性，又要抓紧制定国家治理体系和治理能力现代化急需的制度、满足人民对美好生活新期待必备的制度，推动中国特色社会主义制度不断自我完善和发展、永葆生机活力。"① 另一方面，当前人类正面临着第四次工业革命带来的生产关系的巨大变革，共商共建共享为特征的全球治理正成为世界合作与发展的主流。推动中国制度的现代化建设，是增进不同国家间文明、文化交流的重要基础，将对世界的发展和人类的进步作出应有的贡献。

① 《中共中央关于坚持和完善中国特色社会主义制度 推进国家治理体系和治理能力现代化若干重大问题的决定》,《人民日报》2019 年 11 月 6 日。

土地改革确立了中国社会稳定的基础*

改革开放以来，"中央一号文件"已经成为中国重视"三农"（农业、农村、农民）问题的一个代名词。从1982年开始改革开放后第一个中央一号文件，一直到1986年，以及2004年后每年的中央一号文件都是关于中国"三农"发展的。可以说，这体现了中国在探索改革开放进程中对"三农"的重视、在市场经济改革进程中对"三农"的重视。作为发展中国家，中国在市场化改革中重视"三农"问题恰恰体现了这一初级产业在市场化中的脆弱地位。如果说中国改革开放重视"三农"问题是中国道路成功的经验之一，那么这一经验的基础和关键是中国共产党在中国革命和建设中逐步确立的中国的基本土地制度。

土地问题是长期对人类社会发展产生重要影响的基本资源问题。研究发展中国家发展道路问题，如果不谈土地所有制问题，很大程度上可以认为没有涉及该国发展的根本问题。在研究人类的发展经验中，任何国家或任何制度下的土地制度都是一个基本的重要问题。即使是在当前人类工业化快速发展的今天，土地仍然受到各国的普遍高度关注。在发达国家，土地关系到工业用地、建筑用地、公共设施建设等，是衡量一个国家经济活力的重要指标。在发展中国家，土地问题更为重要，它不

* 原文载于《瞭望中国》总第400期（2019年4月），参见 http://www.outlookchina.net/html/news/201904/11908.html。

仅关系到农业人口的生计依托，也关系到社会居民的容身之所，由此土地分配问题常常是影响国家社会稳定的重要因素。当发展中国家在市场经济条件下考虑各种土地延伸价值、所有权使用权分离等形式的土地问题时，更应该考虑土地所有制度的重要性。特别是在发展中国家与发达国家在发展起点存在巨大差距的背景下，土地要素带来的经济收入、资源配置差距成为制约发展中国家可持续发展的重要原因。中国社会主义市场经济取得重大成就的一个重要基础就是新中国成立以来中国通过土地改革确立了一个稳定的、可为其他行业发展提供资源、人力供给的社会。

中国是一个长期以农业为主的社会，土地的重要性尤为突出。中国古代思想家孟子讲，“有恒产者有恒心，无恒产者无恒心”，凸显了国家治理中土地对社会稳定的重要性。近代资产阶级革命家孙中山也将“耕者有其田，居者有其屋”作为重要的民生思想。但是，中国历史上，任何王朝都没有能实现“耕者有其田”这一目标。土地理论也是马克思主义政治经济学和科学社会主义理论的重要组成部分，基于土地资源公平分配的社会关系是人类文明发展的方向。从全球看，目前仍有不少国家的土地分配问题是当前影响国家政治稳定的重要因素，如非洲大国南非、津巴布韦等。还有国家因不同民族对土地所有权或使用权的争夺，引发国家内部的长期战乱，众所周知的苏丹达尔富尔游牧民和农耕民族的武装冲突问题就是如此，诸多案例不胜枚举。作为一个拥有 14 亿多人口的世界大国，它就是人类发展长河中的一个“巨轮”，自身的稳定性至关重要。新中国成立初期，5 亿多人口中约 90% 是农村人口，2017 年中国乡村常住人口仍有 57661 万人。中国农民的安居乐业，就是国家的长治久安。由此，中国发展经验的一个重要方面就是新中国成立初期的土地制度改革。

毛泽东将是否支持土地改革确定为衡量一个“完全革命派”的标准，保障农民的利益，国家社会发展才能稳步推进。在中国，农民是人民群众的主体，维护农民的利益，就是最大的政治。毛泽东对于中国农民和土地的立场就是，革命依靠农民，工业化建设依靠农民，因此在中国的发展问题上，是否坚持让农民获得土地，是区分革命和反革命，人民立场和敌人立场的一个关键标准。在中国人民政治协商会议第一届全国委员会第二次会议的闭幕词中，毛泽东讲，“这次会议议题众多，中心的议题是将旧有土地制度加以改革的问题。”就农民在中国革命和建设中的重要性，毛泽东指出，“中国的主要人口是农民，革命靠了农民的援助才取得了胜利，国家工业化又要靠农民的援助才能成功，所以工人阶级应当积极地帮助农民进行土地改革，城市小资产阶级和民族资产阶级也应当赞助这种改革，各民主党派、各人民团体更应当采取这种态度。”毛泽东在会议上讲，“战争和土改是在新民主主义的历史时期内考验全中国一切人们、一切党派的两个‘关’。什么人站在革命人民方面，他就是革命派，什么人站在帝国主义、封建主义、官僚资本主义方面，他就是反革命派。什么人只是口头上站在革命人民方面而在行动上则另是一样，他就是一个口头革命派，如果不但在口头上而且在行动上也站在革命人民方面，他就是一个完全的革命派。战争一关，已经基本上过去了，这一关我们大家都过得很好，全国人民是满意的。现在是要过土改一关，我希望我们大家都和过战争关一样也过得很好。”① 从毛泽东时代的主流话语看，“完全的革命派”意味着毛泽东对土地改革重要性的高度关切，它涉及中国革命和建设的基本保障问题。在毛泽东看来，战争、土地改革、社会主义改造是中国发展道路的三个基本阶段。而前两者的难度对于中国的发展前景至关重要。

毛泽东关于土地的思想是新中国制度设计的根本，也是中国发展道路所不断取得成绩的重要基础。作为中国历史上第一个将“耕者有其田”变为现实的伟大政治家，早在1934年毛泽东在第二次全国苏维埃代表大会上的报告中就第一次完整地提出了土地革命的阶级路线：“土地斗争的阶级路线，是依靠雇农、贫农，联合中农，剥削富农与消灭地主。这一路线的正确应用，是保证土地斗争胜利发展的关键，是苏维埃每一对于农村的具体政策的基础。”② 在漫长的国内战争期间，中国共产党领导的革命之所以不断取得成功，就在于坚持开展土地改革政策。1947年7月至9月，中共中央工作委员会专门召开了全国土地会议，通过了《中国土地法大

① 《毛泽东文集》第6卷，人民出版社1999年版，第79、79—80、80页。
② 《建党以来重要文献选编》第11册，中央文献出版社2011年版，第116页。

纲》，10月10日由中共中央正式公布施行。该文件的实施，满足了中国农民数千年来“耕者有其田”的愿望，进一步激发了广大农民群众参加解放战争的热情，加速了中国革命的进程。正如美国人韩丁在其对中国农村土改进行调查基础上写成的《翻身——中国一个村庄的革命纪实》一书中所指，“新发布的《中国土地法大纲》在中国内战时期，恰如林肯的《黑奴解放宣言》在南北战争时期的作用。”新中国成立后，1950年6月14日，中共中央向中国人民政治协商会议第一届全国委员会第二次会议提交了《中华人民共和国土地改革法（草案）》，后经讨论通过并于6月30日由中央人民政府毛泽东主席公布施行。由此，“耕者有其田”终于变成了现实。

毛泽东时代的土地改革，既是对中国传统土地、农民问题的关注，也是对马克思主义关于土地思想的继承，是马克思主义基本原理的中国化。中国的土地改革是与中国的社会改造进程密切结合的。在半封建半殖民地基础上建立一个现代国家，面对的挑战不仅是落后的生产力，更是落后的生产关系。毛泽东领导下的中国共产党通过土改，重新塑造了中国各阶层生产关系，为新中国的现代化建设注入了源源不断的动力。土地改革既解决了中国大量的农业人口的就业和温饱问题，也为其他领域的建设和积累，以及中国的改革开放奠定了坚实的基础。在站起来的革命历史进程中，中国的农民是中流砥柱。在富起来的过程中，中国的农民工贡献了大量的廉价劳动力。在强起来的中华民族复兴进程中，占有中国人口绝对高比重的农民仍是主流。在中国计划经济积累和起步阶段，中国“耕者有其田”的土地制度确保了大多数农民的利益，在市场化改革发展阶段，增加农民收入也是保障社会经济可持续发展的重要基石，“三农”问题的根本最终要落实到农民的利益上。正如2018年习近平在山东考察时所指：“农业农村工作，说一千、道一万，增加农民收入是关键。要加快构建促进农民持续较快增收的长效政策机制，让广大农民都尽快富裕起来。”①

① 《切实把新发展理念落到实处 不断增强经济社会发展创新力》，《人民日报》2018年6月15日。

农业合作化是一次重要的社会生产关系重塑*

发展现代化农业是绝大多数发展中国家都有的构想。关于现代农业的标准讨论较多，其核心概念也是随着科技进步而不断进步的，且边界不断拓展，由高产值到高附加值到生态农业……当草本的茄子、西红柿变成木本时，产量的增加无疑是显著的，农业的进步体现了人类技术的进步。一句网络流行语叫作“贫穷限制了我的想象力”，而科技的落后则更是限制了一个国家的想象力。一百年前，在中国普通农民心里“点灯不用油，耕地不用牛”都是神话传说中的故事。而当这一切在中国老一代人眼里成为现实并变成遥远回忆的时候，当靠天吃饭的传统农业变成可依靠卫星预测天气、可人工降雨帮助农业生产的时候，中国的科技进步成绩是显著的，农业发展的前景也是广阔的。

从现有概念看，现代化农业意味着生产环节的机械化、科技化，流通领域的高效集约化以及同其他产业高度融合发展的社会化。可见，现代农业的发展是同一个国家的整体科技和社会进步密切相关的。但对于多数发展中国家而言，农业首先要解决的是温饱问题，然后才是社会就业、高附加值……以上对农业进步的关注其实更多是从社会科技进步角度来衡量的。如同人类工业化进程以来工业化的发展向西方发达国家看齐一样，农

---

* 原文载于《瞭望中国》总第 412 期（2019 年 9 月），参见 http://www.outlookchina.net/html/news/201909/12120.html。

业进步在生产力的表现也是以发达国家为样本的，但仅仅看到发达国家农业现代化的表现是不够的。不得不面对的现实是，不是任何国家都有条件和能力去实现具有高科技含量的现代农业。当我们惊叹发达国家农业的生产方式现代化水平高的时候，通常很少去考虑其背后的发展历史。土地规模化的形成过程，是大量血腥的殖民暴力，土地集约式经营的背后是自身工业化水平的提高。研究发展中国家的农业发展，单纯从本行业出发考虑是很难说明问题的。这就回到了问题的本质，落后国家如何启动农业现代化进程，如何在实现自给自足的基础上实现农业的快速发展，甚至赶超。更重要的是，农业作为基础产业，在现代化过程中应塑造什么样的生产关系。

小农经济仍是多数发展中国家面临的农业发展困境。在大多数发展中国家，占有国民经济主要比重的是农业，并且是传统农业中的小农经济。一方面，传统农业意味着农业发展仍是“靠天吃饭”，农业基础设施匮乏，农业生产科技含量极低。另一方面，农业的生产单位主要是以家庭为主，生产的主要目的是满足自身的生存需要。这种以小农经济为特点的农业是封建社会农业发展的主要内容。由于生产规模较小，农业产业链单一，最终导致农业的扩大再生产面临着严重的制约，并进一步限制了农产品以及下游产业的发展。而资本主义条件下的农业意味着机器化大生产。对此，马克思对资本主义初期资本家掠夺土地的研究是一个显著特点。而我们今天分析发达国家的现代农业的时候，通常容易忽略这段历史，而只是羡慕发达国家的现代化农业。不同于其他发展中国家的是，新中国成立后，毛泽东立足于马克思对现代农业发展的理论以及苏联的农业社会化实践，提出了具有中国特色的农业生产关系改造。从中国的发展实践看，毛泽东关于新中国在数千年封建土地所有制基础上发展现代农业的改造是成功的，影响也是深远的。除解决了制约现代农业发展的土地制度外，还通过改造重塑了符合现代国家后期快速发展的农业生产关系，这其中最为典型的是中国的农业合作化。

农业合作化是毛泽东主导的新中国建设的重要内容。革新基础上的建设是毛泽东主导中国现代化发展的清晰思路。从发展连续性和阶段性看，中国的农业合作化是在完成土地所有制变更基础上的又一个重要的里程碑式任务。首先，新民主主义革命通过土地改革重塑了符合现代化农业生产的生产资料所有制。其次，在此基础上以合作化方式重塑了符合现代发展需要的农业生产关系。这一阶段也被称为新民主主义向社会主义的过渡。其标志性事件是毛泽东 1953 年 6 月 15 日在中央政治局扩大会议上提出“过渡时期总路线”。过渡时期总路线被概括为“一化三改”，就是围绕国家实现工业化的目标，通过对旧有的农业、手工业和资本主义工商业进行改造，塑造适合社会主义新时期快速促进现代化发展目标的新型生产关系。从概念上看，中国的农业合作化也被称为农业集体化、过渡时期的农业社会主义改造等。但由于农业合作的重要性，从新中国成立初就开始了农业合作化进程。在具体形式上，随着总路线的实施，农业合作化又根据进展经历了互助合作（以建立互助合作组为形式）、初级农业生产合作社和高级农业生产合作社三个阶段。第一阶段提倡农业生产的互助合作，成立农业生产互助组。第二阶段尝试实行以土地入股、耕畜、大型农具、林木等作价入社，农业生产经营由集体统一组织，产值分配综合入社资本和日常劳动贡献进行，被称为初级农业合作社。第三阶段是将土地和主要生产资料集中收归集体所有，农业生产和经营进一步集体化并由生产队统一组织。从经济性质看，它是通过合作化道路将传统的私营小农经济转向公有制为基础的社会主义农业经济。从经济绩效看，无论是对战后农业经济的快速恢复和发展，还是对其他经济部门的支持，农业合作化的作用都是非常突出的。

农业合作化重要目标是塑造一个符合现代化发展的新生产关系。由于是生产关系的变革，所以牵涉的领域和行业又是多元的。在毛泽东眼中，这种着眼于现代化发展的生产关系重塑，其轻重缓急也是明确的。1953 年 7 月 29 日，毛泽东在中央政治局扩大会议上的讲话中指出：“搞手工业合作化比农业合作化还要难，这两者又都比搞国家资本主义困难，对个体手工业和个体农业不能采用剥夺的办法，因为他们是脚踏实地的劳动者，既不是资本家，下面又没有工人。”“不搞地方国营工业，不搞国家资本主义，不搞手工业合作化，就不能完成重点建设。”其中关于农业合作化，毛泽东指出："农业合作化，要有计划地、稳步地、积极地、自愿地搞互助合作"。[①] 比较其他发展中国家的情况，发现独立后实施国家资本主义的做法有很大的不同。如一些非洲国家在独立后，简单地将殖民者资产收归国有，但对相应的生产关系并没有重塑，以致在后期的"现代化"进程中仍然是"小农意识"突出，极大地制约了社会的综合发展。即使在苏联，快速直接的农业国有化也带来不少问题。中国有句话叫作"换汤不换药"，如果只是把殖民者或者资本家的财产收归国有，没有对相应的生产关系重塑这一过程，就如同简单的"打土豪分田地"一样，最终走的路子仍是非现代化的老路，这与中国历代封建社会的农民革命同出一辙。辛亥革命期间有一个经典的故事，反映了社会变革中重塑生产关系的重要性。在辛亥革命引发的全国革命运动中，江苏巡抚用竹竿挑去了抚衙大堂屋上的几片檐瓦，以示革命必须破坏，然后宣布自己成为民国的都督。辛亥革命的不彻底性，可见一斑。中国人幸运的是，有一个对现代化发展理论深入研究的伟大领袖毛泽东，有一个勇于不断改造自己的执政党。

中国通过农业合作化重塑生产关系对现代化发展的意义。作为现代生产关系的一次重大再造，农业合作化对中国之后的发展和影响是深远的，仅就发展理论贡献和执政能力及现代化的国民精神锻造等方面说明如下。其一，中国的农业合作化经验是马克思主义发展理论的重要完善。之所以在中国发展经验中首先强调农业生产关系重塑的重要性，是因为这既是马克思主义发展理论的逻辑起点，也是新中国成立后进行社会主义现代化建设的现实起点。一方面，马克思关于人类发展规律研究的一个重要逻辑起点就是与人类生存密切相关的土地所有制关系。另一方面，中国是一个数千年传统农业占主导地位的农业大国，"重农轻商"思想严重，自私自利的小农意识占据主导，这是不符合现代工业化大生产条件下的生产关系的。要在社会自然发展中来培养现代化合作意识，就难以加快中国的发展。中国的农业合作化既是对马克思主义发展理论的坚持，也是对马克思

① 《毛泽东文集》第6卷，人民出版社1999年版，第288、288、287页。

主义发展理论的发展。其二，互助的形式，让以农业为主的国民在生产合作中意识到了现代化协作生产的重要性，培养了资本主义工业化生产中才能形成的集体协作意识，形成了集体主义精神，是一次大规模的国民团结的社会实践教育。在此过程中，集体的利益高于个人的利益作为社会关系的常识深入人心。其三，这种非市场化的合作，解决了长期以来农业基础设施靠政府投入的制约。其四，中国革命和建设的主力军来自农民，而对农业生产关系的塑造，也直接影响到党和政府干部队伍的人员素质，这将直接体现在现代国家的治理能力上。

人民代表大会制度是人类政治制度史上的伟大创造*

人民代表大会制度是中国1954年首届全国人民代表大会通过的《中华人民共和国宪法》中确立的国家根本政治制度。2021年10月13日至14日中国召开了中共中央人大工作会议，习近平总书记就中国的人民代表大会制度的本质、发展和作用进行了重要阐述。习近平指出，人民代表大会制度是符合中国国情和实际、体现社会主义国家性质、保证人民当家作主、保障实现中华民族伟大复兴的好制度，是我们党领导人民在人类政治制度史上的伟大创造，是在我国政治发展史乃至世界政治发展史上具有重大意义的全新政治制度。

政治制度是关系一个国家发展道路选择的根本问题。政治制度是一个包含众多领域的庞大复杂体系，也关系到每个人的社会生产生活。政治制度不仅涉及什么阶级在国家政治结构中发挥主导作用，也体现在治理阶级按照什么样的组织方式开展国家治理，政治制度的结构决定了国家为谁发展和怎么发展的根本方向。仅从关注政治制度的集中度看，作为热点议题，政权组织方式、政党制度、选举制度等众多议题历来是政治学科研究经久不衰的内容，也是坊间茶余饭后的热点话题。特别是全球范围治理模式存在差异的背景下，政治制度已经成为发达国家展示话语优势和发展模

---

* 原文载于《瞭望中国》总第444期（2021年11月），参见 http://www.outlookchina.net/html/news/202111/12622.html。

式的常用手段。并且，在更多情况下，由于有发展成效，这种手段屡试不爽。同时，发展水平较低的国家，通常也将学习效仿他国制度建设作为变革图新的重要方向。中国在近代生死存亡之际，也将西方强大和成功经验的根源归于制度优势。从一定意义上讲，中国的近代史，也是一部探索和学习西方政治制度的历史。正如习近平所指，“在中国建立什么样的政治制度，是近代以后中国人民面临的一个历史性课题。为解决这一历史性课题，中国人民进行了艰辛探索。”①

中国的政治制度是中国人民正确的历史选择。一个国家的政治制度带着这个民族走过的轨迹，带着经历的时代烙印。历史地看，百年民族屈辱的历史中，救亡图存的中国先烈曾进行过无数的制度探索实践，其结果是难改中华民族继续被凌辱的命运。同时期世界范围内不断进行制度建设探索的国家也很多，但成效甚微。打破一个旧制度很难，建设、巩固好一个新的制度更难。新的制度需要不断完善、不断释放活力、不断促进社会经济的综合发展与进步，才会彰显其先进性。当前看，中国的社会主义民主方式促进了工业化发展，包容性发展激发出前所未有的巨大成绩。

政治制度进步与治理能力高并不是一个维度的问题。当前的国际话语中，治理能力是一个重要的议题，其中包括政务公开透明、防止腐败、民主选举、多党制等。治理能力和政治制度虽有很大的相关性，但将治理能力等同政治制度的进步性是不科学的。强调治理能力事实上忽略了政治制度进步的重要性。一方面，政治制度的进步性是相比较于不同政治制度而言的。政治制度的进步性首先反映的是治理方向的先进性，并进而内化到国家制度建设中。封建社会政体的消失，并不意味着封建王朝中都是治理能力低下的，根本上是因为违背了生产力和生产关系应匹配的规律。旧有的政治制度抑制了资本主义生产力的解放，无法让更多人通过技术进步来实现生活质量的提高。因此，封建政治制度最终瓦解。另一方面，治理能力的高低更多反映治理者的水平及对政策工具的使用能力等方面。可谓权

① 习近平：《在庆祝全国人民代表大会成立60周年大会上的讲话》，《人民日报》2014年9月6日。

力有多重要，选举的竞争就有多激烈，手段就会多层出不穷。相比，中国共产党“进京赶考”，可以说是严重缺乏社会行业治理能力的专业人士。但是，正是这个“泥腿子”占了绝大多数的革命队伍带领全国各族人民在中华民族的伟大复兴中不断开创新局面，这体现的就是政治制度的先进性。可见，一定视角，政治制度是上层建筑，需要顶层设计，反映意识形态，而治理能力则存在个体表现差异。

政治制度的核心是权力的产生和分配方式。关于政治制度的核心，唯心主义者认为是这种制度所体现出的特定的精神 / 文化价值。事实上，作为上层建筑，政治制度的核心是特定的社会利益分配和维护方式。家天下的封建王朝讲“王子犯法与庶民同罪”，强调“君臣平等”，但即使是贤明的君主犯了大错时充其量不过是发一份“罪己诏”而已。资本主义国家政治制度强调所谓“民主”“平等”，只是保留了资产阶级革命时代团结民众推翻封建专制的“民主标签”。事实上，大资本家所拥有的民主、平等普通民众绝不会享有。当一个国家的政治制度不能为绝大多数民众谋求福利时，所谓民主已经被绑架。回顾资本积累时期在全球的血腥掠夺，很容易让人想到强盗也可以富可敌国。从全球秩序角度看，如果支持强盗制度就意味着只能在打劫或被打劫中选择命运。而当前不少国家的大量民众仍笃信宗教，因此，关于政治的核心是精神 / 文化的看法很有市场。

政治制度优越的一个重要标准是社会进步和发展成效显著。推动政治制度进步的根本动力是生产力的解放。在此过程中，让更多的社会成员高效参与社会生产活动，就诞生了新的生产关系和新的民主。横向比较，优越的政治制度在于能够主动以人民的需要为发展方向组织社会生产并积极推动产业升级。进而，根据变化的生产关系实施更加公平、高效的社会治理和政治制度建设。政治制度建设取得的成绩是中国发展进步的重要方面。制度自信是中共强调的“四个自信”之一，制度自信包括政治制度自信。强调制度自信是因为社会主义制度为中华民族带来了空前的繁荣和发展。从乌托邦理想主义到社会主义实践变成现实，再到中国特色社会主义取得史无前例的发展成绩，依靠的就是政治制度建设和保障。并且，这种政治制度并不是照搬照抄，而是根据解放生产力、生产力与生产关系相适应的核心原则，在中共不断总结过去的探索经验，包括革命战争经验及新中国成立后的国家实践经验基础上形成的。正因为如此，习近平主席讲人民代表大会制度是在我国政治发展史乃至世界政治发展史上具有重大意义的全新政治制度。

有效监管才能确保国家政治制度的健康运行。对治理能力评估的一个重要标准是监管水平和能力。国际合作中，当国际机构强调发展中国家的改革应该更加市场化的同时，我们也可以看到，国际机构要求的具体改革，本身就反映了对这些国家宏观经济或产业经济数据的监管和评估。在一国政治生活中，有效的监管能对政治制度“非健康”运行纠错，确保政治制度健康运行。历史上，那些盛极而衰的王朝，很大程度上也是因为政治制度的纠错能力不足，因此难以走出历史周期率的困境。因此，正如毛泽东所讲，真正保证人民当家作主，“只有让人民来监督政府，政府才不敢松懈。只有人人起来负责，才不会人亡政息。”[①] 由此，我们可以理解中国政治制度中“人民民主专政”的深刻含义。社会主义搞市场经济是一个新事物。过去，靠国家政治制度的保障，我们实现了全面的历史性脱贫任务。如果说在被封锁、被制裁条件下，社会主义国家政治制度在应对各种困难时凸显了人民民主专政的优越性，那么市场条件下，在共同富裕的新征程上，国家制度加强法制建设将“权力关进制度的笼子”，则是维护社会主义中国政治制度的优越性的重要举措。正如中共十九大报告所指，坚持党的领导、人民当家作主、依法治国有机统一是社会主义政治发展的必然要求。

中国的政治制度是谋求人类共同发展的制度。政治制度的产生背景反映特定社会阶段要解决的问题。从人类政治制度演进历程看，政治制度的发展总体是不断进步的。毫无争议，奴隶主、地主阶级占统治地位的政治制度之所以被丢弃，是因为这些制度仅维护了少部分人的利益。每一个新的制度虽然历经艰难，但最终被认同并固定下来，是因为这种政治制度代表了人类社会进步的发展方向。正如马克思所讲，新的生产方式诞生之日

---

① 《毛泽东年谱（1893—1949）》中卷，中央文献出版社 2013 年版，第 611 页。

起，就意味着旧制度掘墓人的诞生。邓小平曾指出，社会主义的本质是解放生产力，发展生产力，消灭剥削，消除两极分化，最终达到共同富裕。21世纪的今天，关于人类共同可持续发展议题已经成为国际社会共识。高效利用地球资源，共同应对发展挑战，让技术进步惠及更多的人，则是时代的发展需要。中国的政治制度设计正是这种发展诉求的反映。

多民族团结发展之道：铸牢中华民族共同体意识*

2021 年 8 月 27 日至 28 日，中央民族工作会议在北京召开。这是新时代中国召开的又一次中央民族工作会议，也是改革开放以来继 1992 年、1999 年、2005 年、2014 年之后召开的第五次中央民族工作会议。在会上，中共中央总书记、国家主席、中央军委主席习近平就新时期民族工作作了重要讲话。

历次中央民族工作会议体现中国民族政策的“团结”与“共同发展”主题。改革开放以来历次中央民族工作会议的主题分别是“加强各民族的大团结，为建设有中国特色的社会主义携手前进”“加快少数民族和民族地区经济发展和社会进步”“以科学发展观统领民族工作，促进民族地区和谐发展”“凝聚民族大团结力量，为实现伟大中国梦而共同奋斗”。可见，在改革开放的社会主义市场经济建设过程中，党和国家高度关注市场条件下民族地区的团结与共同发展，并积极探索社会主义市场经济体制下的多民族共同发展理论。这种探索，反映了中国改革开放前和改革开放后民族发展面临的不同环境和挑战。要尊重市场经济基本规律，就必须重新正视一些民族地区发展的自然条件及在市场经济下的新表现。这是中国用马克思主义基本原理在多民族国家建设社会主义市场经济探索的新成就，

---

* 原文载于《瞭望中国》总第 443 期（2021 年 10 月），参见 http://www.outlookchina.net/html/news/202110/12607.html。

是社会主义的民族事业理论在中国的新发展。

中华民族共同体意识是中国多民族团结发展之道。2021 年中央民族工作会议是了解新时代中国民族团结发展的重要窗口。习近平讲话强调，“要准确把握和全面贯彻我们党关于加强和改进民族工作的重要思想，以铸牢中华民族共同体意识为主线，坚定不移走中国特色解决民族问题的正确道路，构筑中华民族共有精神家园，促进各民族交往交流交融，推动民族地区加快现代化建设步伐，提升民族事务治理法治化水平，防范化解民族领域风险隐患，推动新时代党的民族工作高质量发展，动员全党全国各族人民为实现全面建成社会主义现代化强国的第二个百年奋斗目标而团结奋斗。”① 改革开放初，中国在接受新鲜空气的同时不得不面对飞进来的苍蝇、尘土干扰，到第一个百年目标实现，在扩大开放进一步融入全球化过程中，中国面临更多风险挑战。从历史经验看，发展中国家的“多民族”问题长期是外来干扰破坏的突出领域。正如 2001 年马来西亚总理马哈蒂尔在 APEC CEO 论坛上就发展中国家开放面对的风险指出，“如果我们打开了窗户，让清新的空气飘了进来，也让老虎和熊闯了进来，恐怕我们应该选择打开二楼的窗户而保证地面的安全。”可见，“以中华民族共同体意识为主线”团结各民族促进共同发展将是中国新时期应对风险确保国家健康发展的重要内容。

多民族关系是发展中国家不同程度都存在的重大发展问题。在人类数千年的文明发展和交往中，不同生产方式、不同宗教信仰等因素对不同地区产生着不同的影响，这也导致几乎任何国家都存在的多民族的融合问题。特别是对于广大发展中国家而言，如何将不同民族凝聚在发展共识下促进社会的整体进步和发展是每个国家政府都面临的问题。日常话语使用中，现代国家构建通常会在前面加一个“民族”。这样的称谓反映出的客观历史是：一方面，这意味着所谓现代国家的样式，通常是以工业化以来欧洲多民族国家的建构为样本的。另一方面，二战后建立的众多发展中国

① 《以铸牢中华民族共同体意识为主线 推动新时代党的民族工作高质量发展》,《人民日报》2021 年 8 月 29 日。

家是以“多民族”为基础的。用什么标准衡量一个国家的民族政策是否平等，不仅是多民族国家自身发展的问题，也是应对外部干预的重要问题。中国在内政上强调各民族平等，肯定多民族国家在中华民族历史发展中都作出了重要贡献，旨在通过进一步的团结合作与发展实现民族融合。在对外政策中强调“不干涉原则”，尊重多民族国家自身发展进程。中国在长期应对内外发展挑战中不断取得伟大发展成就，同长期坚持正确的民族政策、调动一切积极因素促进国家发展是密切相关的。

世界民族问题的主要症结。在现象上，第二次世界大战以后，随着多民族国家的建立，很多国家不同程度地陷入了“民族矛盾”困境。其表现既有土地、资源争端，也有宗教矛盾。民族问题之所以备受国际关注，是因为民族矛盾常常成为引发地区安全的重大问题。由此，关于多民族国家的现代化也成为学界研究的热点。世界民族问题的本质是平等的发展权。民族问题之所以成为问题，一方面是不同民族在生存权和发展权问题上出现协调困境。对此，有些研究者更多从不同民族的历史形成中进行叙事或寻找解决根源，并将近代西方民族国家构建的经验作为重要的参照。这很容易将世界民族发展带入误区。另一方面是有的人在刻意制造或夸大民族之间的矛盾。如西方殖民者在殖民时期人为划分国家疆界，人为扶植部分民族进行分而治之，当然也表现在一些极端宗教组织以意识形态划分人群。

强化民族差异不代表人类和平发展与社会前进的方向。构成民族差异的人类种群基础差异反映的是人类历史形成的多样性特征。而将民族与现代国家关系结合则反映的是人类发展的一致性诉求。民族差异是人类社会在相当长的历史时期形成的。这种形成既有客观条件的影响，也有外部力量的作用。从人类文明发展史角度看，了解不同民族发展差异和总结历史发展特点是学术研究的重要内容。但从社会发展角度看，消除民族差异，通过共同发展实现人类命运共同体是人类社会应该共同努力的发展方向。反之，假如不承认人类社会的进步最终将消除所谓的民族差异，那么当前联合国的众多共同发展议题就是“伪概念”，进而，民族或种族优越论就会大行其道。同样，21 世纪以来一些国家和地区出现的所谓民族争端，很大程度上也是外部势力以“民族差异”干涉的结果。可见，以什么样的民族差异观看待世界的发展直接关系到人类共同秩序的建构。

社会主义中国的民族政策经验。总体上，中国在多民族共同发展的政策上体现出“一条主线贯穿两个变化”特征。一条主线，就是奉行和坚持马克思主义民族理论，重视将各民族的发展统一到国家社会经济的发展进程中，通过帮助发展和共同发展，来消除民族发展的差异。两个变化是发展环境变化和时代特点变化。马克思主义的民族理论首先就是将民族形成和发展差异作为一个历史范畴，并尊重这个客观。历史上，中国长期是一个多民族统一团结的国家，各民族在中国的历史发展和进步中都作出了积极的贡献。新中国成立以来，中国逐步确立了适合国情的民族政策，在处理国内多民族关系上确立尊重差异制度，包括实行民族区域自治制度等。就“两个变化”而言，根据自身发展能力大力提升多民族共同发展水平，也积极应对外部以“民族议题”进行的干扰破坏。正如毛泽东在《论十大关系》中指出的，“各个少数民族对中国的历史都作过贡献。”所谓的民族矛盾，就是历史上的反动统治者在各民族中间制造的种种隔阂。“这种情况所造成的影响，就在劳动人民中间也不容易很快消除。所以我们无论对干部和人民群众，都要广泛地持久地进行无产阶级的民族政策教育，并且要对汉族和少数民族的关系经常注意检查。”[①] 由此可见，在发展中国家，实现多民族共同发展，既要正视历史形成的民族发展差异，又要看到消除发展差异的长期性和反动者蓄意制造的矛盾。

世界可持续发展应警惕刻意制造民族差异。世界对于多民族平等在国家建设中的重要性是有共识的：当前几乎看不到有国家在宪法中强调民族的不平等。但对当前的国际关系重大事件叙事中，无论是学界还是媒体却常会看到从历史角度阐述“民族”根源，强调民族的差异和独特性。就人类社会的进步而言，强化民族差异绝不是解决民族发展问题的出路。当发展水平较高的一方强调较弱一方的“民族”或“部族”独特属性时，事实

① 《毛泽东文集》第7卷，人民出版社1999年版，第33、34页。

上也是在“自觉”或“不自觉”地强调“弱属性”，并进而导致“弱”方的政治归属感背离。了解卢旺达 20 世纪重大历史事件的人很清楚，20 世纪 90 年代卢旺达发生了震惊世界的“卢旺达种族大屠杀”事件。但是，在卡加梅政府的领导下，统一民族身份，淡化民族差异，团结共同发展使得所谓的种族差异很快在国家的政治生活中弱化，并由此成就了卢旺达在整个非洲地区发展成就突出的典范。可见，当我们站在 21 世纪的人类发展视角，或者站在联合国发展议题看，强化民族差异就是一种历史倒退，并无益于从根本上解决历史形成的民族差距。

安全是独立自主发展的重要前提和基础 *

随着21世纪以来全球化的发展，特别是全球秩序的相对稳定，安全的边界已经极大地扩大。网络安全、金融安全等概念是当前热度较高的议题。这种被称为“非传统安全”的概念产生的一个基本前提是现有国家秩序的稳定或对它的认同，也由此与军事或政治冲突所引发的安全问题相区别。但二者都是国家发展道路独立自主的重要方面。没有安全就无从谈发展，中国的改革开放所取得的巨大成绩的一个基本前提是新中国成立初期结合当时的国际形势，不断通过自身努力全力以赴创造了一个安全稳定的发展环境。从历史看，这一努力一直体现在新中国成立到冷战的后期这段时期，由此也反映在毛泽东时代的绝大多数重大决策判断中。因此，在系统研究中国独立自主发展经验的时候，决不能用今天的秩序观看待历史的秩序观。

人类社会总是在曲折中向前发展的。理论上讲，判断一个制度是否进步，关键的是看是否代表生产力的发展方向，是否代表更加公平合理的新的生产关系。但一个符合历史发展进步规律的新制度在建立之初总是避免不了来自旧制度势力的疯狂反扑。因为新制度代表了更多人的利益，也由此触犯了旧制度的既得利益者。这些既得利益者害怕失去他们曾经拥有的

---

* 原文载于《瞭望中国》总第396期（2019年1月），参见 http://www.outlookchina.net/html/news/201901/11849.html。

权利，因此千方百计抹黑新制度，并竭尽全力消灭新制度。历史地看，这一过程中抹黑、诬陷、诽谤、造谣、武装镇压等手段无所不用其极。这一历史现象并不单纯地存在于中国的历史中，也普遍存在于近代西方发达国家的独立自主发展过程中。作为法国资产阶级革命的继承者，拿破仑巩固了资产阶级革命成果，特别是制定和颁布了维护资产阶级利益的法典，对法国资本主义的国家制度建设作出了重要贡献，但拿破仑无法改变被封建集团毁灭的命运。美国独立战争期间，也面对来自英国的军事进攻。但不同的是，美国的独立战争得到了来自欧洲资本主义国家，特别是法国的支持。

从社会进步的角度看，新政权的独立自主发展首先要维护政权的“安全”，即抵制或反击来自反动势力的反扑。1926 年 3 月 18 日，毛泽东所写的《纪念巴黎公社的重要意义》一文中从政治家的角度指出，巴黎公社的失败有两个主要原因，“（一）没有一个统一的集中的有纪律的党作指挥——我们欲革命成功，必须势力集中行动一致，所以有赖于一个有组织有纪律的党来发号施令。当时巴黎公社，因为没有一个统一的政党，以致内部意见分歧，势力分散，而予敌人以可乘之机，这是失败的第一个原因。（二）对敌人太妥协太仁慈——我们对敌人仁慈，便是对同志残忍。”[①] 之所以说从政治家角度看，这是因为政治家更明白特定历史时期的重大问题的重要性，在决策中也更能多角度考虑问题。对一个新政权的维护，非仁慈手段是必需的。革命时代使用革命的暴力手段，是历史的必然，否则就会被“革命”。从革命经验看，这也是中国共产党在夺取政权过程中用血的教训换来的经验。中国共产党成立以来所经历的历史事件，逐步让其认识到了依靠和平、协商手段并不能获得真正的独立自主。1927 年的“四一二”“七一五”反革命政变中，国民党反动派执行宁肯错杀十个、百个也不放过一个的反动政策，大量的共产党人甚至民主人士都倒在了反动派的屠刀下。

---

① 《毛泽东文集》第 1 卷，人民出版社 1993 年版，第 35 页。

制度相亲是抱团取暖维护国家安全的重要手段。社会主义从理论诞生到制度实现，到今天的发展，仍然处于弱势地位。而苏联作为世界上第一个社会主义国家，其发展经验、教训一直是中国学习和总结的对象。正如列宁在苏俄建立后，曾多次表达在公平基础上与世界广泛合作的政策一样，寻求同西方世界，包括美国的合作也是毛泽东所考虑的问题。第二次世界大战中，中美两国为反抗日本法西斯，尚有重要的多领域合作。因此，早在1944年毛泽东同美军观察组成员谢韦思谈话时就表明，希望未来开展中美间包括贸易、投资等众多领域的合作。但美国铁了心支持蒋介石发动反人民、反共产党的内战，导致了中美间的合作成为不可能。在新中国成立之初，特别是在西方国家已经拉下反社会主义的“冷战铁幕”背景下，寻求同支持蒋介石政权的西方阵营合作已经没有可能。而能得到苏联的支持，无疑是维护国家独立自主发展的重要保障。事实上，作为社会主义老大哥，支持中国共产党领导下的新中国，也符合苏联的利益。1949年6月，中共确定了“一边倒”的政策。1949年10月1日，新中国开国大典开始后仅两个小时，苏联政府承认中华人民共和国的照会就发到了中南海。中国确定了从苏联引进资金和技术的经济建设方针。1949年12月6日，中华人民共和国中央人民政府主席毛泽东对苏联进行访问。期间中苏双方签署了《中苏友好同盟互助条约》《关于中国长春铁路、旅顺口及大连的协定》和《关于贷款给中华人民共和国的协定》等。根据协定，苏联同意放弃在中国的特权，在1952年之前将中国长春铁路的一切权利和财产无偿移交中国政府。苏联军队从旅顺口撤退，中国政府偿付苏联自1945年以后在此处的建设费用。大连的行政由中国管辖，苏联在大连临时代管和租用的财产于1950年内由中国政府接收。苏联政府以年利率1%贷款3亿美元给中国政府。对此的重要性，毛泽东1950年4月在全国政协常务委员会第三次会议上讲话说：“条约定下来比不定好。定下来，就有了靠，可以放手做别的事。不然人家干我们，给我们增加困难。现在把两国的友谊在条约上固定下来，我们可以放手搞经济建设。外交上也有利。为建设，也为外交，而外交也是为建设。我们是新起的国家，困难多，万一有事，有个帮手，这样可以减少战争的可能性。”[①]

从新中国成立之初毛泽东确立的对外政策“一边倒”，到1956年中共八大开幕式上提出“亚洲、非洲、拉丁美洲各国的民族独立解放运动，以及世界上一切国家的和平运动和正义斗争，我们都必须给以积极的支持”，并不是中国脱离实力的“好大喜功”或“好为天下先”，而是中国在当时历史条件下，从维护国家安全角度出发作出的正确决策。从维护新中国安全角度看，毛泽东的“一边倒”政策也为紧随其后的抗美援朝战争的胜利奠定了重要基础。

① 逄先知、金冲及主编:《毛泽东传》(三)，中央文献出版社2013年版，第1018页。

砥砺前行重在文化引领*

2019年6月习近平主席在《求是》杂志发表的《坚定文化自信，建设社会主义文化强国》一文中指出："坚定文化自信，是事关国运兴衰、事关文化安全、事关民族精神独立性的大问题。"① 习近平主席本次撰文以文化自信强调文化建设的重要性是对中国社会主义实践的新总结，是马克思主义理论中国化的新发展，是新时代中国领航人居安思危的体现，吹响了文化进步引领新时代中国社会发展的号角。

文化是指引人类社会发展方向的灯塔

在人类发展史上，文化对社会发展的引领是至关重要的。西方世界的文艺复兴、启蒙运动开启、推动了世界近现代文明的历史进程，中国的新文化运动为马克思主义在中国传播和中国现代发展道路探索开启了大门。20世纪全球范围内多国实行的社会主义实践活动，首先进行的是文化洗礼和思想解放。冷战结束后，世界广大发展中国家受苏联解体以及西方强国的打压实施发展转型，或转向从传统文化寻找发展出路，或转向实

* 原文载于《瞭望中国》总第408期（2019年7月），参见 http://www.outlookchina.net/html/news/201907/12056.html。

① 习近平：《坚定文化自信，建设社会主义文化强国》，《求是》2019年第12期。

施西方资本主义国家道路范式，一时间社会主义道路的吸引力空前下降，在马克思主义基础理论中寻求发展出路的国家变少了。但时间是最好的证伪器。中国抵住外部压力，坚持在“一个中心，两个基本点”原则下继续发展社会主义并取得巨大成就，再次证明了社会主义发展道路、理论、制度的正确性。相比，从传统文化中，甚至古老宗教中寻求发展之道的国家，目前仍然在发展的道路上迷茫与徘徊。如果说 20 世纪传入中国的马克思主义和苏俄的革命与建设的成功实践经验是外来的先进文化，那么站在 21 世纪的今天，中国发展了的马克思主义和成功的社会主义建设实践，是值得世界上仍在探索发展道路的国家借鉴的。就历史传承看，烙有中国发展经验的文化，更具有世界性价值。中国的文化建设经验已不仅是中国的，也是世界的。

作为文化大国，中国是人类文明传承最完整和久远的国度，也是最具开放心态学习外来文化并成功的国度。文艺复兴、启蒙运动为西方世界开启了正确认识人和神、人和自然、人和社会发展关系的大门，拥有悠久历史文化的中国人在久远的古代就已经摆脱了愚昧时代“神”主导社会发展理念的束缚。中国并没有出现长期宗教统治的时代，而将诸如“仁治”“民心向背”等作为发展理念。从近代魏源《海国图志》1842 年出版到 1915 年《新青年》杂志的发行与马克思主义的传入，中国学习西方近代新文化的进程大大缩短。从马克思主义传入中国并指导中国共产党革命实践开始，中国共产党人就不断在将马克思主义基本原理和中国的国情相结合，在实践探索中总结经验，并将经验用于指导实践。马克思主义学说是来自西方世界的文化，但世界上除了中国没有哪一个国家在举国体制内学习马克思主义如此坚定执着和成功。这是因为中国人认识到了马克思主义的科学性。

加强社会主义文化建设是马克思主义发展理论的基本要求

落后国家搞社会主义，文化建设一直受到高度重视，列宁和毛泽东的相关论述颇多。一方面，肯定社会主义文化需要在资本主义文化基础上创新和发展。1920 年，列宁在《关于无产阶级文化》一文中明确指出，“马克思主义这一革命无产阶级的思想体系赢得了世界历史性的意义，是因为它并没有抛弃资产阶级时代最宝贵的成就，相反却吸收和改造了两千多年来人类思想和文化发展中一切有价值的东西。只有在这个基础上，按照这个方向，在无产阶级专政（这是无产阶级反对一切剥削的最后的斗争）的实际经验的鼓舞下继续进行工作，才能认为是发展真正的无产阶级文化。”[①] 另一方面，文化建设以代表先进生产力和为人民服务为方向。在数千年封建意识形态占统治、80% 以上的人是文盲的社会，培养一个符合绝大多数人利益，敢于彻底反对迷信、官僚主义、崇洋媚外等一切不符合社会主义价值观的，人民当家作主的意识形态，并代表先进生产力的发展方向是毛泽东主导中国文化建设的重要内容。如 1942 年毛泽东《在延安文艺座谈会上的讲话》中提出文艺为谁服务的问题，1956 年就科学文化发展提出“百花齐放、百家争鸣”。这是共产党关于具体文化领域发展的方向，文化作为社会主义制度建设的内容，更受到毛泽东高度重视。

文化建设是中国革命和社会建设的重要经验

文化建设在中国革命和建设中的作用是举足轻重的。毛泽东对文化建设的导向立足于服务革命、国家制度建设和社会发展的长期需要及应对敌对势力。第一，党指挥枪的一个重要原则是军队接受马克思主义教育，让军队从思想上树立为人民服务，为社会进步，为中华民族复兴的意识。这为建立强大的革命军队确保中国革命的胜利奠定了坚实基础。1944 年 3 月 22 日，毛泽东在中央宣传委员会工作会议上《关于陕甘宁边区的文化教育问题》的讲话针对党内存在的认为政治、军事是第一的，经济、文化是次要的问题指出，在革命年代，不把敌人推翻，不摆脱敌人的压迫，就

① 《列宁全集》第 39 卷，人民出版社 1986 年版，第 332 页。

没法安心搞生产图发展。“二十多年以来，我们党首先学会了政治，后来又学会了军事，去年学会了经济建设，今年要学会文化建设。如果文化建设取得伟大的成就，那我们就又学会了一项很大的本领，陕甘宁边区就可以在全国成为更好的模范！”就文化的重要性指出：“它是政治、经济的反映，又指导政治、经济；它反映军事，又指导军事。”第二，强调多形式大力提升全民文化素质，发展社会生产力。毛泽东指出，“如果不发展文化，我们的经济、政治、军事都要受到阻碍。现在我们是被拖住了脚，落后的东西拖住了好的东西，比如不识字、不会算账，妨碍了我们的经济、政治、军事的发展。假如我们都能识字，文化高一点，那我们就会更快地前进。所以我提议，从现在起，我们就要提出发展文化这个问题”。“文化是反映政治斗争和经济斗争的，但它同时又能指导政治斗争和经济斗争。文化是不可少的，任何社会没有文化就建设不起来。”[①] 并提出用五年计划，通过报纸、学校、艺术等方式在陕甘宁边区和党政军共 150 万人中，统统把文盲消灭掉。20 世纪 50 年代，正是在毛泽东推动下中华大地上掀起了人类史上参与广度绝无仅有的“扫盲运动”。经过不到 30 年的努力，中国的识字率由 1949 年新中国成立初的不足 20% 上升到 1976 年的 80% 以上。如果说“文化大革命”后恢复高考，千军万马过独木桥的人才选拔是对部分人的人生起跑线的提升，那么全国范围内的扫盲则是中华民族起跑线的提升。第三，通过文化的“群众路线”来应对外部敌对势力干扰破坏。从第二次世界大战前的“祸水东引”到“冷战”“和平演变”“娱乐至死”，西方列强就没有停止过消灭社会主义制度的努力。正如毛泽东针对西方“和平演变”战略所讲，“仗我们是不怕打的，帝国主义要想‘和平演变’我们这一代人也难；可下一代、再下一代就不好讲了……如果那样，许多烈士的血就白流了。”[②] 作为家长，都希望自己的孩子身心健康积极向上，作为国家领导人，都希望自己的国家团结统一欣欣向荣，要想不断进步就离不开健康向上的文化引导。

---

① 《毛泽东文集》第 3 卷，人民出版社 1996 年版，第 120、109、110、109—110 页。

② 邸延生：《历史的真知——“文革”前夜的毛泽东》，新华出版社 2006 年版，第 34 页。

加强文化引领作用是新时代中国社会主义建设的需要。回顾历史我们发现，推动我们反思的是文化，改造旧有世界观的是文化，指导我们社会改革实践的是文化，肯定我们发展成就总结我们发展经验的是文化，引领我们时代发展的是文化。当前我们要加强的文化建设是社会主义核心价值体系的组成部分，它是在继承中国革命文化基础上的创新文化，是要与社会主义新时代政治、经济相适应的新文化，是满足人民在民主、法治、公平、正义、安全、环境等方面日益增长需要的文化，是激励全党全国各族人民奋勇前进再攀高峰的文化，是战胜当前政治、经济、社会等领域和自然界出现的困难和挑战的文化，是中华民族伟大复兴与构建人类命运共同体相统一的新文化。

教育的性质决定社会发展的方向*

教育是推进人类社会技术进步的重要方式，也是改变对世界认知的重要手段。教育的重要性对于任何一个国家和民族都是非常突出的：或传承历史文化强调民族认同，或普及科学知识推动现代化产业发展……在此过程中，教育的性质无疑是影响一个社会发展的决定性因素。教育性质是一个教育为谁服务，往哪个方向培养人才的问题。从中国现代化发展经验看，坚持教育性质的导向对于社会的快速发展至关重要。

教育水平和普及能力直接关系到发展中国家的现代化发展战略落实。这是教育发展对经济发展的一个直接影响因素。当一个国家迫切希望通过工业化促进发展时，不仅需要资本，更需要的是庞大的具有现代科学知识的产业工人和管理团队，而后者不仅关系到项目的本土化能力提升，而且也是资本是否愿意投资的基础条件。如果这一条件匮乏，国际产业合作将不得不提升投资方的生产经营成本，甚至严重影响项目的运营。近年来中国同发展中国家的合作中，已经面临很多相关的问题。从中国发展经验看，一些国家在人才方面的匮乏凸显了政府对教育性质的重要性认识不够。在实现跨越式发展方向上，“二十一世纪最贵的是人才”这句影视台词确实是对人才重要性的形象描述。在当前新的技术革命带来人类新一轮

---

* 原文载于《瞭望中国》总第 437 期（2021 年 4 月），参见 http://www.outlookchina.net/html/news/202104/12510.html。

大发展的背景下，人才的重要性无疑是至关重要的。从中国的发展经验看，该领域的发展也是极具国际交流价值的。

现代教育的本质是促进社会整体进步。首先，教育是人类摆脱愚昧落后的最有效手段。从物种演化看，规避风险，提升应对环境的能力是促进物种演化的一个重要动力。人类之所以超越其他物种在短短的几千年发展中快速进步，其根本原因是能够更好地通过教育传承推进对未知世界的认知并积极改进社会的发展。客观上，不同民族的特定历史时期，也存在教育传承“开历史倒车”的现象。人类社会早期，知识掌握在极少数人手里，这部分人通常扮演着与未知世界“神灵”的沟通者。随着人类的进步和不同地区发展经验交流的扩大，知识早已不是垄断在极少数人手里的财富。其次，从国家发展层面看，能多大规模和成效学习新知识促进社会整体进步，体现在国家教育水平上。如果一个国家不能有效动员足够资源提升国家民众的发展能力，则意味着对现代化的发展缺少足够的准备和支持。因此，从教育与国家快速现代化发展关系看，一个国家，特别是发展水平较低的发展中国家，希望实现社会经济的发展进步，应将教育作为国家全力主导和优先发展的领域。

教育的性质关系到提升发展能力和快速弥补发展差距。当前很多国家在发展中强调提升自主发展能力。实际上，在国际合作中，自主发展能力的提升必然要体现在自身人才队伍的发展和提高。从近代中国仁人志士探索救国救民的经验看，无论是学技术的“师夷长技以制夷”，还是学体制的“立宪”“资产阶级共和”，都没能改变中国自主发展能力长期受制于他国的残酷现实。世界史上，出现多次所谓的“文明”和“野蛮”之间的冲突。一定时期，“文明”未必能够抵挡“野蛮”的进攻；在特定视角下，一国的“文明程度”未必代表着行为的“文明”。国家之所以落后受制于他国，很大程度上就是教育的落后。正如梁启超在《少年中国说》中所说，“少年强则国强。”因此，对于发展中国家而言，快速提升自主发展能力首先要从教育着手。教育的内容既在于传承，更在于观念革新和明确科学的发展方向。

教育的性质和方向是中国共产党高度关注的问题。作为社会进步标准，尽管世界各国都关注教育问题，但略作比较就会发现同中国发展教育关注教育性质的差异。新中国成立以来，中国共产党和政府一直在教育政策中强调教育为谁服务、培养什么样人才的教育性质的定位，并将这种理念长期贯穿到党和社会发展事业的方方面面。从国际合作看，这不是要和谁竞争的问题，而是关系到我们自身发展的根本。什么样的人才队伍决定了什么样的发展成效。习近平主席曾就中国的教育指出，"教育决定着人类的今天，也决定着人类的未来。""教育是提高人民综合素质、促进人的全面发展的重要途径，是民族振兴、社会进步的重要基石，是对中华民族伟大复兴具有决定性意义的事业。""我们的教育是为人民服务、为中国特色社会主义服务、为改革开放和社会主义现代化建设服务的，党和人民需要培养的是社会主义事业建设者和接班人。"[①] 正是党和国家将人民教育为人民作为教育的出发点，这种教育性质决定了中国在积贫积弱的年代能够极大地重视和普及教育，保证了社会主义建设中有源源不断的智力支持。中国对教育的投入也由此被形象地描述为为社会主义事业培养接班人。

摆脱愚昧和批判地继承创新历史文化是新中国现代化教育的重要方向。作为曾落后于世界科学发展进程的发展中国家，中国和很多发展中国家一样长期面临着如何继承传统文化的问题。关于摆脱愚昧，中国共产党人信奉的马克思主义作了很好的诠释，正如《国际歌》所言"从来就没有什么救世主也不靠神仙皇帝，要创造人类的幸福全靠我们自己"。当人类面临灾难的时候，当人类缺衣少食的时候，我们很难想象将摆脱困境的希望寄托在虚无缥缈的"神仙"身上。同样，一个不作为的政府，势必导致生灵涂炭、国破家亡。中国近现代史表明，中国现代化探索的一个重要起点就是文化和教育，其中，包括新文化启蒙运动，实现普通大众教育普及的"扫盲运动"等。正如世界现代化的发展在认识方面高度肯定文艺复兴一样，中国伟大复兴的开始也离不开新文化运动。

社会主义性质的现代化教育在中国的确立坚持。在落后封建文化影响下发展现代化就意味着在教育、文化方面进行彻底的改变，正所谓"不破

① 陈宝生:《努力办好人民满意的教育》,《人民日报》2017 年 9 月 8 日。

不立”。从此角度看，我们也能理解新中国成立以来一系列对待旧有文化的举措。1949 年，《中国人民政治协商会议共同纲领》明确规定，“中华人民共和国的文化教育为新民主主义的，即民族的、科学的、大众的文化教育。人民政府的文化教育工作，应以提高人民的文化水平，培养国家建设人才，肃清封建的、买办的、法西斯主义的思想，发展为人民服务的思想为主要任务。”1949 年 12 月，教育部召开第一次全国教育工作会议明确提出，新中国教育是“为人民服务，首先为工农服务，为当前的革命斗争与建设服务”。1957 年 2 月，毛泽东在《关于正确处理人民内部矛盾的问题》中提出，“我们的教育方针，应该使受教育者在德育、智育、体育几方面都得到发展，成为有社会主义觉悟的有文化的劳动者。”1958 年 9 月，中共中央、国务院《关于教育工作的指示》提出，“党的教育工作方针，是教育为无产阶级政治服务，教育与生产劳动相结合”，“教育的目的，是培养有社会主义觉悟的有文化的劳动者”。[①] 从此，社会主义性质的教育方向一直在中国得到坚持。

发展中国家现代化过程中教育必须要有明确的方向性。这是中国的发展经验。发展中国家，意味着在发展进程中并不是先进的。这种不先进并不是仅仅表现为社会经济发展水平落后，也意味着发展能力的落后，对现代化的技术、管理知识掌握的落后。在教育现代化的过程中，如何处理历史传承和现代化的需要这个问题是备受关注的。客观上，历史代表着过去，是记忆也是起点。但是，对此问题的理解绝不应夸大到影响现代化发展。中华文明之所以能够不断进步，就在于很多时代都积极推进了文化教育的发展。教育的方向性就是要明确科学导向，明确人类自然科学、社会科学的进步，把握人类发展的规律。

教科书的编写是国家现代化发展的政治任务。公共基础教育因覆盖面广，对一个国家影响深远，这就涉及教科书的编写。当代国际关系的热点中，常会出现关于歪曲历史修改教科书的“闹剧”和争议。传承与进步是

① 《新时代教育工作的根本方针》，中华人民共和国教育部，http://www.moe.gov.cn/jyb_xwfb/moe_2082/zl_2019n/2019_zl69/201909/t20190916_399243.html。

民族国家发展现代化教育面临的绕不开的议题。一定意义上讲，历史教育是文化教育也是价值教育。但从发展的眼光看，看待历史要辩证客观，这是教育培养现代化发展思维的出发点。因此，国家要推动现代化的发展就应该将教科书的编写作为一项重要政治工作。毛泽东在读苏联《政治经济学教科书》时就教科书的编写提出了非常鲜明的观点：教科书的编写一定要成为国家的政治关注，教科书的编写应该由能很好地使用马克思主义辩证法的具有做理论工作和实践工作经验的革命家来做。毛泽东指出："提高劳动生产率，一靠物质技术，二靠文化教育，三靠政治思想工作。后两者都是精神作用。"①

① 《毛泽东文集》第 8 卷，人民出版社 1999 年版，第 124—125 页。

宗教发展方向要与社会进步相适应*

2021年12月3日至4日，全国宗教工作会议在北京召开。会上，习近平主席就中国的宗教政策和发展方向进行了重要阐述。习近平强调：宗教工作要坚持中国化方向，积极引导宗教与社会主义社会相适应。这是中国宗教发展政策的方向性解读，也是对中国宗教政策的形象化系统表述。宗教的中国化方向，既肯定了新中国成立以来宗教政策的成功，也提出了中国宗教发展要与中国的社会进步相一致的发展要求，即中国是宗教信仰自由的国家，但是这种自由一定是符合现代法治的，也要符合社会进步需要。正如习近平所讲，要完整、准确、全面贯彻党的宗教信仰自由政策，尊重群众宗教信仰，依法管理宗教事务，坚持独立自主自办原则，积极引导宗教与社会主义社会相适应。从宗教自身历史发展和人类共同进步角度认识中国的宗教政策及发展经验，对于世界是有重要意义的。

宗教在社会进步中扮演什么样的角色，是一个人类共同关注的世界性议题。其中包含一系列诸如社会秩序靠法治还是靠神治、靠物质生存还是靠意识生存、靠科学发展还是靠神学发展、人类进步与宗教发展方向的阶段关系特征、现代政治与宗教的协调等问题。总体上，主要涉及的内容一个是宗教本质的问题，一个是宗教和现代国家在治理中谁“占位”的问

---

* 原文载于《瞭望中国》总第446期（2022年1月），参见 http://www.outlookchina.net/html/news/202201/12651.html。

题。科技进步的今天，涉及宗教和现代化关系的一些概念本身已经不存在讨论的科学基础，但不可否认的是宗教有长期客观存在的现实社会基础。由此，给一些国家带来的问题是，在国家的现代化发展中，如果一方的“缺位”，极有可能就带来另一方的“上位”。解决好二者的关系是国家发展中必须要思考的重大政治和发展问题。

宗教和现代国家政府治理是一对互动的发展关系。宗教历来受到重视，是因为宗教的存在和发展与现代国家的发展和人的现代性密切相关。正确看待宗教的存在和宗教的发展，直接关系到一国政党的治理水平。由此，与宗教相关的理论包括宗教的产生与历史、宗教的本质、宗教与现代治理和发展、宗教未来的发展方向等是马克思主义理论的重要组成部分。现代国家治理与宗教的关系也一直是无产阶级政党和社会主义国家探索的重要问题。这既体现在马克思主义经典理论的描述中，也体现在社会主义国家的政治生活中。在经典理论中，马克思、列宁等经典作家就宗教的发展都作出了专门细致的论述。

宗教的核心议题都是与社会发展密切相关的。人与神、人与世界、人与人的关系几乎是所有宗教都绕不开的重要议题。人与神的关系，很大程度上关系到人的来源、人在非常困难时期能得到什么救助等问题。无论神的“故事”中描述过什么伟大的“功绩”，但可以肯定的是，人类社会解决的发展困境，都不是通过“神”来实现的。关于人与人的关系，尽管所有宗教都大篇幅地描述人与人关系并由此提出一些规范。历史地看，正常宗教教义中所倡导的一些价值和行为准则对于社会发展的进步作用是值得肯定的。但一个客观现实是，任何宗教所涉及的人际关系规范，都绝对无法同21世纪人类生活中的现代法律规范相比，法律规范的细致和可操作性远远超出数千年前提出的宗教教条。

现代国家必须正确面对宗教的存在和发展。理解是对话的基础，理解也是开展工作的前提。只有理解宗教，才能更好地开展宗教工作并进而实现共同发展和进步。在此议题下，任何国家都需要正确看待和处理国内或国际的民族宗教问题。正如习近平在宗教工作会议所讲，中共十八大以来，党中央提出一系列关于宗教工作的新理念新举措，回答了新时代怎样认识宗教、怎样处理宗教问题、怎样做好党的宗教工作等重大理论和实践问题。从中共十八大以来中国的和平发展和共同进步成就看，中共的新时代的宗教政策是成功的。进而，从新中国成立以来、改革开放以来看，中国一贯坚持的宗教政策也是成功的。其成功之处就在于怎样认识宗教、怎样处理宗教问题、怎样做好党的宗教工作。

宗教存在要与现代国家发展的逻辑相吻合。宗教产生反映了人类的认知历史，但宗教的存在要以社会进步为基础；在社会进步过程中，宗教的社会性要适应现代国家发展的社会性。历史地看，宗教的初始出发点也是为了让信徒更好地生活。但可以肯定的是，人类社会现代国家的构建和发展并不是以宗教为基础的，相反恰恰是以批判宗教为开始的（比如文艺复兴）。马克思在《〈黑格尔法哲学批判〉导言》开篇中首先指出，“就德国来说，对宗教的批判基本上已经结束；而对宗教的批判是其他一切批判的前提。”[①] 批判宗教引发了科学的精神，这是时代的进步。但是，当一个曾经的进步制度并没有为其拥趸带来发展预期，甚至遭遇新的剥削和压榨时，这个制度的局限性就很突出了，也由此导致一些国家通过宗教来团结弱势群体并争取新的民族平等。不学科技，就难以推动民族的技术进步及工业化，难以参与国际合作分工，难以维护稳定的财政收入；不学金融，就难以应对资本市场的风险，难以避免自身资产被金融资本收割的命运：这些系统知识都和宗教没有关系。可见，现代化发展中存在的一系列问题是难以用宗教观念解决的。在发展的议题下，宗教以社会的进步为方向是一个历史必然。

共同发展代替“神灵”救助是引导宗教健康发展的决定性因素。宗教有多种属性，但社会救助功能无疑是最重要的一个社会属性。资本主义兴起时，对神学的批判是完成特定历史使命。但宗教之所以还能在现代发达国家广泛存在，其中一个重要的因素就是政府救助的严重不足。很容易想到，在发展中国家，如果城市化及经济的快速发展不能同步让民众享受物质和精神的进步红利，那么宗教就有存在的沃土。可见，政府促进社会成

① 《马克思恩格斯全集》第 3 卷，人民出版社 2002 年版，第 199 页。

员共同进步的重要性。因此，无产阶级政党一贯坚持用科学和进步、用法治来代替人民对“神”的救助预期。1905 年 12 月，列宁在《社会主义和宗教》中就苏俄社会主义实践中无产阶级政党与宗教的关系指出，“对于社会主义无产阶级的政党，宗教并不是私人的事情。我们的党是争取工人阶级解放的觉悟的先进战士的联盟。这样的联盟不能够而且也不应当对信仰宗教这种不觉悟、无知和蒙昧的表现置之不理。我们要求教会与国家完全分离，以便用纯粹的思想武器，而且仅仅是思想武器，用我们的书刊、我们的言论来跟宗教迷雾进行斗争。”① 对于无产阶级政党而言，帮助民众摆脱无知并同宗教对国家发展人民进步的负面作用作斗争就是一个时代使命。

客观看待宗教信仰和风俗习惯的关系。在语言表述上，特定的宗教信仰和风俗习惯通常是结合在一起的。一方面，宗教的差异，很大程度上体现在“表现形式”的差异。主观的感受很大程度上取决于我们的认知能力，正如人类的眼睛不能识别光谱中的大多数一样。在技术进步带来社会发展差异日益巨大的背景下，人不可能像鸵鸟一样面对危机时把头埋起来或者固守成规，那意味着固化发展鸿沟。作为特殊个体或者群体，应该客观看待宗教、风俗、信仰和科学及进步的关系。另一方面，作为政府，尊重信仰差异体现的是尊重群体差异。宗教伴随人类发展的过程中，不同宗教信仰者形成的风俗习惯是构成人类文明多元性的重要内容，也在丰富着现代人的生活。我们既要保护信教群众宗教信仰自由的权利，最大限度团结信教群众，也要耐心细致做信教群众工作。

社会主义中国解决了宗教所无法解决的问题。实现人类的共同发展和进步是马克思主义的基本要义，也是共产党人奋斗的目标。正如马克思在《〈黑格尔法哲学批判〉导言》中指出的，“宗教里的苦难既是现实的苦难的表现，又是对这种现实的苦难的抗议。宗教是被压迫生灵的叹息，是无情世界的情感，正像它是无精神活力的制度的精神一样。宗教是人民的鸦片。”废除作为人民虚幻幸福的宗教，就是要求人民抛弃虚幻的追求，通

① 《列宁全集》第 12 卷，人民出版社 2017 年版，第 133 页。

过科学的奋斗来实现发展。可见，无论是先改造我们的落后认识以实现发展，或是通过发展来提升人民的物质文化水平，都是为实现这一目标所做的工作，差异只是时代特征和手段特征。正是基于共产党人的这种认识，中共在领导人民实现共同发展中能够极大地消除民族、宗教、地域等差异，从根本上让人民摆脱苦难，让共同发展成为现实。这是历史上任何一个制度没能实现的成就，也是依靠宗教绝不可能实现的成就。

妇女能顶"半边天"：中国的女权进步*

女性权利的不平等是当前很多国家仍然严重存在的问题。这也是联合国高度关注的国际发展议题之一，提升妇女地位仍是很多国家努力的方向。从 1975 年 6 月首届世界妇女代表大会在墨西哥举办以来，女性社会地位的高低已经成为衡量一个国家现代化发展的重要内容。除联合国 1979 年通过的《消除对妇女一切形式歧视公约》外，无论是"千年发展目标"还是"2030 年可持续发展议程"，其中的一个重要议题是提升女性的权利和地位。世界范围内关注女权运动恰恰反映了女性在社会权利平等方面进步的不足。当发达国家讨论后女权运动时代的女性发展权益的时候，很多发展中国家的妇女地位仍然十分低下，严重制约了社会的发展和进步。相关的国家政府仍在为提高妇女在社会中的地位而努力。作为最不发达国家最为集中的地区，非洲的妇女权利问题不仅备受世界关注，也是非洲发展议题的重要内容。早在 1985 年，非洲肯尼亚就举办了第三次世界妇女代表大会，在之后的"非洲发展新伙伴计划""非洲 2063 年议程"等长远发展规划中，提升女性的平等权利都是重要议题。

从妇女地位提升和权利平等角度分析中国的进步，是国际发展经验交流的重要内容。妇女权利的不平等体现在社会教育、就业及众多社会生

---

* 原文载于《瞭望中国》总第 419 期（2020 年 1 月），参见 http://www.outlookchina.net/html/news/202001/12245.html。

活中。很多国家认识到提高妇女权利对于促进生产和生活的综合进步意义重大，并积极倡导提高妇女权利。在非洲，很多国家的妇女因为缺乏基本的受教育机会和权利，进而导致妇女在社会中的地位低下，严重制约了现代化的进程。2019 年 10 月，非盟在布基纳法索举办的第三十九届国际农村妇女节上，将提升妇女地位和工业化议题相结合，凸显了非洲国家对妇女地位提升同社会经济发展进步的相关性的重视。从研究角度看，妇女平等的社会不仅意味着妇女能接受平等的教育权利、平等的就业机会、同工同酬，且不同发展阶段妇女的权利和地位问题仍是不断发展的。2019 年 9 月 19 日，国务院新闻办发布的《平等 发展 共享：新中国 70 年妇女事业的发展与进步》，系统地介绍了新中国成立以来妇女社会地位翻天覆地的变化。仅以教育为例，2017 年，普通高等学校本专科在校女生占在校生总数的比例已达 52.5%，比 1978 年提高 28.4 个百分点，比 1949 年提高 32.7 个百分点，女研究生占研究生总数的比例已达 48.4%，比 1985 年提高 29.8 个百分点。

毛泽东是人类史上激发女性自主意识、提升性别平等意识的倡导者。一个国家的发展和社会进步意味着更多的机遇平等。这种平等既体现在不同行业、不同领域，更体现在性别平等。中国的现代化进程，也是女性地位提升的过程。一方面，从新文化运动提倡女权解放妇女开始，共产党就积极倡导和推动男女平等。毛泽东早在 1919 年就有关于女性平等的诸多阐述，如 1919 年毛泽东在《女子自立问题》中也明确提出，导致女性地位低下的是旧有社会制度的罪恶，实现女性的自由平等权利，要从社会制度的变革开始，让女性获得平等的教育权、就业权是女性有能力自主提升社会地位的决定性手段。[①] 另一方面，在革命和国家建设中唤起妇女自觉追求自由平等权利的意识是毛泽东对中国女性地位提升的巨大贡献。如果说新文化运动是对中国女权运动的启蒙，那么对中国女性地位提升的决定性社会实践就是毛泽东领导下的中国共产党的革命实践。1922 年的《中国共产党第二次全国代表大会宣言》中就明确将实现女性地位和权利平等作

① 参见《毛泽东早期文稿（1912.6—1920.11）》，湖南出版社 1990 年版，第 421—423 页。

为党的奋斗目标之一。新民主主义革命推翻的“三座大山”，其中一个就是“封建主义”，这同解放妇女提升女性社会地位密切相关。在数千年封建统治下的中国，妇女长期处于三纲五常等封建伦理压制下，没有什么社会地位，也导致女性整体参与社会治理维护自身权利的意识较低。由此，重视女性在社会革命和建设中的作用，并调动其自主参与社会改造是毛泽东一贯的立场。

1929 年 12 月召开的古田会议是中国共产党和中国革命历史上一个重要的里程碑。其重要性不仅在于古田会议决议对革命时代党在政治、组织、思想、宣传等方面存在的众多不正确方法提出了纠正方案，为中国共产党领导人民军队取得革命胜利奠定了坚实的制度基础，更为重要的是，为在相关领域开展革命和建设工作明确了方向。今天看，这个文件的重要性不仅是战争年代获取革命胜利的重要基石，而且诸如“关于极端民主化”“关于绝对平均主义”“关于主观主义”“关于个人主义”“关于盲动主义”等工作思路，也可用作当前国际发展经验交流的重要内容，是中国建设的重要经验。古田会议决议中，毛泽东在“红军宣传工作问题”部分明确提出，“妇女占人口的半数，劳动妇女在经济上的地位和她们特别受压迫的状况，不但证明妇女对革命的迫切需要，而且是决定革命胜败的一个力量。以后对妇女要有切实的口号，作普遍的宣传。”[①] 1938 年毛泽东在妇女节的讲话中强调，妇女同胞结成团体，是为了争取妇女们的自由和平等。“世界上的任何事情，要是没有女子参加，就做不成气。我们打日本，没有女子参加，就打不成；生产运动，没有女子参加，也不行。无论什么事情，没有女子，都绝不能成功。”[②] 正是在毛泽东的倡导下，中国共产党领导的中国革命和新中国的建设中，妇女都是一支可以顶“半边天”的举足轻重的力量，其中也涌现出无数可歌可泣、可赞可点的伟大女性。

毛泽东时代是中国史无前例的妇女地位提升的阶段。正如中国社会经济综合快速的进步开创了人类发展史上的奇迹一样，无论是从中国发展

① 《毛泽东文集》第 1 卷，人民出版社 1993 年版，第 98—99 页。
② 《毛泽东文集》第 2 卷，人民出版社 1993 年版，第 167 页。

史，还是世界发展史看，毛泽东时代都是一次人类史上空前提升女性地位的阶段，其中一句广为人知的语录是“妇女能顶半边天”。毛泽东对女性地位的提升不仅在于重视女性在教育、就业、医疗卫生、革命、建设等广泛社会领域的平等参与权，更在于通过女性地位的提升塑造新型的社会生产关系。按照马克思主义理论，女性劳动的社会化是女性获得解放的重要前提。事实上，作为女性从未脱离过社会生产，只是长期参与的社会生产劳动并不是以社会化的方式所体现和被认同的，女性生产劳动的社会化需要高度发达的社会市场经济环境。正如恩格斯所讲：“妇女的解放，只有在妇女可以大量地、社会规模地参加生产，而家务劳动只占她们极少的工夫的时候，才有可能。而这只有依靠现代大工业才能办到，现代大工业不仅容许大量的妇女劳动，而且是真正要求这样的劳动，并且它还力求把私人的家务劳动逐渐溶化在公共的事业中。”[①] 对此，毛泽东有过多次同样的理论阐述。由此可以理解新中国成立后政府解放被压迫女性，通过教育（如大规模的女性扫盲运动）和就业极大地改善妇女社会地位的历史。“旧社会将人变成鬼，新社会将鬼变成人”，形象地描述了这个社会变迁。

提升女性地位和权利是中国社会主义制度下生产关系重塑的重要内容。毛泽东在《新民主主义论》中就明确强调新中国的建设目标就是，“要把一个政治上受压迫、经济上受剥削的中国，变为一个政治上自由和经济上繁荣的中国，而且要把一个被旧文化统治因而愚昧落后的中国，变为一个被新文化统治因而文明先进的中国。”[②] 细节是问题研究的重要内容，但对问题的把握绝不应脱离时代发展的大背景，否则有可能出现方向性错误。正如我们当前看待美国总统特朗普所谓“美国再伟大”是通过一系列对外、对内政策的调整来重塑和恢复由美国主导的“世界秩序”一样，看待毛泽东领导的中国革命和建设任务以及政策导向，也应该放在其对新制度构建的预期中。1954 年，新中国第一部宪法是新中国诸多革命实践和发展理念的制度化成果。在该宪法中，关于妇女地位明确规定：

---

① 《马克思恩格斯全集》第 28 卷，人民出版社 2018 年版，第 190 页。
② 《毛泽东选集》第 2 卷，人民出版社 1991 年版，第 663 页。

“妇女在政治的、经济的、文化的、社会的和家庭的生活各方面享有同男子平等的权利。婚姻、家庭、母亲和儿童受国家的保护。”

从生产方式变革研究妇女在家庭社会生活中的地位变化所反映的是一种历史唯物主义观点，而从政治变革对妇女地位变化的影响分析所突出的是制度进步带来的发展效应。从马克思主义生产力和生产关系的辩证关系的视角看，人类社会的发展既是经济史，同时也是政治史，二者是不能分开的。承认教育的发展同社会经济发展与政治环境的相关性是一个普遍认同的学术议题。而从制度范式比较而言，一个制度的进步与多大程度上提升国民受教育程度及消除教育的性别差异密切相关。如果说西方女权运动的兴起和发展是伴随资本主义制度的确立来逐步推动的，并且这个过程经历了 200 多年，那么中国在半殖民地半封建社会基础上的妇女解放运动所实现的妇女地位提升的成效就更显著，这主要体现在中国女性地位提升所用的时间短和覆盖面广。从提倡妇女解放运动到妇女解放社会制度实践，中国在女性权利提升方面的成就是对中国共产党带领中国人民进行现代化建设的伟大制度的贡献。

发展工业必须首先解决土地问题*

“为了发展工业，必须首先解决土地问题。”这是毛泽东在 1944 年 7 月 14 日同英国记者斯坦因谈话时就中国特有的“新民主主义”发展阶段及任务提及中国工业化发展的一句话。新民主主义是毛泽东提出的关于中国革命和发展的理论，是一个完整的理论体系，它反映的是中国在落后的半封建半殖民地发展起点上改造旧有生产关系促进社会生产力发展的一个特殊阶段。站在今天，仅就当前仍备受广大发展中国家关注的“工业化问题”而言，毛泽东在这次谈话中提及的中国工业化发展道路起点、制度设计和阶段目标任务，即新中国成立后中国工业化发展的路径，是对发展中国家工业化发展的重要探索，其实质是落后国家走工业化道路怎么“补课”的问题。

工业化是目前人类发展历史上被广泛认同的解决发展问题的出路。工业化所涵盖的内容是不断变化的，也是相对的。从发展角度看，由于技术的进步，没有任何一个国家能说工业化彻底完成了。如果可以加上一个定语，那么以蒸汽工业化、电气工业化、信息工业化等描述工业化更为贴切。但从机器生产这一工业化的传统狭义概念看，却一直被认为是促进社会发展与进步的重要方式。一方面，在人类启动工业化进程以来的数百年

---

* 原文载于《瞭望中国》总第 411 期（2019 年 9 月），参见 http://www.outlookchina.net/html/news/201909/12103.html。

时间里，技术革命带动了一次又一次的生产力大解放，也推动人类的社会关系不断进步。在每一次新技术、新材料、新能源等与工业化生产密切相关领域的革新，都会引发一波关于新工业化的大讨论。但就全球范围看，由于产业及技术水平的差异，这种新工业化的讨论更多集中在发达国家或产业相对优势突出的国家。对于绝大多数发展中国家而言，工业化仍苦苦挣扎在基础工业方面，其中包括绝大多数非洲国家仍选择通过加工制造业促进工业化的起步发展。由于工业化水平较低，社会就业严重不足，每年大量初级工业品的进口，都会消耗掉本已不足的外汇储备，国家发展能力脆弱性突出，也由此被国际机构贴上了“脆弱性”国家的标签。另一方面，处于不同发展阶段的国家实施什么样的工业化发展路线图在现实发展中存在较大差异。如当前作为工业化水平最高的发达国家美国，也在强调再工业化。相比美国的高技术产业工业化，发展中国家的工业化问题就困难得多。这不仅体现在全球范围内的工业化的同质性竞争，也体现在既有的工业化起点较低的问题。因此，就人类现有的发展经验看，工业化仍是公认的促进发展的重要方向，包括联合国在内的国际多边组织都高度重视发展中国家通过工业化进程实现减贫和经济增长。对于人口众多且资源条件较好的大国，不实行工业化，其可持续发展的目标就难以实现。而在一些资源匮乏或人口较少的国家，实行工业化选择优先发展领域也非常重要。

新民主主义社会基础上的工业化是中国重要的发展经验。首先，历史教训值得汲取。中国曾有上百年的工业化经验探索，但成效甚微。早在晚清中国被西方的坚船利炮打开大门遭受屈辱后，保守的清政府就不得不重视工业化的发展。鸦片战争的失败，使清政府认识到敌国武器之先进。19 世纪六七十年代，清政府在“自强”“求富”旗帜下，开始兴办近代军用和民用工业。但最终形成的是大资产阶级和以买办为特征的工业，在对内发展中财富更加集中，对外让中国成为西方倾销商品、掠夺资源的市场。孙中山高度重视工业化发展的重要性，并在其《实业计划》中描绘了未来中国的工业化方略。但由于民国的买办和官僚资本当道，在西方资本和工业产业输入中国的同时，民族工业的生存空间受到极大的挤压，多数中小企业处于破产边缘。西方有学者将资本主义制度誉为促进工业社会经济发展的重要制度。但历史证明，中国走这条路是行不通的。其次，近代以来发展中国家探索发展的实践中，中国是唯一提出系统的新民主主义革命基础上发展工业化的理论并实践的国家，而且取得了巨大的成效。毛泽东领导中国社会建设的一个重要的伟大成绩就是领导中国人民在一穷二白基础上建立了一个完整的工业体系。目前联合国工业分类的 39 个工业大类 191 个中类工业 525 个小类工业中，中国是全球唯一一个完全拥有联合国工业分类体系中所有工业类别的国家。中国不仅有满足民生需求的轻工业，也有支撑国家工业化发展的重工业和高新技术产业。这种完备的工业产业基础是毛泽东时期工业建设的重要成就。从发展角度看，建立什么样的企业固然重要，但创建一个有利于工业产业健康发展和有利于带动民族整体发展的良好基本制度更重要。

毛泽东创造性提出新民主主义革命的主要任务就是解决工业化发展的土地问题。1944 年 7 月 14 日，毛泽东同英国记者斯坦因的谈话中就“新民主主义经济和新民主主义社会的主要内容是什么”指出：“新民主主义的主要经济特征是土地革命。”之所以在中国要有新民主主义革命，就是中国革命的实践表明，“新民主主义的各项改革符合农民大众的利益，而农民大众构成了我们作战力量的基础。在没有进行土地改革的中国其他地区，仍然是封建土地所有制下的分散的个体小农经济，农民被土地束缚着，没有自由，彼此很少往来，过着愚昧落后的生活。这种经济是中国古代封建主义和独裁专制的基础。未来的新民主主义社会不可能建立在这样的基础上，中国社会的进步将主要依靠工业的发展。因此，工业必须是新民主主义社会的主要经济基础。只有工业社会才能是充分民主的社会。但为了发展工业，必须首先解决土地问题。没有一场反对封建土地制度的革命，就不可能发展资本主义，西方国家许多年前的发展已十分清楚地表明了这一点。我国到一九三七年为止的国内战争时期的土地革命，其性质与西方一些先进国家过去所进行的土地革命基本上相同，土地革命扫除了封建障碍，为资本主义民主制度的发展开辟了道路。”[①] 可见，中国的新民主主义革命的目标就是未来的工业化发展。正是在解决土地问题的基础上，1953 年 6 月 15 日，毛泽东在中央政治局会议上提出了由新民主主义向社会主义过渡的总路线，其中包括被高度概括为“一化三改”中的“工业化”。毋庸讳言，由于中国缺乏基本的资本积累，在早期的工业化发展政策中不得不实行早期的“剪刀差”“以农补工”。这可以理解为当前很多发展中国家实施工业化进程中确立的“优先发展领域”。但随着中国的整体工业经济实力提升，中国在中共十六大后提出了“以工补农”的阶段发展战略，体现了中国发展政策的连续性和完整性。

发展工业首先解决土地问题的经验对世界发展理论探索的意义。其一，中国成功的工业化发展道路的起点是新民主主义革命。它解决了土地私人占有或垄断条件下工业化发展的制约，这是毛泽东工业化发展理论的重要贡献，为工业的社会化生产和扩大再生产奠定了坚实的制度基础。从发展经验对比看，当前众多发展中国家在工业化发展中存在的问题都和缺失类似于中国新民主主义革命和新民主主义社会的发展阶段有关。以革命的方式解决制约工业化发展的土地问题，在 20 世纪上半叶全球范围暴风骤雨动荡的时代并不显得另类，但在当前世界和平发展和以市场发展为主流的条件下，则面临较多的困难，需要另辟途径解决问题。其二，承认发展阶段差距。毛泽东在中共八大开幕词中讲，“我们现在也面临着和苏联建国初期大体相同的任务。要把一个落后的农业的中国改变成为一个先进的工业化的中国，我们面前的工作是很艰苦的，我们的经验是很不够的。因此，必须善于学习。要善于向我们的先进者苏联学习，要善于向各人民民主国家学习，要善于向世界各兄弟党学习，要善于向世界各国人民学习。”[②] 其三，明确发展目标，工业化发展与社会综合发展有序推进。特定视角看，新中国成立以来的各届政府工作报告都是围绕中国的工业化的不同进程展开的。从遵照毛泽东的指示，三届人大的政府工作报告提出

① 《毛泽东文集》第 3 卷，人民出版社 1996 年版，第 183—184 页。
② 《毛泽东文集》第 7 卷，人民出版社 1999 年版，第 117 页。

用十五年时间，即在1980年以前，建成一个独立的比较完整的工业体系和国民经济体系，到邓小平调整中国重工业在国民经济中的比重、提出“科学技术是第一生产力”并实施“科教兴国”战略，再到习近平强调新型工业化、信息化、城镇化、农业现代化同步发展，充分体现了中共从重视工业产业量比到重视量质提升的不同工业化阶段的发展特点。其四，通过解决土地问题实现工业发展，背后的逻辑凸显了落后国家搞工业化的优先顺序。作为农业大国，解决土地问题直接关系到国家的长治久安，也为工业化的发展创造了条件，虽然中国工业化初期高度重视重工业的发展，但工业化的发展是围绕农业、轻工业、重工业的顺利开展的。苏联是建设社会主义工业化的先行先试的国家，在相关的废除土地私有权、工业化优先发展重工业等方面与中国有着较大的差异。在20世纪社会主义运动高潮时期，一些新获得民族解放独立的国家在工业化发展道路上纷纷效仿苏联，这也为20世纪70年代国民经济出现问题埋下了伏笔。

通过“一国两制”实现国家统一*

现代民族国家构建和发展方面，主权独立和领土完整是一个绕不开的复杂议题。它既牵扯到国家主权、民族、宗教等问题，也牵扯到历史变迁和发展。由此，在民族国家构建方面，不同地区的国家由于历史发展等众多原因，很难用统一的标准来衡量。近代以来，西方民族国家的构建过程中，战争和领土争端几乎充斥了每个阶段的历史。当前，民族统一和分裂问题仍是牵制很多发展中国家的重要问题，一些地区复杂的民族、领土问题常成为牵动世界安全的神经。在国家没有消亡的历史进程中，国家主权将是长期存在的。在国家主权存在的历史条件下，如何维护民族国家主权独立及领土完整，是一个不断发展的议题。而中国在国家统一方面的成功经验被广泛熟知的是“一国两制”。

毛泽东创造性地提出了“一纲四目”解决统一问题的方案。早在1956年春，毛泽东就台湾问题的解决委托曹聚仁给蒋介石传达中共关于台湾和平统一的四项原则。其中包括台湾回归祖国后，除外交必须统一于中央外，所有军政大权、人事安排等悉委于蒋，陈诚、蒋经国亦悉由蒋意重用；所有军政及建设经费不足之数悉由中央拨付；台湾的社会改革可以从缓，以俟条件成熟并征得蒋之同意后进行；互约不派特务，不做

* 原文载于《瞭望中国》总第402期（2019年4月），参见 http://www.outlookchina.net/html/news/201904/11948.html。

破坏对方团结之举。1963 年，周恩来将其归纳为“一纲四目”。1965 年，毛泽东在接见外宾时进一步谈道，未来香港回归可以仍然实行资本主义制度。70 年代又托章士钊传达此意。1984 年，邓小平在解决祖国统一问题的谈话中，提出了“一个国家，两种制度”构想，并在此原则下推动了同英国的香港回归谈判。在新中国成立初期，在以意识形态对抗为特点的冷战时代，以对帝国主义强硬著称的毛泽东提出以保留台湾军政等大权开展国共第三次合作促进国家统一，充分体现了毛泽东在民族统一问题上的“大义”。“一国两制”是印有中国传统文化理念的和平统一方针。从孙中山的“驱除鞑虏，恢复中华”，到毛泽东的“解放全中国”，到习近平的“祖国必须统一，也必然统一”，反映了中国政府维护国家统一和领土完整的坚定立场和中国智慧。

维护国家统一和领土完整，是衡量一个世界强国的基本标准。目前中国是联合国五大常任理事国中唯一一个没有实现领土统一的国家。相比于中国在社会经济领域所取得的巨大成就，尚未完成的统一大业不能不说是中国国家发展成就的一个“短板”。之所以如此，很大程度上是因为中国大陆时刻从两岸同根同脉着眼，期望能以民族大义和平解决统一问题。这同当前国际社会倡导的和平解决争端、冲突理念一致。但是，中国在台湾统一问题上反对“台独”、反对他国干预的立场也是一贯鲜明的。台湾是中国领土不可分割的一部分，不仅是历史，也是现实。从历史看，奠定二战后国际关系的多次国际会议都加以确认。从现实看，截至 2019 年 3 月，同中国建立外交关系的 178 个国家都承认台湾是中国领土不可分割的一部分。当前的中国，日益在世界国际秩序建设和维护中发挥着突出的作用。和平统一，有利于两岸广大人民的长远福祉。当然，霸权主义和机会主义者从来就没有消失过。也正因为如此，中国才有《反分裂国家法》随时候着。

维护中国领土主权完整关系到国际关系的健康发展。一方面，中国在维护主权和领土完整方面的态度是对公正国际秩序的积极构建。包括中国在内，现在很多发展中国家存在的领土统一问题，本身就是殖民侵略带来的后果。1840 年鸦片战争后，中国签署的《南京条约》开启了近代以来中国割地赔款的耻辱历程。随着多次的殖民侵略，中国的香港、澳门、台湾……众多领土被列强侵占，也由此给延续传承数千年文明的中华民族带来了苦难。反抗帝国主义侵略和压迫，维护国家领土完整和主权独立，带领中华民族走向复兴成为中国共产党的历史使命。正因为如此，中国共产党才得到了人民的拥护，最终取得了革命的胜利并建立了新中国。维护领土完整不仅是洗刷百年耻辱的前提，也是维护国家尊严的举措。正如习近平主席在纪念《告台湾同胞书》发表40周年大会上的讲话中所指，“台湾问题的产生和演变同近代以来中华民族命运休戚相关。”另一方面，反对霸权主义和外部干涉，是对公正国际秩序的维护。从国际视角看，中国之所以能得到很多发展中国家，特别是被殖民过的发展中国家的认同，其根本原因就是有被殖民、被掠夺、被瓜分的共同感受。如果理解这个过程，就不难理解当前很多非洲国家仍在国际场合强调的，“中国从来没有殖民过非洲”，“我们有过共同的被欺辱历史”……当正义的力量弱小时，毛泽东主张的“人不犯我，我不犯人；人若犯我，我必犯人”是一个基本的防卫原则。没有人会怀疑，当前的世界仍是充斥霸权的时代。正如很多国人所言，世界并不和平，只是我们身处在一个和平的国家。战争、动荡对一些国家和人民而言从未走远。毛泽东的一个经典语录是“提高警惕，保卫祖国”。维护领土完整和主权独立是中国共产党的历史使命。正如习近平主席在纪念《告台湾同胞书》发表40周年大会上讲话中所指，1949年以来，中国共产党、中国政府、中国人民始终把解决台湾问题、实现祖国完全统一作为矢志不渝的历史任务。

尊重主权独立和维护领土完整是中国对现代国际关系构建的重要贡献。一方面，和平共处五项原则是毛泽东时代确立的中国开展对外关系的基本原则，也长期得到了世界的广泛认同。其中第一条就是“互相尊重主权和领土完整”，可见该原则在中国政府眼中的重要性。所有与中国正式建立外交关系的国家必须首先要肯定的一个原则，就是承认世界上只有一个中国，中华人民共和国政府是代表全中国的唯一合法政府，台湾是中国领土不可分割的一部分。己所不欲，勿施于人。中国不干涉别国内政，也理应在中国的核心利益上得到相关国家的尊重，领土完整问题是中国的核心利益，不容侵害。另一方面，维护主权独立和领土完整需要有对抗霸权的实力。毛泽东维护和平的态度一贯是明确的："我们要和平，不要战争"[①]；"中国人民有这么一条：和平是赞成的，战争也不怕"[②]；"别人打我们，我们就要打，就是要有准备。准备没有坏处，你不准备人家就欺负你。你准备好了他就可能不来，打来了也不怕，有办法。"[③] 1949年9月，毛泽东在中国人民政治协商会议第一届全体会议上就对新中国保护国家领土掷地有声地指出，"我们的国防将获得巩固，不允许任何帝国主义者再来侵略我们的国土。在英勇的经过了考验的人民解放军的基础上，我们的人民武装力量必须保存和发展起来。我们将不但有一个强大的陆军，而且有一个强大的空军和强大的海军。"[④] 中国的大国地位，很大程度上受益于中国的核威慑能力。中国是世界核大国中持有核武器数量最少的国家，但中国的核威慑能力在避免他国讹诈方面发挥着非常重要的作用。正如毛泽东1958年6月在中央军委扩大会议上所讲，"没有那个东西，人家就说你不算数。那么好，我们就搞一点。搞一点原子弹、氢弹、洲际导弹，我看有十年功夫是完全可能的。"[⑤] 事实证明，毛泽东的决策是正确的。

发展是维护主权和解决领土问题的重要手段，这是中国人的智慧。1949年初，毛泽东与斯大林代表米高扬谈话时就指出，"中国还有一半的领土尚未解放。大陆上的事情比较好办，把军队开去就行了，海岛上的事情就比较复杂，需要采取另一种较灵活的方式去解决，或者采用和平过渡的方式，这就要花较多的时间了。在这种情况下，急于解决香港、澳门的问题也就没有多大意义了。相反，恐怕利用这两地的原来地位，特别是香港，对我们发展海外关系、进出口贸易更为有利些。总之，要看形势的发展再作最后决定。"[⑥] 也许有人会说，毛泽东时代解决台湾问题武力条件不成熟。事实上，历史资料表明，毛泽东从未放弃和平谈判解决台湾问题的

---

① 《毛泽东年谱（1949—1976）》第1卷，中央文献出版社2013年版，第229页。
② 《毛泽东年谱（1949—1976）》第2卷，中央文献出版社2013年版，第163页。
③ 《毛泽东年谱（1949—1976）》第6卷，中央文献出版社2013年版，第314页。
④ 《毛泽东文集》第5卷，人民出版社1996年版，第345页。
⑤ 《建国以来毛泽东军事文稿》中卷，中央文献出版社2010年版，第387页。
⑥ 逄先知、金冲及主编：《毛泽东传》（二），中央文献出版社2013年版，第927页。

努力。如果说新中国成立之初解放军不具备渡海作战的条件，那么在20世纪六七十年代中国的军事实力有了较大提高后，武力解决台湾问题并不是完全不具备条件。深谙中国历史又热爱中国人民的毛泽东知道“兴，百姓苦；亡，百姓苦”的道理，只有发展才能让中华民族共享太平。且随着六七十年代广大亚非拉国家的独立，国际秩序空前地朝着健康的方向发展。以民族大义和平解决台湾问题更成了毛泽东领导集体解决台湾问题的首选。

文艺代表的潮流须反映先进文化*

文艺方针和导向是了解中国文化政策的一个重要方面。2021 年 12 月 14 日在中国文联十一大、中国作协十大开幕式上，习近平发表了重要讲话。这是新时代以来，继 2014 年 10 月 15 日习近平主持召开文艺工作座谈会，2016 年 11 月 30 日习近平在中国文联十大、中国作协九大开幕式上讲话后又一次系统阐述中共文艺方针。习近平在肯定文艺工作者历史成绩的同时，针对新时代的发展需要，为文艺工作者提出了繁荣发展社会主义文艺的新希望。要求文艺作品反映先进文化是中共的政党性质决定的，也是中共一贯的政策。

中共文艺政策的方向一贯是明确的，那就是必须反映时代进步。中共对文艺发展方向的指引一贯是清晰和明确的。这就是性质上体现无产阶级政党对先进文化的指引，内容上要反映社会主义核心价值。毛泽东 1957 年 1 月 27 日在省市自治区党委书记会议上的讲话就强调："在我们无产阶级专政的国家里，当然不能让毒草到处泛滥。无论在党内，还是在思想界、文艺界，主要的和占统治地位的，必须力争是香花，是马克思主义。毒草，非马克思主义和反马克思主义的东西，只能处在被统治的地位。"[①] 文艺的发展如果没有方向，那就是历史的倒退。2014 年 10 月 15 日，

---

* 原文载于《瞭望中国》总第 447 期（2022 年 1 月），参见 http://www.outlookchina.net/html/news/202201/12665.html。

① 《毛泽东文集》第 7 卷，人民出版社 1999 年版，第 197 页。

习近平主持召开文艺工作座谈会并发表重要讲话指出："文艺是时代前进的号角，最能代表一个时代的风貌，最能引领一个时代的风气。"[①] 2016年，习近平在文联的讲话进一步指出，"文运同国运相牵，文脉同国脉相连。实现中华民族伟大复兴，是一场震古烁今的伟大事业，需要坚忍不拔的伟大精神，也需要振奋人心的伟大作品。鲁迅先生1925年就说过：'文艺是国民精神所发的火光，同时也是引导国民精神的前途的灯火。'"[②]

"事业"和"战线"，是中共对文艺的明确定位。2016年11月30日，习近平在中国文联十大、中国作协九大开幕式上讲话就明确指出："党对文艺工作历来高度重视，这是因为，文艺事业是党和人民的重要事业，文艺战线是党和人民的重要战线。"[③] 文艺是事业，是因为无产阶级政党一贯重视文艺工作的重要性，将其视为帮助民众摆脱落后、促进社会进步的重要工作，中华民族的伟大复兴和社会主义的建设需要文艺的繁荣。文艺是战线，是因为文艺是一个战斗堡垒，它要对抗落后和敌对文化的侵蚀。在中国，一个被广泛使用的概念是"文艺战线"。既然是战线，就要明白阵地是什么要坚守捍卫什么，要判断来自敌人的进攻是什么，该如何开展好斗争工作。早在1936年11月22日中国文艺协会成立大会上，毛泽东就指出"文"和"武"是促使国民党反动派停止内战一致抗日的两个方面。其中发扬苏维埃的工农大众文艺，发扬民族革命战争的抗日文艺，是文艺战线的任务。[④] 新时代的中国，文艺应该体现时代新需要。

时代的进步必将带来文艺的繁荣，守正创新才能跟得上时代步伐。中国的社会经济发展必然带来文艺的繁荣，这是满足人民大众精神文化不断增长的必需。当前通信技术的快速进步和发展，为文艺工作者提供了前所未有的广泛参与和创作的舞台，在这个大舞台上扮演好自己的角色，是新

---

① 《坚持以人民为中心的创作导向 创作更多无愧于时代的优秀作品》,《人民日报》2014年10月16日。

② 习近平:《在中国文联十大、中国作协九大开幕式上的讲话》,《人民日报》2016年12月1日。

③ 习近平:《在中国文联十大、中国作协九大开幕式上的讲话》,《人民日报》2016年12月1日。

④ 参见《毛泽东文集》第1卷，人民出版社1993年版，第461—462页。

时代文艺工作者的义务；引导和管好文艺发展方向则是国家治理的责任。习近平强调，“文艺工作者的自身修养不只是个人私事，文艺行风的好坏会影响整个文化领域乃至社会生活的生态。文学家、艺术家是有社会影响力的，一举一动都会对社会产生影响”，“希望广大文艺工作者坚持弘扬正道，在追求德艺双馨中成就人生价值”，同时也给各级管理部门和行业组织提出了新时代的发展方向：“尊重和遵循文艺规律，通过深化改革、完善政策、健全体制，形成不断出精品、出人才的生动局面。”[①]

文艺的表现首先要尊重历史，历史虚无主义和庸俗化要不得。当我们批判历史虚无主义的时候，重视的正是一些文艺作品无视历史客观，甚至扭曲历史带来的长久危害。“忘记历史就等于背叛”，如果文艺作品不能真实反映“长津湖”的彻骨之寒，就难以让后人感知装备天壤之别之下中国军人抗美援朝保家卫国的艰难，无法理解“岁月静好是因为先辈为你忍辱负重甚至抛头颅洒热血”；如果不能正确的反映历史真实，就会直接影响后人对重大历史事件的是非判断，进而影响对当下正确道路的选择……正如习近平在讲话中指出的，“历史给了文学家、艺术家无穷的滋养和无限的想象空间，但文学家、艺术家不能用无端的想象去描写历史，更不能使历史虚无化。”他们“有责任告诉人们真实的历史，告诉人们历史中最有价值的东西。戏弄历史的作品，不仅是对历史的不尊重，而且是对自己创作的不尊重，最终必将被历史戏弄。只有树立正确历史观，尊重历史、按照艺术规律呈现的艺术化的历史，才能经得起历史的检验，才能立之当世、传之后人”。[②]

教育者首先要接受教育，文艺创作首先应考虑到作品的教育传承影响。长期以来，关于文艺表现内容、方式和相关理论一直是业界讨论热点，如文艺作品塑造什么形象，如何塑造形象，文艺作品反映什么价值，创作者是否能够自由发挥任性刻画艺术作品……但所有讨论都离不开的基

---

① 习近平：《在中国文联十一大、中国作协十大开幕式上的讲话》，《人民日报》2021 年 12 月 15 日。

② 习近平：《在中国文联十大、中国作协九大开幕式上的讲话》，《人民日报》2016 年 12 月 1 日。

础是：文艺作品不是孤芳自赏，文艺作品的创作者有着社会教育的职能。1957 年 3 月 8 日，毛泽东同文艺界代表的谈话就针对这一现象指出："报纸、广播、文工团、剧团、文学艺术都是教育人民的。有人说，'不讲教育，说娱乐好了'，这也可以，但是你演戏，总要影响人。所以教育者首先应当受教育，这是马克思讲的。"[①] 由此，文艺工作者创作的过程，也是一个不断提升自我的过程。在此过程中，必须要把自己作为价值传导者。艺术创作者只有把个人价值和时代价值相统一，其作品才会经得起历史的检验，并在德艺双馨中成就人生价值。

文艺是体现文明成就的重要组成部分，但并非所有文艺潮流都是文明。一方面，文艺是文明传承的重要组成部分。特别是在史前时代，特定文艺作品的流传成为史学家鉴定文明发展程度的重要内容。从文明多样性看，传承和弘扬民族文化决定了文艺首先要有民族性。另一方面，个体对文艺作品的认知水平是有差异的，一时的潮流并不反映作品的真实价值。潮流也可以是"厚黑学"，也可以是"宫廷斗""揭示人性丑陋"的内容……但这不应该成为时代文艺作品的主流。奸诈、虚伪和背叛……在任何国家都不是政府倡导的文化主流。文艺代表的潮流是直接影响价值形成的重要内容。如果我们看到一些国家充满暴力、血腥，甚至违法犯罪的内容在文艺作品中大行其道时，不难想到，这种文艺作品对这个国家文化的塑造以及对青年人的消极影响。这样的文艺直接消除了政府为社会进步所作的努力。当文艺推动的潮流脱离社会的核心价值时，就需要加以正确的引导。正如习近平 2021 年 12 月 14 日的讲话强调："文艺只有向上向善才能成为时代的号角。"[②]

文艺发展是文化建设的重要组成部分，文艺的潮流必须符合社会主义核心价值。一方面，作为社会主义国家文化建设的重要组成部分，文艺创作和作品要有清晰价值导向。这是了解中国文艺发展导向和方向的大前提。如果脱离了这个背景，就不可能得出中国文艺发展方向的正确判

---

① 《毛泽东文集》第 7 卷，人民出版社 1999 年版，第 252 页。

② 习近平：《在中国文联十一大、中国作协十大开幕式上的讲话》，《人民日报》2021 年 12 月 15 日。

断。另一方面，文艺的发展要正确处理好主流文化与商业文化的关系。从文艺理论看，无论是理想主义还是现实主义，对文艺创作的不同反思，本身就代表了特定的价值。虽然文艺作品的素材来自生活，但成熟的文艺工作者应该具有辨别力和引导力，不能盲目通过商业化驱动一些不符合社会进步的“潮流”成形。中国数千年繁荣的历史文化，社会主义中国开创了举世瞩目的发展成就……都为文艺创作者提供了无尽的创作素材。从历史和现实中汲取创作的灵感，创作符合中国人审美价值的文艺作品，应该成为新时代的文艺发展的主流。正如 1938 年 4 月 28 日毛泽东在鲁迅艺术学院的讲话中强调的，“艺术作品要有内容，要适合时代的要求，大众的要求。作品好比饭菜一样，要既有营养，又有好的味道。”① 可见，如果社会主义中国文艺创作倡导的潮流发生倒退，就意味着国家的文化建设方向出现了问题。正是由此角度，习近平讲话指出，“文化兴国家兴，文化强民族强。”

① 《毛泽东文集》第 2 卷，人民出版社 1993 年版，第 122 页。

党史学习教育体现执政党的现代性和进步性*

学党史不忘初心。2021 年是中国共产党建党 100 周年。中共中央作出了在全党开展党史学习教育的重大决策，2 月 20 日召开了党史学习教育动员大会。尽管这是中国共产党党内学习任务，但由于中国共产党及其领导下中国人民伟大事业的成就，以及现代国家政党治理的必要性，中共开展全国学习党史活动对于国际党际发展经验交流也是非常重要的一个方面。

中共学党史体现执政党的现代性。长期以来，中共高度重视党的历史学习，这正体现出中国共产党的现代性。现代政党制度并不是始于中国。在西方资产阶级力量上升时期，源自生产关系变革的客观需求，决定了资产阶级政党制度的进步性。但在资产阶级政党获得稳定的执政地位后，这种进步性就开始退化。这可以从当前世界政党的教育形式和目标管中窥豹。如何以民主之名义，组织和动员选民是西方政党教育的主要和重要内容，其目的是服务选举政治需要。这种有限范围内的学习，更多集中在社会精英和利益集团层面，更多体现的是“急功近利”。相比较，中共学习党史不仅敢于正视自己曾经的探索错误，也敢于承认自己的不足。对比中共的执政党教育同西方的政党教育很容易发现中共执政党教育的特殊性，

---

* 原文载于《瞭望中国》总第 438 期（2021 年 5 月），参见 http://www.outlookchina.net/html/news/202105/12527.html。

这种特殊性就是执政党的现代性：其一，将学党史作为政党建设的必须内容。其二，与时俱进长期坚持落实学党史。

为什么学党史是现代政党建设的内容？没有一个西方发达国家会否定始于欧洲的近代资产阶级革命的进步性和重要性。但是，当代西方资产阶级政党很少重视开展资产阶级革命的教育，因为要淡化资产阶级执政党曾与旧制度的割裂，要维护制度转型后绝大多数旧有权贵阶层的利益。同样，由于政党更迭及迎合选民需要，也很少看到西方国家会继承学习自身的历史。夸大的个人英雄主义成为政党的鼓吹内容。相比较，中国共产党强调的是学党史，这是因为党史就是中国走向现代化的历史，学党史让党员清晰了解中国共产党的性质和定位，这背后反映出党带领全国人民奋斗的社会主义事业与旧制度的彻底不同。学习党史会提醒共产党人，中国共产党人的事业是开天辟地的，是代表先进生产力和生产关系的。正如党章所指出的，中国共产党人的事业代表中国先进生产力的发展要求，代表中国先进文化的前进方向，代表中国最广大人民的根本利益。党的最高理想和最终目标是实现共产主义。

为什么要与时俱进长期坚持落实学党史？一方面，终身教育是现代教育中的一个重要概念，也是联合国倡导和推广的现代教育理念。人是在不断成长变化的，人类社会也在不断走向进步。个体只有不断提升对世界的认知能力，才能更好地适应社会的进步。终身教育既反映了人类主观认知与客观世界变化的相互关系，也是现代教育的基本要求。中共与时俱进开展学习，所突出的正是在发展理念上不墨守成规。另一方面，必须承认，即使在中国，现代科学教育并没有全面覆盖和影响所有人的认知。认识的差异决定着行为的差异。在中国，作为马克思主义政党，中国共产党的先进性注定其必须以发挥好带领中国社会改造和社会进步的历史作用为己任。学党史并不仅仅是简单的历史事件回放，要深刻认识到推动党史发展的内在价值是马克思主义的哲学观、世界观和方法论。作为世界第一大党，在发展的节点阶段，党员形成共识是至关重要的。能否形成共识影响着新阶段推动发展的力度和成效。由此，我们可以理解，中国共产党在每个重要节点都高度强调党史学习的良苦用心。当前，在第一个百年目标实现,“十四五”开局之年，以新的发展理念武装全党，对于构建新的发展格局实现高质量发展，对于我党带领全国人民迈向新的征程是至关重要的。

我们从哪里来，我们的初衷是什么？坚守初衷的最重要意义是不脱离人民群众，这是现代政党政治的基本要求。就执政地位而言，世界上任何一个国家的政党都渴望高比例获得民心的支持，但在实际中，世界上绝大多数国家的政党并不能做到这点，竞选时画的饼或成为政党图谋上位的一个口号，执政后即蜕变为特殊利益集团的代言人。缺少了对选民的敬畏心，就会淡化为人民服务的意志，政党轮换就成为必然。正如习近平在党史学习教育动员大会上所指,“历史充分证明，江山就是人民，人民就是江山，人心向背关系党的生死存亡。”① 中国古代《诗经》讲“靡不有初，鲜克有终”，中国历代家庭教育也强调“由俭入奢易，由奢入俭难”。自身地位的变化和社会发展水平的提高及时代的进步，都容易使人忘记曾经的不易和艰难，甚至脱离自己的初衷。这也是执政党时刻要警醒的重大根本问题。在带领全国各族人民实现现代化的建设进程中，不仅不能走得慢，更不能走歪了。坚持学党史可以使我们回顾我们的过去，明确我们的出发点，清晰为人民服务的初衷。正如习近平指出的,“只有回看走过的路、比较别人的路、远眺前行的路，弄清楚我们从哪儿来、往哪儿去，很多问题才能看得深、把得准。”②

一路走来，我们经历了什么。就个人而言，成长过程中的经历将会是影响其一生价值选择和方向判断的重要内容。对于一个国家和一个执政党而言，我们处在什么时代，我们的进步面临着什么样的外部机遇挑战，执政党自身的道路选择是否符合社会实践的现实需要，都是在不断发生变化的时代议题。中共党史的脉络是非常清晰的。一方面，中国共产党奋斗的一百年是实现民族独立，积极营造良好发展环境，利用国际技术和制度经验提升国民福祉的一百年。另一方面，从发展经验国际交流角度看，共

---

① 习近平:《在党史学习教育动员大会上的讲话》，人民出版社 2021 年版，第 15 页。
② 《习近平谈治国理政》第 3 卷，外文出版社 2020 年版，第 70 页。

产党的历史是同近代国际关系的发展密切相联系的。中共带领全国人民艰苦奋斗的一百年，就是世界格局变化跌宕起伏的一百年，是国际丛林法则凸显，帝国主义和霸权政治横行不断的一百年，是中国人民反抗殖民掠夺，反抗欺凌的一百年，也是广大民族国家摆脱殖民寻求独立自主，推动国际关系不断发展的一百年。站在新发展阶段，一方面，我们要不断反思过去的经历，总结经验教训。另一方面，我们更需要清醒的是，我们过去的成就是基于什么样的判断和理论坚持。不总结经验的探索是低效的。党在不同时期的一个重要经验，就是把通过探索发现的规律进行总结和应用。可以试错，但一定要对试错过程中存在的经验及时总结。在广大发展中国家仍在不断试错追求独立自主快速发展的道路时，中国的经验是重要的。

到哪里去，我们要坚持什么？其一，从共产党诞生以来，实现共产主义就是共产党人的奋斗目标。中国共产党党章具体表述为“党的最高理想和最终目标是实现共产主义”。正如中国在社会主义的实践中，探索总结出了社会主义初级阶段一样，共产主义的最终实现仍将需要人类的长期奋斗和努力。在现阶段，凝聚共识，消除发展差异，提升发展水平是新发展阶段的主要任务。其二，新的发展道路上，中共要坚持的方向性原则首先是坚持和加强党的自身建设。党的建设应该同国家的现代化建设和改革开放同步。学党史是要求党员开展一次普遍性的自身教育，这将有利于推动党的治理经验进一步完善化和制度化。中共十九届四中全会通过的《中共中央关于坚持和完善中国特色社会主义制度 推进国家治理体系和治理能力现代化若干重大问题的决定》正是对这一时代任务的要求。其三，要善于总结并积极利用发展规律。作为现代政党，中国共产党是一个高度讲科学发展规律的党。从革命战争到社会主义建设，我们在不同时期总结出了大量的可指导实践的理论。诸如 1939 年毛泽东在《〈共产党人〉发刊词》一文中就国内革命战争经验教训总结出，统一战线、武装斗争、党的建设是中国共产党在中国革命中战胜敌人的三个法宝。1945 年毛泽东在中共七大的政治报告中概括出中国共产党在长期革命斗争中形成的三大作风，理论和实践相结合、密切联系群众及批评与自我批评的作风。改革开放后，“一个中心、两个基本点”成为中共基本路线的重要内容。中共十八大以来，“把权力关进制度的笼子里”成为社会主义新时代建设的重要方向。

分享中共党史是国际党际交流的重要内容。作为马克思主义现代政党，中共与生俱来就有国际党际交流的传统。现代政党的产生反映了现代生产关系的变革，处于不同发展阶段的各国政党为了民族、国家的更好发展就需要积极借鉴他国经验。因此，在新技术带来人类新发展的大门槛上，充分利用自身市场条件，维护良好的国际合作条件，积极促进市场和非市场手段的合作，都是政党间治国理政经验交流的重要内容。

全过程人民民主和自我革命开创政党治理新境界 *

近代以来，通过民主消除广义的制度性腐败，是一个被证明了的有效的重要经验。在民主推动下，民族国家完成了自决和独立，在民主原则下，现代法治成为全球通用的治理规则。但是，强调“已经实现民主”的国家在其发展过程中，不同程度存在的腐败侵蚀着民众的公平发展权，影响着国家的健康发展。可见，反腐不仅是国家治理长期面临的问题，也是国际合作的重要内容。

全过程人民民主和自我革命的反腐，是十八大以来中共关于治国、治党的两个重要概念。从热点关注看，“反腐败是最彻底的自我革命”似乎更受国际关注，相应的是中共在反腐方面的空前力度和强度。但是，从中共一直高度关注的历史周期率看，全过程人民民主和自我革命在很大程度上是针对政党政治和腐败治理问题展开的，或者说是围绕打破历史周期率开展的。这从新中国成立前的毛泽东延安讲话和习近平二十大的表述中充分体现出来。就全球范围看，执政党以自我革命应对治理挑战，则给世界开了先河。这与众多国家执政党与在野党相互攻讦积极“革对方的命”，你方唱罢我登场，政策换汤不换药形成了鲜明对比。

全过程人民民主加强人民对政府的民主监督，这是继承和完善。1945

---

* 原文载于《瞭望中国》总第 459 期（2023 年 2 月），参见 http://www.outlookchina.net/html/news/202302/12838.html。

年，毛泽东曾在延安提出了以人民监督政府的民主来打破兴亡更替的“历史周期率”。这是中共由革命党向执政党转变过程中认识到的跳出治乱兴衰历史周期率的第一个答案。新时代以来，习近平总书记就强化反腐的第一个答案民主和人民监督，提出了全过程人民民主。中共十九届六中全会通过的《中共中央关于党的百年奋斗重大成就和历史经验的决议》，把发展全过程人民民主作为习近平新时代中国特色社会主义思想的重要内容纳入“十个明确”之中。中共二十大报告把发展全过程人民民主确定为中国式现代化本质要求的一项重要内容，强调全过程人民民主是社会主义民主政治的本质属性。

十八大以来，中共找到自我革命的第二条反腐道路，这是一大创新。十八大以来中共史无前例的反腐是重大党内治理行动。根据中共中央纪律检查委员会和中国国家监察委员会网站 2021 年 6 月 28 日发布的《数说十八大以来正风肃纪反腐成绩单》，从 2012 年 12 月到 2021 年 5 月，纪检监察机关共立案审查调查省部级以上领导干部 392 人，厅局级干部 2.2 万人，县处级干部 17 万余人，乡科级干部 61.6 万人，在查处的腐败案件中，涉案金额动辄上亿，达到令人触目惊心的地步。习近平在中共二十大报告中指出，“我们开展了史无前例的反腐败斗争，以‘得罪千百人、不负十四亿’的使命担当祛疴治乱，‘打虎’、‘拍蝇’、‘猎狐’多管齐下，反腐败斗争取得压倒性胜利并全面巩固，消除了党、国家、军队内部存在的严重隐患，确保党和人民赋予的权力始终用来为人民谋幸福。经过不懈努力，党找到了自我革命这一跳出治乱兴衰历史周期率的第二个答案，自我净化、自我完善、自我革新、自我提高能力显著增强，管党治党宽松软状况得到根本扭转，风清气正的党内政治生态不断形成和发展，确保党永远不变质、不变色、不变味。”① 作为执政党，以自我革命的态度应对存在的腐败，尽显中共治理沉疴顽疾的勇气和无产阶级政党之本质。

着眼未来，自我革命引领社会革命是中共反腐制度建设的方向。首先，中共反腐建设应该放在世界发展的历史周期率中考虑。社会革命论是

① 《中国共产党第二十次全国代表大会文件汇编》，人民出版社 2022 年版，第 11—12 页。

马克思历史唯物主义的重要内容。在面对“腐败”这一社会革命变量时，“革命”或“自我革命”的态度和举措，反映了是否能把握历史主动的辩证关系。无论是人类的历史表现，还是当前的国际形势，一定程度上都可以从腐败导致的发展不均衡解读。当前国际关系发展再次站在历史的十字路口，是世界共同面临的问题。要成为世界稳定和繁荣发展的稳定器，必须要先使自己的发展健康稳定。其次，中国虽经历多年快速增长，但腐败却导致社会利益分配格局发生扭曲，积累的腐败沉疴也直接影响了社会主义的制度红利，直接危害着社会的健康发展。由此，客观看待腐败这一社会革命动因，以自我革命推动政党治理、国家治理的现代化，是中共推动人类文明向更高形态发展的一个重要方向。中共通过党内制度建设反腐既是执政党建设，也是社会主义市场经济的国家制度建设，是中共带领中国迈向第二个百年目标的重要保障。正如二十大报告所强调的，在全面建设社会主义现代化国家的新征程上，“必须持之以恒推进全面从严治党，深入推进新时代党的建设新的伟大工程，以党的自我革命引领社会革命。”

中共跳出历史周期率的“两个答案”，丰富了世界的现代政党建设和国家治理。首先，从人类进入国家形态以来，人性与社会性的关系就一直是国家制度设计的一个重要参考。由于直接关系到社会资源的分配，腐败通常是和拥有权力相关的。由此，腐败治理不仅关系到人的“超我”社会性培养，更需要制度建设及对权力的约束和监管。如何在长期执政中保持先进性、纯洁性和不忘初心，也是中共治党、治国过程中一直思考的重大问题。中共的马克思主义政党价值追求及反腐答案，是对现代政党建设和国家治理经验的丰富。其次，作为国际议题，当今世界没有一个国家对腐败危害的认识比中共深刻。这反映了中共的历史基因，也是中国历史文化对世界的贡献。一方面，从理论上讲，从中共的无产阶级政党性质及其为中国人民幸福奋斗的目标定位看，对腐败存在的零容忍符合中共的本质要求。另一方面，从本土文化视角，放眼世界，现存政权超过百年的寥寥无几。相比较，回顾中国历史，持续数百年的王朝不胜枚举，短命王朝和战乱兴替也比比皆是。正因为对腐败危害的深刻认识，中共也在从历史中汲取反腐的制度经验，以求带领中国人民在现代化建设和长治久安的治理中，摆脱混乱兴替给民族带来的历史困境。

“两个答案”是世界反腐制度建设的高标准。法律是道德的底线，纪律是道德的方向。法律与纪律反映的是人性与社会进步性的关系问题。人类的整体制度进步，是建立在社会性大于个体人性欲望表达基础上的。当人类进入文明，当社会化发展成为趋势，那么超我的精神塑造就是文明的象征，也是社会发展的方向。长期以来，世界范围内国家的反腐主要是司法机构开展，在执政党内部的反腐制度化建设是落后的。这导致执政党与司法机构长期存在“猫捉老鼠游戏”或“吹毛求疵”，甚至是“钓鱼执法”等诸多弊端，也由此削弱了执政党的执政能力。中共作为马克思主义政党，党的纪律规定标准是高于普通法律要求的，这也是中共成功的基础和条件。毛泽东在《论人民民主专政》中就中国革命的成功经验首先强调是因为有“一个有纪律的，有马克思列宁主义的理论武装的，采取自我批评方法的，联系人民群众的党”[①]。从革命时代中共的“三大纪律八项注意”到新时代的“八项规定”，中共以党内教育、惩戒机制来应对腐败问题，与西方以人性的本我来强调反腐，很显然不是一个层面的标准，孰高孰低是很显然的。小到一个家庭，大到一个政党，如果教育的导向是规避制度约束培养精致的利己主义者，那么最终的结果必然是社会充斥着腐败，发展走向倒退。反观之，即使在西方主流的成功学中，资本主义精英阶层对孩子的教育也是以实现人生社会价值的远大理想为出发点的。可见，“两个答案”代表的价值方向是毋庸置疑的。

反腐是世界性议题，世界的包容性发展需要扩大新的反腐共识。首先，如果说反腐败是国际共识，那么这个共识主要是集中在特定法律维度内的公权私用问题。从全球治理看，要推动广泛的全球反腐合作，仍需要较多的国际共识。如果将公权和私权简单对应公共资源和私人资源，那么反腐败问题必然会折射出经济制度的问题。如一些国家因存在部落制度，部族首领按照土著法必然合法拥有较多的自然资源，那么这种占有资源或许不被认为是腐败。在国际资本市场，资本大鳄利用技术手段对主权国

① 《毛泽东选集》第4卷，人民出版社1991年版，第1480页。

家货币财富进行常态化收割，超级富豪利用国际避税规则偷逃天量税款也并未纳入有效监管。用人的腐败，在中国被认为是最大的腐败，卖官鬻爵被世人诟病。相比较，很多国家可以选举一个没有任何从政经验的人当总统，总统可以任命一个没有任何外交经验的人当驻外使节，而从中国经验看，即使与中国封建社会的科举制相比，这仍是严重的腐败。可见，开展广泛的国际反腐合作，需要扩大共识。

第三部分

中国式现代化经济发展与提升国家自主发展能力方式

经济发展成就是中国式现代化的最大直观表现，这是国际社会都承认的客观现实。经济发展不一定靠政治实现，但经济发展一定离不开制度的保障和促进作用。反之，如果社会经济发展出现大问题，一定是政治导向出了问题。新中国成立后，中国在肃清封建主义、帝国主义、官僚资本主义消极影响的基础上，将一个数千年以传统农业为经济特征的社会迅速改造成一个以发展现代工业经济为基础的现代国家。这种跨阶段的发展并不仅仅是建立了较为完整的现代工业体系，更重要的是塑造了适应现代化发展需要的社会政治文化生态，提高了人民的现代化参与能力。这种塑造，为中国后期的市场经济改革和独立自主发展提供了有力保障和源源不断的动力。

中国共识：发展解决困境*

当美国以贸易关税对全球举起“大棒”，英国的脱欧不断推进，中东的动荡与战乱不断……世界发展的不确定性增加，很多发展中国家在发展的道路上又面临着新的发展困境时，不同国家的民众对于国家发展的挑战的判断认识也是差异较大的。对于绝大多数国家的普通民众而言，很难从世界经济形势变化对本国脆弱经济造成冲击的视角分析或看待自己所处国家的经济形势。特别是在一些受国际经济形势冲击影响严重的国家，民众更多从自身所处社会的治理角度作出判断，认为自己国家或地区的发展出现问题是社会治理问题，进而将出现的困境归咎于政府的无能，甚至腐败，也由此引发反政府行为造成动荡。客观看，一方面，世界发展的不确定性增加了民众对于发展前景预判的差异。另一方面，民众判断的差异又加剧了某一国家或地区发展的不确定性。

解决自身社会存在的发展问题是所有国家都面临的挑战。世界各个国家的现代化发展起点都是不同的。这种不同既体现在民族文化、历史基础、资源市场条件、产业特点，也体现在制度选择和现代化路径。也正是这种广泛的差异性，导致了不同国家发展水平的差异。即使在发达国家，因为发展水平的差异，社会发展的不平衡也不同程度地存在。相比较，广

---

* 原文载于《瞭望中国》总第415期（2019年11月），参见 http://www.outlookchina.net/html/news/201911/12180.html。

大发展中国家所面临的问题就更加突出。虽然任何国家都重视发展，但选择什么样的发展路径却大相径庭。选择发展路径的差异最终也导致发展的成效差距较大。能否解决自身发展所面临的困境并实现可持续发展是衡量所选发展道路的重要指标。

不同的发展理论对于发展困境的解读差异较大。从马克思主义理论看，当前世界发展不确定的增加很大程度上是由于资本主义社会，特别是发达资本主义国家经济危机的出现及由此引发的全球性经济周期调整。就表现看，由于全球化的推进，发达资本主义国家经济危机出现的表现方式也越来越“隐晦”。通过自身货币政策、贸易政策的调整，转移自身的经济危机，越来越常见。翻阅近代世界发展历史，这种情况的出现并不特殊。相比于冷战结束后期很多发展中国家学习西方“民主解决困境”的思路，目前一些国家应对全球发展不确定带来的冲击要比冷战后期接受华盛顿共识以民主转型寻求发展的情况要好。这种好的表现主要体现在一些国家的民众认识到，口头表达的民主并不能带来真正的发展。对于政府而言，寻求发展道路上的最大公约数才是推动社会进步与发展的正能量。从中国发展经验看，中国在发展道路上所取得的成就是多种因素促成的，这种成就既是制度的因素，也是政策的因素，其中重要的一个表现是中国政府和人民在发展理念上的共识。

发展解决困境是中国人的共识。在中国，无论是自媒体到处充斥的“心灵鸡汤”，还是国家主流媒体不断释放的砥砺奋进的发展与进步规划，所体现的都是催人勤奋、上进的声音。流传在国人中的一句时髦话语是“可怕的不是别人优秀，而是比你优秀的人比你更努力”。华为的任正非提出愿意向美国公司就 5G 技术授权，以让华为有一个竞争的环境，所体现的是中国人敢于不断给自己提出进步要求的心态。小到个人、企业，大到国家，如果没有勤奋与努力，要实现美好的个人梦想或国家梦想，都是不可能的。在 21 世纪的今天，很难想象一个人的“进步”是指望别人在睡大觉，一个民族或国家的“进步”是基于对别国掠夺来实现的。中国之所以能在过去的 70 年中不断取得进步，很大程度上是同中国社会进步的共识密切相关的。而这种共识的背后，是中国人民相信，美好生活要靠自己的双手和勤劳去创造。

发展解决困境的内涵。作为一个有数千年历史的农业文明大国，中国对发展解决困境的理解和表述是多元化的，有众多的词汇对这一概念进行了描述，其中既有表达人和自然环境关系的，也有表达社会关系的，包括风调雨顺、安居乐业、政通人和，也包括睦邻友好、繁荣富强、国泰民安、励精图治等。无论是寄期望于自然环境的友好，还是国家的繁荣，都体现的是中国人心中的发展观。客观上，任何一个国家或民族，都有对美好生活的预期，也表现在自己的语言文化中。通过对比不难发现，中国传统文化所强调的更多是一种积极上进、通过努力改造自然、社会的发展观。由此,《桃花源记》中所描述的“大同社会”才会被世人传颂，成为中国人心目中的美好生活向往。这种对发展的理解也反映了中国长期存在的以农业为主、社会动荡的历史。历史证明农业文明在人类发展进程中落后于工业文明，对中国社会发展的冲击也是巨大的，其直接后果就是百年屈辱。因为靠自给自足的农业经济应对以工业生产为导向的现代化挑战，体现的是发展的滞后。由此，推动工业化发展及社会生产关系的变革成为近代中国社会变革的主要动力。

发展解决困境的挑战。发展的挑战是多方面的。但对于广大发展中国家而言，维护一个安全稳定的发展环境对于促进发展意义更加重要。新中国成立后，毛泽东对中国和第三世界国家独立自主发展面临风险因素的考虑更多是和美国的危害联系到一起的。这是因为第二次世界大战结束后，美国已经成为事实上维护霸权的代表。美帝国主义不仅支持蒋介石集团，并且在国际上仇视社会主义国家，是冷战的主导者。正如 1964 年 7 月 9 日毛泽东同在朝鲜平壤参加第二次亚洲经济讨论会后访华的亚洲、非洲、大洋洲的一些国家和地区的代表谈话时指出:“亚非拉人民斗争的前途，这是大家关心的问题。如果要看前途，一定要看历史。”“如果说要防止幻想，我想要防止对美国的幻想。至于建设过程中会出现哪些危险，现在很难说。如果要说防止危险，就是防止从帝国主义方面来的危险。至于实际工作犯些错误，那是难免的。哪个政党都要犯错误的，中国共产党就犯过很多错误，犯过重大错误。犯了错误，改正就是了。错误能帮助人头脑清醒。”[①] 冷战结束后，美国以华盛顿共识大肆推动“民主解决困境”的价值观，导致很多国家陷入新的发展困境。中国反对历史虚无主义，绝不是躺在历史痛苦记忆中寻求发展的“等靠要”。如果说近代以来一些国家依靠霸权获得了更多的发展资源，取得了快速的发展，那么也应该看到这种旧秩序给人类发展带来的消极影响和破坏性作用。

中国发展解决困境共识的体现。从中国发展经验看，发展解决困境的价值观念既体现在支持发展的独立自主，也体现在重视“以合作促发展”。在中国，解决绝大多数人的发展就是最大的政治，这也是中国共产党的立党原则。当中国共产党领导中国人民推翻“三座大山”后，推动国家的工业化发展就一直成为解决发展落后的主题。虽然因不同时期面对的外部挑战不同，中国的发展政策作了必要的调整，但通过发展解决“人民内部矛盾”一直是党和国家的重要发展思路，也是“发展解决困境”共识的体现。通过实现工业化，让商品的生产满足人民不断增长的物质文化生活需要，一直是国家的重要方向。只有通过发展消除不同民族和地区的发展不平衡，才能消除国家发展中可能出现的发展困境。从毛泽东时代提倡通过自力更生解决困境，实现“四个现代化”“超英赶美”，到习近平强调首先要做好自己的事情，通过精准扶贫，消除发展不平衡，营造良好的发展环境，坚定扩大开放与对外合作，无不体现了中国共产党领导下的中国政府和中国人民在发展问题上的共识。在对外合作中，中国也根据自身的发展水平和能力，积极开展“以合作促发展”。从支持亚非拉发展而进行的成套设备输出援助、设立农业示范中心，到重视市场手段让援外项目取得更大的社会经济效益，到“一带一路”倡议让合作国家搭乘中国高增长列车共建发展，所反映的都是中国以发展解决困境的思路。

① 《毛泽东文集》第 8 卷，人民出版社 1999 年版，第 383、387 页。

制度建设的基本出发点是解放生产力*

如何执政，围绕什么核心议题执政是任何国家执政党都必须面临的一个重大问题。发展的问题都是综合性问题。在特定历史时期，突出强调某一问题的重要性反映的是阶段性的主要矛盾。这种问题的解决在当前话语体系中被描述为“优先领域”。对于一个国家而言，如何促进社会经济的发展才是根本的。因为这不仅关系到政府行动能力的增强，也关系到是否会得到民众的支持。众多发展中国家在多党选举中民众频繁换党，说明执政党并没有在社会经济发展中让大多数人受益。从发展经验交流视角看，在众多关系发展的议题中，一个核心内容就是社会生产力的发展，是马克思主义发展观的重要理念。从新中国成功发展经验看，不同历史时期取得较快发展的一个主要原因就是中国共产党和政府高度重视解放生产力。

“进京赶考”是 1949 年 3 月中共中央从西柏坡前往北京之际毛泽东的一句经典语录，是中国共产党在领导中国人民由革命走向全国治理之际，在党的工作重心从农村转向城市过程中，毛泽东对共产党未来执政面临的挑战及应对心态而作的形象描述。正如毛泽东所讲，获取政权只是万里长征的第一步。一个政党、一个政府，如果不能促进社会的发展和进步，不能满足大多数人的发展需要，那么人民就会“用脚投票”，这是任何国家

---

* 原文载于《瞭望中国》总第 421 期（2020 年 3 月），参见 http://www.outlookchina.net/html/news/202003/12260.html?from=singlemessage&isappinstalled=0。

都会面临的问题。当代中国人讲“米袋子”“菜篮子”等概念时，所反映的正是人民对基本物质生活的要求。中国古代思想家管子也曾讲“仓廪实则知礼节，衣食足则知荣辱”，“民不足而可治者，自古及今，未之尝闻。”但“仓廪实”“衣食足”同“知礼节”“知荣辱”并不存在必然因果关系。是故，司马迁虽讲“人富则仁义附”，但《孟子》中也有“为富不仁，为仁不富”之说。

作为社会主义中国的主流意识形态，马克思主义所体现的社会主义社会制度进步，不仅是物质生活极大丰富，也是精神境界极大提高。从历史唯物主义的视角看，物质生活和精神境界的提高也是有必然逻辑顺序的。这也是马克思主义为什么提出社会主义首先会在发达资本主义国家建成的原因。但事实是，在特定历史背景下，社会主义的制度实践却是首先在落后于发达资本主义国家的落后国家建成的，也意味着物质生活并没有极大丰富。站在今天看，中国成功的发展实践表明，我们可以利用制度优势实现“物质生活极大丰富”这一目标。

解放生产力既是党建经验也是治国经验。从执政党发展经验看，毛泽东时代，全民万众一心拥护毛泽东和中国共产党，正是因为亿万人民大众从党和国家的治理中获得了物质和精神的满足。这也是执政党和国家建设的重要经验。正如毛泽东 1944 年 5 月 22 日在中共中央办公厅为陕甘宁边区工厂厂长及职工代表会议举行的招待会上讲话中指出的，“如果我们不能解决经济问题，如果我们不能建立新式工业，如果我们不能发展生产力，老百姓就不一定拥护我们。”[①] 可见毛泽东眼中解放生产力与党建关系的重要性。

诚然，中国共产党在领导中国人民进行“推翻三座大山”革命的过程中，也曾长期缺衣少食，并在此基础上用“小米加步枪”实现了中华民族站起来的梦想。但很显然，这种奋斗的成功是因为中国人共同面临着“民族存亡”挑战，中国共产党能与人民同甘共苦，也由此才得到了人民的拥护。在社会主义建设过程中，当我们人均国民收入迈上 1 万美元台阶的时

① 《毛泽东文集》第 3 卷，人民出版社 1996 年版，第 147 页。

候，我们仍是中等收入的发展中国家，距离发达资本主义国家的物质生活极大丰富仍有着很大的差距，我们仍然在“被考”的过程中。但是，从国际发展经验交流看，中国所取得的伟大成绩已经足以让大多数发展中国家羡慕不已。其背后反映的正是不同时代背景下中国共产党对生产力与生产关系规律的掌握和应用。中国革命和建设史就是一部不断解放生产力的发展史。

解放生产力贯穿中国共产党领导全国人民奋斗的革命史的整个过程。毛泽东多次就半封建半殖民地下中国土地所有制给生产力带来的严重束缚进行批判，指出其解决方法就是改变生产关系，以实现对生产力的解放。早在 1927 年 4 月 19 日，毛泽东在土地委员会第一次扩大会议上的发言就指出，“土地问题不解决，经济落后的国家不能增加生产力，不能解决农民的生活痛苦，不能改良土地。”[①] 可见，毛泽东深刻认识到了土地对于中国革命和发展的决定性作用。也由此才有了中国的“土地革命”和“土改”。对土地问题的解决也成就了中国革命的胜利。而中国革命推翻“三座大山”也是寻求解放生产力。1944 年 3 月 22 日，毛泽东在《关于陕甘宁边区的文化教育问题》中指出：“妨碍生产力发展的旧政治、旧军事力量不取消，生产力就不能解放，经济就不能发展。因此，第一个任务就是打倒妨碍生产力发展的旧政治、旧军事，而我们搞政治、军事仅仅是为着解放生产力。学过社会科学的同志都懂得这一条，最根本的问题是生产力向上发展的问题。我们搞了多少年政治和军事就是为了这件事。马克思主义社会科学也主要是讲的这件事，讲生产力在历史上是如何发展起来的。”[②]

新中国的建设史是一部不断解放生产力的发展史。这既体现在新中国的基本制度建设上，也体现在尊重市场规律上。1944 年 7 月 14 日，毛泽东在同英国记者斯坦因的谈话中提道：“在国内，我们要以在解放区已经实行的促进人民生产力发展、提高购买力、尽快为现代工业稳定发展

① 《毛泽东文集》第 1 卷，人民出版社 1993 年版，第 43 页。
② 《毛泽东文集》第 3 卷，人民出版社 1996 年版，第 108—109 页。

创造先决条件的政策，来代替国民党政府降低人民生活水平从而阻碍国内工业发展的政策。"[①] 发展生产力才能提升人民购买力，并进而为工业化发展提供必需的物质和技术条件，这是完全的市场经济理论，而且是后发国家进行社会经济建设的重要前瞻性理论。可见，当别有用心的人指责毛泽东不懂经济时，自己所懂的经济又是何等狭隘的经济？

如果说毛泽东"进京赶考"是一次对党的自我警示和激励，那么1954年的政府工作报告就是中国共产党全国治理后交出的第一份答卷。1954年政府工作报告的开篇明确提出："我国伟大的人民革命的根本目的，是在于从帝国主义、封建主义和官僚资本主义的压迫下面，最后也从资本主义的束缚和小生产的限制下面，解放我国的生产力，使我国国民经济能够沿着社会主义的道路而得到有计划的迅速的发展，以便提高人民的物质生活和文化生活的水平，并且巩固我们国家的独立和安全。"报告还提出："我们必须用全力来实现宪法所规定的我们在过渡时期的总任务，而这里最主要的事情，就是我们人人都要关心提高我们国家的生产力。"[②] 可见，中国共产党在进京执政后对国家治理是有明确目标的，那就是解放生产力，让人民的物质生活和文化水平提高。进一步而言，正是由于对发展方向的精准定位，使得新中国成立后恢复经济和发展生产快速开展。从该角度可以理解中国共产党执政后推动社会变革的一系列制度建设活动。

解放生产力既尊重经济规律应用也创新政治制度建设。一方面，梳理1954年到2019年中国政府工作报告不难发现，新中国成立后对生产力的解放整体上经历了摆脱对生产力发展的旧制度束缚、基础设施制约、产业链束缚、技术束缚，生产力和生产关系的协调发展，解放生产力和提高国际竞争力相提并论几个时期，尽管不同发展时期对生产关系和生产力关注的侧重点不同，但中国解放生产力是循序渐进的。这是符合落后国家发展社会经济的基本规律的。从概念看，从推翻"三座大山"旧制度、"公私合营"、社会主义改造、农业合作化、提升全民知识水平到提倡"科技是

---

① 《毛泽东文集》第3卷，人民出版社1996年版，第186页。

② 《建国以来重要文献选编》第5册，中央文献出版社1993年版，第584、607页。

第一生产力”“加大基础设施建设和投入”以及引进拥有先进生产工艺和生产能力的外资企业等，都是解放生产力的表现，体现了中国共产党党建和中国政府治理的连续性。另一方面，发展中国家解放生产力是一个需要执政党和政府不断发力并自我革命的过程。作为上层建筑的政治制度的建设是多元性的。但作为现代国家，政治制度的建设一定是和解放生产力密切相关的。中国生产力解放的过程，也是中国共产党治理能力不断提升的过程，如应对外部挑战从发动人民群众节衣缩食参与到依靠政府能力，反腐败从靠自觉上升到大数据监管等，都有生产力进步带来的效果。

解放生产力是新时代国家制度建设的重要内容。不断解放生产力是中国共产党治理中国的成功经验。站在新时代，只有在巩固自己成功经验基础上与时俱进地探索新的经验，中国的生产方式才能有进一步的高质量发展，中华民族伟大复兴才能真正实现。正如中共十九届四中全会决定所指出的，公有制为主体、多种所有制经济共同发展，按劳分配为主体、多种分配方式并存，社会主义市场经济体制等社会主义基本经济制度，既体现了社会主义制度优越性，又同我国社会主义初级阶段社会生产力发展水平相适应，是党和人民的伟大创造。必须坚持社会主义基本经济制度，充分发挥市场在资源配置中的决定性作用，更好发挥政府作用，全面贯彻新发展理念，坚持以供给侧结构性改革为主线，加快建设现代化经济体系。

政令通畅才能确保国家发展战略的贯彻*

国家治理能力是任何国家都面临的“发展问题”。不仅包括广大发展中国家，也包括发达国家。一方面，国家治理体系和治理能力的现代化是一个相对性问题。不同发展条件下要解决的发展问题不同，国家治理结构就会有所不同。即使同为发达国家，国家治理体系也有着较大的差异。甚至，不同时间段内，一国的治理结构都会发生较大幅度的调整。另一方面，治理能力又是一个绝对性问题。任何国家在应对世界形势变化时和自身发展过程中都会面临不同的问题而需要对治理体系进行调整以提升国家的治理能力，因此治理能力的提升应该“永远在路上”。

治理能力是研究发展道路成效的重要方面。一方面，研究国家治理能力是探索发展中国家发展经验的一个重要方面。在研究发展中国家的发展问题时，通常有一个较为普遍的现象是政出多门，国家发展问题扯皮现象严重。即使制定了合理的发展政策，由于不同政党间，不同部门间的利益差异，导致利于国家整体、长远的规划仅限于中央或“政策层面”，难以发挥应有的效果。治理能力既是治理水平的反映，更是执行力的体现，政令通畅就是衡量一个国家治理能力的重要指标。另一方面，不同发展水平国家对国家治理能力的需求和结构设计应有客观差异。在具体发展问题研

---

* 原文载于《瞭望中国》总第 409 期（2019 年 8 月），参见 http://www.outlookchina.net/html/news/201908/12070.html。

究中，“小政府大社会”是研究包括非洲在内许多发展中国家治理特点的一个形象描述。从马克思主义对人类发展的预期看，随着社会的高度发展，社会组织的自我调节能力不断提升，国家在社会治理中的地位将相对弱化，这是发展的趋势。但从发展中国家解决生存发展问题看社会治理效能，该治理特点之一是政府在社会治理中的能效较低。发展中国家在进行治理机制的制度设计时，通常以发达国家作为样本参考，但忽略了自身社会发展水平、民众意识、社会组织能力等众多与发达国家间的差距。另外，西方发达国家一贯以“民主”为由，向发展中国家施压，认为民主集中就是“专制”“独裁”。即使不考虑国家性质的差异，不同国家在探索符合自身发展需要的治理体系和治理结构时也应该符合自己的国情。这也是中国一贯主张不干涉原则的一个基本出发点。由此，站在发展成效角度看，国家治理体系的设置对于促进发展的作用是突出的。从中国的发展经验看，解决治理能力就是一个政治问题。中国共产党的政治就是代表绝大多数人的利益。在中国，当一项工作以“政治任务”被安排时，其要求的执行力是最高的，意味着要少数服从多数，下级服从上级，个人利益要服从集体利益。形成这种意识的一个根本原因就是长期以来中国共产党代表了大多数人的利益。

政令通畅是中国重要的治理能力发展经验。政令通畅在中国的历史发展中长期受到重视。数千年的历史发展中，中国长期存在统一的多民族、大疆域国家。探索有效的治理方式一直受到历史上不同王朝的重视，并形成了系统的思想体系、制度法规和机制。中国历史上的王朝兴替中，政令是否通畅都是衡量国家兴衰的重要参考指标。战争年代，政令通畅才能形成战斗力。建设年代，政令通畅才能贯彻国家发展战略。当政令不出朝堂时，通常也是中央政府权力受到极大削弱的时候，其背后是维护全局整体利益、促进平衡发展能力的降低，利益集团势力扩大绑架中央政策，也最终成为引发王朝更迭的重要原因。中国古人讲：“兄弟同心，其利断金。”一个国家，一个民族，如果没有凝聚力，就会成为一盘散沙，不仅不会有发展，还会受到外族欺辱。孙中山先生曾讲，“一盘散沙，才是中华民族最大的敌人。”蒋介石治理下的中华民国，军阀割据混战，国民党党内派系林立内斗不断，国家资源被严重消耗，晚清时期形成的“民心中无国”现象并没有根本转变。中国历史上很多重要的改革同推动国家政令通畅密切相关。成功者，多从取信于民，让利于民，打击利益集团，增加国家机构执行力开始，如秦朝的商鞅变法。尽管中国古代治理体系同现代生产方式不相匹配，但为中国的现代治理提供了较多的历史经验。正如习近平主席所讲，“一个国家选择什么样的治理体系，是由这个国家的历史传承、文化传统、经济社会发展水平决定的”。① 政令通畅才能全国一盘棋，实现有序发展。

中国确保政令通畅的制度建设核心是民主集中制。作为社会主义实践的重要领导者，列宁在领导苏俄的革命中开创性地提出了民主集中制原则，为苏联的卫国战争和社会主义建设奠定了重要的制度基础。苏联解体，很大程度上是没有很好地坚持民主集中制原则。只有在广泛民主的基础上集中，政令才会通畅。毛泽东正是通过在党内、军内、党外、民族等广泛领域的民主集中制改变了近代以来中国一盘散沙的局面，领导中国人民推翻了“三座大山”，实现了民族独立，为中华民族赢得了历史发展机遇。1937 年 10 月，毛泽东在《目前抗战形势与党的任务报告提纲》中明确将遵守民主集中制作为严肃党内纪律的重要组织原则。1942 年，毛泽东在《关于共产党员与党外人员的关系》中指出，“共产党员必须与党外人员实行民主合作，倾听党外人员的意见，和他们一起，共同商量问题与决定问题，共同遵守少数服从多数、局部服从全体、下级服从上级的民主集中制，并须使党外人士有职有权，敢于说话，敢于负责。”② 在中共七大上，毛泽东多次讲民主集中制并指出，“民主要有很高程度的民主，集中也要很高程度的集中，这两个东西有没有矛盾呢？有矛盾的，但是可以统一的，民主集中制就是这两个带着矛盾性的东西的统一。”③ 1948 年 4 月 10 日，毛泽东在《将全国一切可能和必须统一的权力统一于中央》一文中批评地方主义和经验主义恶劣作风给我党工作带来的危害时明确指

① 《习近平关于全面深化改革论述摘编》，中央文献出版社 2014 年版，第 21 页。
② 《毛泽东文集》第 2 卷，人民出版社 1993 年版，第 396 页。
③ 《毛泽东文集》第 3 卷，人民出版社 1996 年版，第 399 页。

出，“中央不止一次地向各地各军领导同志指出，中央的一切政策必须无保留地执行，不能允许不得中央同意由任何下级机关自由修改。”[①] 正是在此原则上，以毛泽东为代表的第一代领导集体创建了符合中国国情的国家治理体系，这既包括国家层面的人民代表大会制度、中国共产党领导的多党合作和政治协商制度、民族区域自治制度等制度设计，也包括党指挥枪、民主集中制等组织原则。在社会主义建设时期，毛泽东在《关于正确处理人民内部矛盾的问题》一文中也指出，“我们的宪法又规定：国家机关实行民主集中制，国家机关必须依靠人民群众，国家机关工作人员必须为人民服务。我们的这个社会主义的民主是任何资产阶级国家所不可能有的最广大的民主。”“在人民内部，不可以没有自由，也不可以没有纪律；不可以没有民主，也不可以没有集中。这种民主和集中的统一，自由和纪律的统一，就是我们的民主集中制。在这个制度下，人民享受着广泛的民主和自由；同时又必须用社会主义的纪律约束自己。”[②]

完善中国的治理体系是新时代中国对世界发展的制度贡献。将中国共产党领导下的国家治理经验理论化并推动国家现代化治理体系的完善是新时代的历史使命。2018 年 2 月，中国共产党第十九届三中全会通过的《中共中央关于深化党和国家机构改革的决定》提出，要实现我们的新时期的发展目标，“必须加快推进国家治理体系和治理能力现代化，努力形成更加成熟、更加定型的中国特色社会主义制度”。“更加成熟”“更加定型”两个定位不仅是对新中国成立以来治理经验的肯定，也提出了中国现代化发展经验的制度总结要求，是新时代党和国家治理体系建设的新任务。一个国家制度的成熟必然反映在国家治理体系的制度化和核心理念的内化。这是中国特色社会主义发展理论的重要部分。2019 年 7 月 5 日，习近平主席在深化党和国家机构改革总结会议上指出：“深化党和国家机构改革是对党和国家组织结构和管理体制的一次系统性、整体性重构。我们整体性推进中央和地方各级各类机构改革，重构性健全党的领导体系、政府治

① 《毛泽东文集》第 5 卷，人民出版社 1996 年版，第 86 页。
② 《毛泽东文集》第 7 卷，人民出版社 1999 年版，第 207、209 页。

理体系、武装力量体系、群团工作体系，系统性增强党的领导力、政府执行力、武装力量战斗力、群团组织活力，适应新时代要求的党和国家机构职能体系主体框架初步建立，为完善和发展中国特色社会主义制度、推进国家治理体系和治理能力现代化提供了有力组织保障。”① 如果说四个“体系”是构成国家治理体系的机制建设，那么“四力”则是衡量“重构”治理体系的成效标准。“系统性”“整体性”是对中国革命时期和社会主义建设时期所形成的所有核心价值理念和体制建设的经验整理。“推进国家治理体系和治理能力现代化”的“现代化”是中国社会主义国家治理的现代化，是对中国过去成功治理经验的总结，是推动未来解决中国面临的发展问题及相关国际问题而进行治理结构优化的现代化。其中，中国治理经验值得肯定的一个重要内容就是中国共产党领导下的国家治理体系的执行力和政令通畅。正如习近平主席在 2018 年底召开的中央政治局民主生活会上所讲：“我们要把民主和集中有机统一起来，真正把民主集中制的优势变成我们党的政治优势、组织优势、制度优势、工作优势。”② 贯彻执行民主集中制是全党的共同政治责任。

---

① 《巩固党和国家机构改革成果 推进国家治理体系和治理能力现代化》,《人民日报》2019 年 7 月 6 日。

② 《树牢“四个意识”坚定“四个自信” 坚决做到“两个维护”勇于担当作为 以求真务实作风把党中央决策部署落到实处》,《人民日报》2018 年 12 月 27 日。

自力更生、艰苦奋斗是发展的力量源泉 *

延安时期，有一句常常挂在人们嘴边的话，那就是“自己动手，丰衣足食”，有一首唱遍大江南北的歌叫作《南泥湾》。前者，是毛泽东为八路军总政治部电影团 1943 年拍摄的纪录片《生产与战斗结合起来》(该片后改名为《南泥湾》) 所作题词；后者，是这个纪录片的主题曲。时至今日，延安时期所倡导的自力更生、艰苦奋斗的精神仍深入中国普通民众的心里，也是中国共产党所强调的政治本色，更是中国成功发展的重要经验。重读毛泽东题写的“自己动手，丰衣足食”或聆听《南泥湾》，不仅仅是让人怀念曾经的烽火岁月和艰难时代，更是为了“不忘初心”弘扬中国发展经验，为实现民族伟大复兴获取现实启迪。

中国社会主义建设的经验有万万条，但最基本的一条是自力更生、艰苦奋斗。作为亲历毛泽东领导的中国革命和新中国建设的邓小平曾经对此有着全面的总结。邓小平 1982 年 5 月 6 日在《我国经济建设的历史经验》谈话中指出，“你们想了解中国的经验，中国的经验第一条就是自力更生为主。我们很多东西是靠自己搞出来的。苏联在斯大林时期对我们有些帮助，赫鲁晓夫上台后，不仅不帮助我们，反而对我们采取敌视的态度，以后苏联又在中苏边境陈兵百万，威胁我们。在很长一个时期内，美

---

* 原文载于《瞭望中国》总第 401 期（2019 年 4 月），参见 http://www.outlookchina.net/html/news/201904/11927.html。

国也敌视我们，直到一九七二年以后才有些变化。从五十年代中期到七十年代，即在建国三十二年多的时间里大体有二十几年，我们完全或基本上处于没有外援的状况，主要靠自力更生。没有外援也有好处，迫使我们奋发努力。在这种精神的激励下，我们在这个期间搞出了原子弹、氢弹、导弹，发射了人造卫星等等。所以，我们向第三世界朋友介绍的首要经验就是自力更生。当然，这并不是说不要争取外援，而是要以自力更生为主。这样，就可以振奋起整个国家奋发图强的精神，把人民团结起来，就比较容易克服面临的各种困难。”① 邓小平在1982年《中国共产党第十二次全国代表大会开幕词》中也指出：“中国的事情要按照中国的情况来办，要依靠中国人自己的力量来办。独立自主，自力更生，无论过去、现在和将来，都是我们的立足点。”② 习近平总书记在中共十九大报告中也强调，“全党一定要保持艰苦奋斗、戒骄戒躁的作风，以时不我待、只争朝夕的精神，奋力走好新时代的长征路。”③

自力更生、艰苦奋斗是对中国发展文化的塑造，它是和反腐败斗争密切相关的。自力更生、艰苦奋斗是对中国革命和建设初期所面临艰难条件的反映，但自力更生并不是放弃合作闭门造车，它是艰难生存条件下求发展的理念。艰苦奋斗并不是放弃优越自讨苦吃，它是居安思危积极进取的体现。自力更生、艰苦奋斗是发展中国家以我为主，提升自主发展能力条件下寻求开放合作的主观态度，也是中国发展经验的重要体现。从全球范围看，自力更生、艰苦奋斗也是近代西方资产阶级兴起时强调的重要品质，是人类现代社会的重要精神财富。16世纪的欧洲宗教改革背景下，清教徒所倡导的节俭、勤奋、反对奢侈浪费，为资产阶级资本积累和全球扩张奠定了重要的基础。相比，没有一个穷奢极欲的王朝能够长久不衰。大到一个国家、民族，小到一个家庭，概莫能外。作为善于从历史经验中寻求摆脱历史周期率方法的新中国缔造者，毛泽东所倡导的自力更生、艰苦奋斗不仅在于强调继承我党发展过程中的优良传统，也是倡导一种新型

① 《邓小平文选》第2卷，人民出版社1994年版，第406页。
② 《邓小平文选》第3卷，人民出版社1993年版，第3页。
② 《中国共产党第十九次全国代表大会文件汇编》，人民出版社2017年版，第56页。

的国家发展文化，更是在打造一种执政理念。只有保持自力更生、艰苦奋斗的优良作风，中国共产党才不会脱离广大人民群众，为人民服务才会真正接地气。新中国成立后，曾于1951年到1952年开展“三反”“五反”运动。从当前看，“三反”“五反”就是典型的反腐运动，其背后突出的文化也是自力更生、艰苦奋斗。“三反”“五反”运动是新中国成立后，中国共产党巩固新生政权，维护发展大局，应对外部风险挑战的重要举措。从中国的社会建设和国际竞争看，这一原则在新时代乃至今后仍具有重要的现实意义。即使中国实现了强起来的发展目标，居安思危仍应该是中国所倡导的主流文化，自力更生、艰苦奋斗的优良传统不能丢。

自力更生、艰苦奋斗不仅是中国革命取得成功的重要条件，也是新中国取得独立自主发展成就的基石。一方面，中国共产党正是依靠这种精神，才在艰难的革命岁月中发展壮大并最终主导了中国革命的发展进程。1939年2月，毛泽东在延安生产动员大会上的讲话中就自力更生的重要性指出，面对严重的困难，我们是饿死呢？解散呢？还是自己动手呢？饿死是没有一个人赞成的，解散也是没有一个人赞成的。还是自己动手吧！这就是我们的回答。正是在毛泽东的指导下，中央军委制定了在根据地“自己动手、生产自给”的方针，也由此才出现了八路军三五九旅将到处是荒山的南泥湾变为到处是庄稼、遍地是牛羊的“陕北江南”的奇迹。同样的，广大根据地在自力更生和艰苦奋斗精神带动下的大生产运动，不仅实现了军队的基本保障，同时也加强了军民融合，为解放战争的胜利奠定了坚实的基础。另一方面，只有依靠自力更生、艰苦奋斗，国际合作才能健康发展。中国有句俗话叫作：“打铁还需自身硬。”在国际合作中，没有自己的相对优势，就很难在国际合作中提高自主发展能力。毛泽东时代中国在一无所有基础上建立起较为完整的国民工业基础设施，更多是依靠自身攻坚克难实现的。“有条件上，没有条件要创造条件上”“苦不苦，想想红军两万五”都是那个时代人真抓实干奋斗的真实写照。发展中国家要想发展，让国家强大，让人民生活幸福，就得狠抓苦干。而新中国正是在这种精神的带动下，才能在短短的几十年实现了工业化的突飞猛进，在众多高科技领域实现了长足发展。

自力更生、艰苦奋斗并不排斥国际援助合作，但更多强调自主发展。早在1935年12月，毛泽东在《论反对日本帝国主义的策略》中，就针对国际援助与合作的开展提出了“自力更生”的理念。中华民族要想实现伟大复兴，首先要有自力更生的决心。“这不是说我们可以不需要国际援助；不，国际援助对于现代一切国家一切民族的革命斗争都是必要的。”“全世界一切由人民起来反对压迫者的战争，都是义战。”“凡义战都是互相援助的，凡非义战都是应该使之转变成为义战的，这就是列宁主义的路线。”[①]时至今日，要不要援助，要什么样的援助，是发展中国家长期重视并讨论的问题。自力更生、艰苦奋斗强调的是发展要以我为主，并不能“等、靠、要”。了解世界现代史的人不难发现，随着二战的结束和广大亚非拉民族国家的独立，很多国家在发展纲要中将自力更生、艰苦奋斗作为实现国家发展和对外合作的重要原则加以强调。之所以强调自力更生、艰苦奋斗，是因为在独立初期，相关国家在开展同前殖民宗主国的合作中受到严重制约，宗主国并不愿意放弃自己的利益，并千方百计阻挠新独立国家的发展。而坚持自力更生、艰苦奋斗这种精神为巩固国家独立发挥了非常积极的作用。随着20世纪90年代以来的“私有化”改革，一些国家放弃了这种精神，将国家的发展完全交由市场解决，也由此出现了“发展靠援助，长期无发展”的现象。相比，中国市场经济改革过程中，重视自力更生、艰苦奋斗原则，将“引进吸收、自主创新”作为开展对外经济技术合作的重要方式，在高铁等众多装备领域实现了长足发展。由此可见，自力更生、艰苦奋斗的宝贵精神是中国的发展经验，也是实现中华民族伟大复兴中需要继续坚持的原则。

① 《毛泽东选集》第1卷，人民出版社1991年版，第161页。

集中力量办大事是中国的制度优势*

2019 年将迎来新中国 70 华诞。当 2018 年美国总统特朗普对华贸易战甚嚣尘上，21 世纪以来日益形成的多边开放合作国际氛围受到挑战，中国的外部发展环境受到新的消极影响的时候，中华民族的伟大复兴战略稳步推进。

中国国家主席习近平在 2019 年新年贺词中首先强调，“2018 年，我们过得很充实，走得很坚定。”之所以这样说，是因为在 2018 年我们以坚强的定力应对来自内、外部的各种风险挑战，围绕“发展”第一要务不动摇。这一看似简单的阐述，体现了中国共产党人的战略定力，是毛泽东思想的继承，也是中共领导人在外部风险环境下的舵手思维。70 多年前，毛泽东针对中国一穷二白、百废待兴的国情和外部环境压力较大的背景，就如何解决当时国内社会经济困难，提出了“不要四面出击”的指导方针。该方针充分体现了毛泽东在国家建设风险管控中的战略思维。当前看来，这一政策导向仍有重要的现实意义。美国从“亚太再平衡”到“中美贸易战”无不反映了对华关系的趋紧。回顾历史，现下的中美关系同 70 多年前有一定的相似性。

1950 年也曾是新中国面临严峻国家安全风险挑战的年份。6 月 6 日

---

* 原文载于《瞭望中国》总第 397 期（2019 年 1 月），参见 http://www.outlookchina.net/html/news/201901/11871.html。

召开的中国共产党第七届中央委员会第三次全体会议上，毛泽东针对新中国面临的国内外形势，作了《为争取国家财政经济状况的基本好转而斗争》的报告，在肯定新民主主义革命在全国取得伟大胜利并得到世界友邦国家政府和人民认同基础上，清醒认识到，“在伟大胜利的形势下，我们面前还有很复杂的斗争，还有许多困难。”其中包括新中国成立伊始面临的国际帝国主义、国内反革命分子的安全威胁，更要消除许多人对我党“进京赶考”能力的质疑。因此，该报告中，毛泽东就当前的经济工作原则提出，“我们要合理地调整工商业，使工厂开工，解决失业问题”，实施减租减息，调整税收，扩大培训，让更多的人拥护我们，“全党都要认真地、谨慎地做好统一战线工作。要在工人阶级领导下，以工农联盟为基础，把小资产阶级、民族资产阶级团结起来”，这样“帝国主义在我国人民中间就孤立了”。还就下一个阶段中国的发展方向提出了总的指导思路：“总之，我们不要四面出击。四面出击，全国紧张，很不好。我们绝不可树敌太多，必须在一个方面有所让步，有所缓和，集中力量向另一方面进攻。”①

“不要四面出击”，虽然是毛泽东立足于国内经济形势提出的工作思路，但充分体现了中国政府长期所强调的“集中力量办大事”原则。这里的“大事”就是其时的主要矛盾，同“实事求是”的“事”是一个问题。毛泽东主导确立并由中共长期坚持的“思想建党”，就是要让全党成员学会用科学的思维方式看待事物，并进而遵照事情的发展规律解决事情。作为发展中国家，中国在长期严重缺乏资金、技术的背景下，要现实发展，特别是实现跨越式发展，需要克服的困难是巨大的。类似的情况在当前很多发展中国家都不同程度地存在。因此，如何在资金、技术有限的条件下，甚至是受到外部严格制约的条件下，以工业化带动“四个现代化”的实现，是后发国家实现跨越式发展的难题。这是马克思主义经典作家未涉及的内容，但也是中国通过自己的努力探索，在制度设计中取得了巨大成绩的方面。中国的发展成就首先要归功于中国的制度经验，这也是中国特

① 《毛泽东文集》第6卷，人民出版社1999年版，第73、74、75、76页。

色社会主义理论的根本。

就在中共七届三中全会闭幕后的 6 月 25 日，朝鲜半岛的民族解放和独立战争爆发，由此引发了新中国的第一场保家卫国的国际战争——抗美援朝战争。1950 年 7 月 7 日，联合国安理会通过第八十四号决议，派遣“联合国军”支援南朝鲜。9 月 15 日，美国率领下的十六国军团武装协助南朝鲜对抗朝鲜。随后，当所谓的“联合国军”一路向平壤推进时，中国的安全受到了严重的威胁。朝鲜作为中国东北地区的门户，对中国东北、华北乃至全国的战略安全至关重要。除了“唇亡齿寒”这样的警示，还有美国支持下的蒋介石集团也在蠢蠢欲动。为此，中共中央政治局研究决定，接受朝鲜劳动党和朝鲜民主主义人民共和国政府的请求，组成中国人民志愿军，“抗美援朝、保家卫国”。对此毛泽东 1950 年 10 月 27 日在同民主人士周世钊、王季范谈抗美援朝战争时指出，虽然“我们急切需要和平建设，如果要我写出和平建设的理由，可以写有百条千条，但这百条千条的理由不能抵住六个大字，就是‘不能置之不理’。现在美帝的侵略矛头直指我国的东北，假如它真的把朝鲜搞垮了，纵不过鸭绿江，我们的东北也时常在它的威胁中过日子，要进行和平建设也有困难。所以，我们对朝鲜问题，如果置之不理，美帝必然得寸进尺，走日本侵略中国的老路，甚至比日本搞得更凶。它要把三把尖刀插在我们的身上，从朝鲜一把刀插在我国的头上，以台湾一把刀插在我国的腰上，把越南一把刀插在我国的脚上。天下有变，它就从三方面向我们进攻，那我们就被动了。我们抗美援朝就是不许它的如意算盘得逞。‘打得一拳开，免得百拳来。’我们抗美援朝就是保家卫国。”① 事实上，从 1950 年 10 月 25 日中国人民志愿军赴朝参战，到 1953 年 7 月 27 日签署《朝鲜停战协定》，历时近三年的抗美援朝战争中国付出了伤亡数十万人的代价，其中包括毛泽东的儿子毛岸英的牺牲，迫使美国签署了有史以来第一个没有赢得胜利的停战协定。虽然付出的代价是沉重的，但是这场正义的战争使我们赢得了尊严，赢得了新中国几十年的安定的周边环境。只要承认毛泽东是一个伟大的战略家，那么他所作

① 《毛泽东年谱（1949—1976）》第 1 卷，中央文献出版社 2013 年版，第 230 页。

出的中国安全的战略判断无疑就是高瞻远瞩的，这绝不能等同于一般人的认识。

有些人执拗于朝鲜战争的第一枪是怎么打响的，并据此判断战争的正确性。其实，从历史看，谁打响第一枪真的并不重要，而是要看待这一事情的本质。毛泽东在《纪念巴黎公社的重要意义》一文中就曾指出，"马克思说：资本家互争利益的国际战争，是无意义的，只有国内阶级战争，才能解放人类。""资本家互争利益的国际战争，是无意义的，打倒资本主义的国际战争，才是有意义的；军阀们争权夺利的国内战争，是无价值的，被压迫阶级起来推倒压迫阶级的国内战争，才有价值。"① 毛泽东1936年7月15日在同美国记者斯诺的谈话中也曾指出，"斯大林在同一个美国记者的一次谈话中说：'革命不能输出。'同样正确的是，革命也不能输入。"② 抗美援朝之所以被中国人认为是正确的，就在于19世纪以来朝鲜半岛长期遭受帝国主义的殖民侵略，即使在第二次世界大战结束后，仍由于西方列强的干预，不能取得真正的民族统一和独立。毛泽东时代中国确立的对外关系中不干涉内政原则的出发点，就是反对外部力量干涉一个国家自主发展进程。

2018年，与美国对华贸易战一样引人注目的是，朝核问题取得的巨大成绩。在中国的协调下，年内朝韩两国领导人实现了历史性的会晤，当然也包括朝鲜最高领导人金正恩同美国总统特朗普的会晤。不同于1950年毛泽东提出"不要四面出击"时的外部环境的是，尽管2018年特朗普对华贸易大棒到处挥舞，但仍然多次强调同中国国家主席的友好关系，强调感谢习近平主席对朝鲜弃核和谈所作的努力和贡献。之所以今非昔比，是因为社会主义中国在中国共产党的正确领导下，综合实力大幅提高，中国国际影响力空前提升。当美国总统特朗普声称"美国也是发展中国家"时，背后的逻辑表明，中国的发展成就正为我们赢得大国尊严。

站在2019年的起点，对当前的国际发展环境保持清醒的认识，汲取

① 《毛泽东文集》第1卷，人民出版社1993年版，第34页。
② 《毛泽东文集》第1卷，人民出版社1993年版，第397—398页。

毛泽东时代应对国际挑战的经验，有助于更好地发挥中国的制度优势，克服面临的困难，取得发展道路上更大的成绩。正如习近平主席新年贺词所讲，“放眼全球，我们正面临百年未有之大变局。无论国际风云如何变幻，中国维护国家主权和安全的信心和决心不会变，中国维护世界和平、促进共同发展的诚意和善意不会变。我们将积极推动共建‘一带一路’，继续推动构建人类命运共同体，为建设一个更加繁荣美好的世界而不懈努力。”

社会主义制度基础是改革成功的关键 *

改革开放被誉为是新中国发展历史上的重要里程碑。在中共十一届三中全会以来的重要文件中,“改革”一词都是至关重要的。在共和国的历史上,中共十一届三中全会后的发展中,“改革开放”一词也成为阶段性标志话语。正是在改革开放的背景下,社会主义市场经济成为中国的首创。一方面,“改什么”“往哪里改”都备受国内外关注,也由此成为解读中国发展方向的重要内容。另一方面,更重要的是,伴随中国的改革开放,中国经济迎来了多年的持续高增长。由此,改革开放也成为中国快速发展的代名词。作为成功的社会发展实践,也由此形成了中国的制度探索经验和理论,是中国特色社会主义理论的重要组成部分。2018 年,中国举办了盛大的改革开放庆祝仪式。由此,站在历史角度看待改革开放的成功是一件非常有意义的事。

在中国的对外发展经验交流中,市场化改革或市场经济改革也多被简单概述为中国的改革特点,只是忽略了社会主义这一基本制度事实,这是一种误读。市场经济并不是中国的首创。在很多发展中国家,在独立前被殖民的过程中,就长期实行经济市场化运行,在 20 世纪 90 年代的“转型发展”中,绝大多数发展中国家又回到了市场经济的老路子。所以,在实

* 原文载于《瞭望中国》总第 418 期(2020 年 1 月),参见 http://www.outlookchina.net/html/news/202001/12225.html。

施市场经济道路的时间上，中国比很多仍处于严重欠发达的国家都短，中国的“市场经济经验”也不比这些国家多。相比较，发达国家在经历长时间的市场经济发展和制度演进中，已经逐步形成了较为稳定的运行机制。当中国企业进入一些发展中国家开展业务时，面临政策随意性太大的问题觉得难以适应。这恰恰反映了发展中国家市场经济的不成熟和脆弱性。而中国作为发展中国家，正是因为社会主义基本制度的存在，很大程度上规避了这种市场的不确定因素风险。也正是在社会主义制度下进行市场经济改革，中国才成功开创了后发国家史无前例的赶超发展模式。可见，中国探索的社会主义市场经济道路中的制度因素的重要性。

改革的性质问题是关系中国发展的根本问题。单纯从概念的字面看，改革开放并不稀奇。改革在表现上是变革，很多国家的转型，政策调整都可以看作是改革，当代不同的国家在应对发展挑战时常会将改革作为解决困境的重要方法。无论是“转型国家”或是部门经济政策调整，都是改革的表现。开放也是西方资本主义发达国家寻求市场过程中一贯强调的概念。从历史看，中国数千年的封建王朝治理中，出现过无数次重大的改革，其中很多是以失败告终的。这些失败有的是无果而终，有的是改革中的制度性变革得以延续，但推动改革的政治家并没有看到改革的成果而过早地遭到政权的抛弃。在当代，苏联的改革把执政党改掉的同时，让一个世界一流的超级大国解体，更为重要的是，绝大多数民众没有在这样的改革中受益，而一些“居庙堂之高”的权贵在改革过程中借机攫取了国家的大量财富，发展机遇的不平等成为社会发展的严重制约。一定意义上讲，改革的实质是社会利益结构的调整。中国历史上很多重大的改革以失败告终，很大程度上是严重触犯了既得利益集团的利益。由此，根据对社会利益结构调整的力度和广度，也可以按照“革命”和“改革”来划分变革。前者，是大刀阔斧的“破旧立新”，后者是对政策的修补和完善。由此可以理解毛泽东高度强调“革命”的重要性。后者，进行一种什么性质的改革，关系到发展机遇的平等，更关系到社会发展和进步的可持续性。这也是毛泽东晚年所思考的国家和人民的前途命运的重要内容。

中国改革开放成功的决定性基础条件是中国的社会主义制度。无论是纵向比较，还是横向比较，中国的改革开放都是成功的。这种成功的决定性因素就是坚持了毛泽东领导下确立的中国社会主义制度。意识形态方向上，一方面，1981 年通过的《关于建国以来党的若干历史问题的决议》肯定了毛泽东对党和革命的伟大贡献和确立的制度基础。决定了改革是坚持马克思主义毛泽东思想基础上新的发展探索，这是取得改革共识的重要因素。这同很多国家轻易放弃了制度基础有着根本的不同，没有造成政治领域的混乱。另一方面，正是由于毛泽东时代对社会主义意识形态的塑造，为改革开放营造了一个没有旧的精神束缚的环境。物质条件上，正是由于中国的社会主义所有制，改革的利益分配中并没有既得利益集团的制约。在指导思想上，“解放思想实事求是团结一致向前看”作为改革开放的标志性话语，所反映的正是毛泽东思想活的灵魂。这也是国际发展经验交流的重要精神。只有实事求是应对变化了的发展环境，摆脱对马克思主义毛泽东思想的僵化教条使用，才能降低发展环境变化带来的风险。正如毛泽东多次同第三世界国家领导人交流时所表达的，每个国家都有自己的发展国情，发展要有序推进。从今天视角看，维护稳定的制度环境、确保连续的对外合作政策，凝聚发展共识通过国家行业政策消除发展不平衡都是实现改革的重要内容。

中国改革开放的目标是通过改革发展生产力进一步巩固社会主义制度。改革开放的总设计师邓小平很多关于社会主义本质的思考和表述，如“贫穷不是社会主义”“社会主义的本质，是解放生产力，发展生产力，消灭剥削，消除两极分化，最终达到共同富裕”等，反映的正是如何通过改革开放进一步释放社会主义制度的优越性。就中国改革的性质、方向和成效标准也明确指出：中国的改革是和搞资产阶级自由化走资本主义道路有本质上区别的；社会主义与资本主义不同的特点就是共同富裕，不搞两极分化；如果导致两极分化，改革就算失败了。由此，在改革的制度设计上，以邓小平为代表的领导集体也确立了确保改革方向正确的“一个中心，两个基本点”路线。如何按照市场手段促进和提升绩效，并巩固社会主义制度是世界社会主义发展道路探索中的前沿问题。诚然，中国在改革开放取得伟大成绩的同时，也面临着新的发展和治理问题，但坚持道路正确才是继续探索前进的必要基础。正如习近平总书记所讲："正确处理改革开放前后的社会主义实践探索的关系，不只是一个历史问题，更主要的是一个政治问题。""之所以强调这个问题，是因为这个重大政治问题处理不好，就会产生严重政治后果。"① "改革开放是决定当代中国命运的关键一招，也是决定实现'两个一百年'奋斗目标、实现中华民族伟大复兴的关键一招。"②

改革由被动应对发展挑战到主动创新引领发展考验的是执政水平。一定意义上讲，中国革命和改革的出发点都是应对发展挑战。但二者又有所差异。中国人讲"同仇敌忾"，当民族、国家面临生死存亡的时刻，更容易激发全民斗志救亡图存。挑战和风险面前，选择应对策略进行相关的变革是比较正常的事情，其中领袖的个人能力和作用会更加突出，所谓时穷节乃现，危难出英雄。而在和平发展过程中，居安思危说容易践行难。特别是对于当政者而言，脱离人民大众是很容易的事情。当前我们面临的改革深水区的反腐问题，是世界各国不同程度都存在着的问题。南非国父曼德拉在谈及非国大干部的腐败时曾说："他们就像第一次走进糖果店的穷孩子，一旦触及政府资金就再也不肯撒手。"可见制度建设对于执政党建设的重要性。此外，从中国当前的发展条件和环境看，中国所面临的挑战也是空前的。冷战时期，虽然中国也反帝反霸，但就社会制度竞争而言，中国并不是社会主义阵营的领头者。在应对国际问题的阵营对抗中，中国可以依托一个社会主义阵营。在国内的发展问题上，由于起点较低，粗放式增长也可以满足人民物质和文化生活的需要。冷战后的改革开放中，中国虽然坚持独立自主和平外交政策，但学习西方的谦卑和巨大市场的诱惑，降低了中国应对外部风险的能力。在国内发展问题上，通过部门政策手段满足社会对"效益"的追求导致我们为未来的发展埋下了不少的暗礁。从产业竞争看，由学习阶段的中国制造，到引领阶段的中国标准，需要一个重大的提升。在"赶考"的进程中，从零起点到 80 分相对容易，

① 习近平:《关于坚持和发展中国特色社会主义的几个问题》,《求是》2019 年第 7 期。

② 《习近平关于全面深化改革论述摘编》，中央文献出版社 2014 年版，第 3 页。

但要达到 90 分难度就会更大。可见，主动创新引领发展比被动应对挑战要更难，它考验的是执政党的执政水平。

社会主义制度基础将在继续深化的改革中发挥重要作用。作为新时代中国继续深化改革的标志，中共十九届四中全会通过了《中共中央关于坚持和完善中国特色社会主义制度，推进国家治理体系和治理能力现代化若干重大问题的决定》，决定明确坚持和完善社会主义制度是推动国家治理体系和治理能力现代化改革的重要前提，再次清晰地表明了中国改革的性质和方向。

可持续发展角度的农业重要性*

提高农业生产力关系到众多发展中国家的国计民生。粮食问题是世界很多发展中国家长期面临的棘手问题。提高农业产出也由此受到世界上绝大多数国家的高度重视。特别是对于广大发展中国家而言，农业的稳定与进步，不仅关系到粮食安全，也关系到初级工业发展、工业积累、财政平衡、外汇储备，甚至关系到社会治理的稳定等众多方面。因此，从人类发展史看，如果选一个最基础的行业，那无疑应该是农业。历史上，农业取得重大发展的时期，都带动和促进了一个地区人口增长和社会发展进步。工业化进程以来，工业技术进步对社会进步的作用凸显，成就了一些国家的赶超发展经验。这种示范效果使得很多发展中国家对工业化绩效的重视超过了对农业发展的重视和投入，而实践效果却并不好。可见，在发展道路上，绕过农业发展来实现现代化对于绝大多数国家而言并不可行。

农业生产力的提高关系到世界的可持续发展议题。随着全球人口的快速增加以及气候环境变化的影响，全球粮食安全的问题会不断成为新闻焦点。联合国2017年世界人口展望数据表明，当时世界人口76亿，将在2030年增长到86亿，而这并不是世界人口增长的拐点，21世纪末有望超过110亿。2020年7月，联合国粮农组织、联合国儿童基金会、世界粮

---

* 原文载于《瞭望中国》总第435期（2021年2月），参见 http://www.outlookchina.net/html/news/202102/12478.html。

食计划署以及世界卫生组织发布的《2020 年世界粮食安全和营养状况报告》指出，当前有近 6.9 亿人处于饥饿状态，在过去一年中增加了 1000 万，占世界总人口的 8.9%。在疫情持续影响下，全球食物缺乏的人数在 2020 年新增 8300 万，达 1.32 亿人。如果近期趋势持续，世界饥饿人口数量到 2030 年将超过 8.4 亿，占全球总人口的 9.8%。联合国粮农组织在报告中预测 2020 年全球粮食产量约为 27.42 亿吨，主要分布在中国、美国、印度、巴西、俄罗斯等传统粮食生产大国，但非洲、中东地区的粮食产量有限，且他们缺乏足够的资金在全球购买。在全球普遍关注可持续发展议题的背景下，重视农业，解决很多国家存在的粮食安全问题无疑是谈论可持续发展的一个大前提。

发展中国家希望单纯依靠技术进步实现可持续发展并不现实。通过现代科技进步提升农业生产力是发展农业的一个重要方面，但能有效实现这一目标的国家并不多。当世界习惯关注发达国家的经验时，却忽略了自身条件难以践行相关经验的现实。在美国，由于农业技术水平和土地的集中使用，人均粮食产量 1500 公斤左右。这也是发展中国家在技术进步方面学习的内容。客观上，技术进步对于农业生产力的提高无疑是非常重要的，但是我们也应该看到，美国农业生产是绝大多数国家在农业发展方面没法效仿或学习的，除技术以外，也包括如何实现大面积的土地集中使用、完全市场手段如何实现对大量农业基础设施建设的投入等问题。站在今天中国的农业技术水平看，技术进步对农业生产的保障发挥了重要作用，其中包括大量的农业基础设施建设、产学研结合、现代农业科技普及推广等众多方面。相关研究表明，从农业科技对农业的促进和带动作用看，新中国成立的 70 多年中，农业科技进步对产业发展的贡献率达到 58.3%，农业科技进步为保障国家粮食安全、促进农民增收和农业绿色发展发挥了重要作用，已成为促进我国农业农村经济增长最重要的驱动力。相比较，中国在农业进步方面所走的路对于很多发展中国家是有参考意义的。

中国在提高农业生产力实现可持续发展方面的直观表现。农业首先是解决粮食保障问题。对一个国家，一个负责任的政府而言，既要让民众有的吃，还要吃得起。可以说，让中国人人有饭吃是中国共产党和中国政府努力奋斗的基本目标。从土地革命“耕者有其田”，到农业现代化，到中国“两不愁三保障”的脱贫攻坚，中国在所有发展时期的重点任务都离不开粮食安全问题。正是在中国共产党和中国政府的高度重视下，中国在人均耕地面积不到 1.5 亩，低于世界人均耕地面积一半的情况下，用占世界 9% 的耕地养活了世界近 20% 的人口。数据显示，1949 年中国大陆粮食产量 11318 万吨，人口近 5.42 亿，人均粮食 208.9 公斤，到 2020 年，全国人口超过 14 亿，人均粮食占有量达到 480 公斤左右。在 70 年间人口增长了约 2.6 倍的基础上人均粮食增长约 2.3 倍。不仅维护了粮食供应的长期安全，也为其他经济部门的发展奠定了坚实的基础。这种巨大的成就背后还需要克服经常性极端自然条件变化给农业带来的冲击。可见中国在实现发展进程中，农业所发挥的积极作用非常突出。

农业可持续发展的方向性选择至关重要。在农业可持续发展的国际经验交流中，不难发现，发展中国家在众多的不同的农业发展经验面前很容易陷入选择困惑。一方面，在推动农业可持续发展方面，既有来自市场化、多元化的经济改革理论，也有强调通过改善基础设施、重视农产品流通实现发展的理论，也有关于集约化生产和“小农经济”的争论。无论选择哪种方式，只要能解决和保障粮食供应，促进和带动农业发展我们都可以认为是有效的。事实上，绝大多数发展中国家，特别是那些基本粮食供应都得不到保障的国家，并没有在相关的经验学习中取得长足进步。拥有足够的可耕地资源，却不能保证民众的基本粮食需要，其制度的缺陷一定是严重的。另一方面，相比较而言，中国作为发展中国家，实现农业伟大成绩的经验在于“逆向规划”。之所以称为“逆向规划”，是因为重视发展农业的方式并不是按照生产关系和生产力的自然演进过程来推进的。中国认同马克思主义生产力与生产关系规律，认识到生产力自然发展推动生产关系变化的漫长性以及全球产业分工下发展中国家改变农业发展的艰难性。因此，通过制度设计来塑造有助于促进农业快速发展的现代农业生产关系，并结合西方的市场化经验进行了有效的制度探索。在自然科学中，人类可以选择基因干扰或重组来应对诸如新冠疫情的危害，并能得到广泛认同。在社会生产关系中，选择“逆向规划”应对发展问题应该得到肯定。

制度因素应该在农业可持续发展中发挥主导作用。对于发展中国家而言，这是尤其应该突出强调的。现有形势下，发展中国家很难同发达国家的农业产业相提并论。从世界范围看，当前很多国家都通过政府规划设定了确保农业发展的财政投入，但实际成效却并不明显。就从非洲层面的农业发展规划看，粮食问题虽然一直受到非洲国家重视，也在非盟层面的“非洲农业综合发展计划”中提出了各国应该将 10% 的财政预算用于农业发展。但在实际操作层面，却很少有国家能达到这一目标。由此，本应成为助推其他产业升级和积累的行业，却只能成为拉后腿的行业。在非洲和中东地区的不少国家，粮食的进口一直是国家发展的制约性因素。“基础不牢，地动山摇。”一方面，作为基础产业，农业行业的特殊性决定了通过市场化手段在较快时间内取得突破性进展是很难实现的。另一方面，如果政府缺乏对农业领域的足够的重视和投入，则会加大国民经济发展的脆弱性。当一个农业国家经常需要花费大量的珍贵的外汇进口基本粮食时，国民经济的脆弱性是显而易见的。而这却是当前很多发展中国家长期不得不面临的发展现状。

在可持续发展议题下，国际社会应该鼓励和支持发展中国家对农业的支持和基础性投入。在人类交往空前密切的当前，无论从关注全球粮食安全角度，还是全球公共安全角度出发，农业都应该受到更多的关注。一方面，国际多边金融机构应该加大对发展中国家农业基础设施领域的支持和投入。考虑到产业发展特点，不应使增加的项目融资成为发展中国家的债务负担。另一方面，发达国家也应该在双边合作中真正体现对发展中国家农业发展的支持与合作，要相信一个农业产业产出快速增加的合作方对于自身的利益也是有益的。更为关键的是，在与发展中国家的农业产业合作中，应该放弃对单一发展经验的偏执，允许发展中国家针对自己的国情对农业及相关行业的政策进行积极有益的改革尝试。

反对资本主义不等于拒绝资本*

中国国家主席习近平在2020年新年贺词中指出，2019年，中国国内生产总值预计将接近100万亿元人民币、人均将迈上1万美元的台阶。在全球经济发展充满不确定的今天，2019年中国所取得的成绩是让人振奋的。从中国统计数据看，从1952年的5.69亿人口到当前的近14亿人口，从1952年的人均国内生产总值54美元到1万美元，这是很多国家难以想象的，也是人类历史上绝无仅有的。而据联合国测算数据，1949年新中国成立时，中国人均国民收入27美元，而当时印度人均国民收入是57美元，亚洲人均国民收入是44美元。按世界银行2018—2019年收入标准，人均国民总收入低于996美元为低收入国家，996—3895美元之间为中等偏下收入国家，3896—12055美元之间为中等偏上收入国家，高于12055美元为高收入国家。从1949—1998年进入中等偏下收入国家行列用了近50年，而从中等偏下收入国家到2010年进入了中等偏上收入国家行列用了11年。中国有句话叫作“厚积薄发”。从国家发展角度看，这种厚积薄发的动力不仅需要资金的推动，更需要制度体系的支持和技术进步的积累，而制度保障和持续的激发动力是关键。中国经济增长的背后是中国社会融资条件和能力的极大改善，所反映的是中国政府逐步解决资本制

* 原文载于《瞭望中国》总第420期（2021年1月），参见 http://www.outlookchina.net/html/news/202101/12431.html。

约发展困境的经验。今天的中国人看待资本或资本主义国家时，更多是平和的心态。在市场经济条件下，资本意味着财富，意味着投资，意味着发展，而外资也意味着投资和新技术……由于很多走资本主义道路的国家处于发展中国家行列，对西方发达国家的描述变成为发达资本主义国家。资本主义国家似乎失去了往日的光环。这是持续多年高增长背景下的国民心态的反映，是一种自信的心态。对世界广大发展中国家而言，资本短缺仍是长期制约发展的主要因素。因此，研究发展问题不可回避的一个概念就是如何看待资本及外资，以及如何利用资本或外资实现快速发展。一个客观的现实是，国家的发展需要资本，而在自身"原始积累"严重不足的背景下，借外资助力就是一个必需的手段。同世界上绝大多数发展中国家一样，中国一贯重视外资在发展中的重要性，在世界经济总量排名第二时，积极利用外资还是中国的重要对外合作政策。毫无疑问，新中国成立初期和改革开放初中期，外资的重要性也是非常突出的。但事实上，新中国成立到改革开放前，中国所能利用的外资是极为有限的。有评论认为这是"红色政权""反资本"的特点。简单分析就会发现，很显然这种看法是极端错误和片面的。

反对资本主义不等于拒绝资本。首先，资本不等于资本主义。中国的文字概念描述中，资本本身是没有阶级性的。毛泽东也曾讲"身体是革命的本钱"，几千年传统农业社会中的农民要从事农业生产都需要有"种子资本"。我们也可以根据中国的文化，将其视为广义的资本。而狭义的资本更多是中国革命和社会主义建设初期所沿用的马克思主义经典著作中的"资本"和与资本主义生产方式相结合的"血腥资本"，它是以最大限度榨取剩余价值为目的而存在的。为人熟知的是马克思关于资本的描述："资本来到世间，从头到脚，每个毛孔都滴着血和肮脏的东西。"对经典理论的理解决不能断章取义，应该放到马克思研究人类社会发展规律时所处的时代中去理解。那就是，这种"血腥资本"是指近代以来资本主义制度的血腥扩张和全球掠夺以及对发展中国家的剥削。翻看15世纪到20世纪初的人类发展历史，我们可以理解血腥资本主义的含义。这一过程中，资本主义成为列强的代名词。而代表资本主义的列强的扩张也使世界各地区，特别是亚非拉地区国家或民族的发展进程被打破，其社会经济发展陷入殖民经济控制下。放在21世纪的今天，如果发达资本主义国家仍在利用自身的发展优势，通过所谓的单边主义霸权以武力和非武力的方式谋求自己独占的继续发展，那就是走资本主义老路，势必会受到广大发展中国家的抵制和反抗。用一句形象的网络用语描述，那就是“走自己的路，让别人无路可走”。其次，反对资本主义要维护主权独立和平等发展权。从中国的革命阶段特点看，新中国成立前，中国共产党领导中国人民革命要实现的目标是推翻帝国主义、封建主义和官僚资本主义“三座大山”。如果说反对资本主义主要指的也是中国的官僚资本主义。事实上，近代以来，中国的民族资本和民族资本家，在实现民族的振兴方面发挥了积极的作用。而官僚资本主义则更多反映的是一个依附于帝国主义的阶级概念。随着中国新民主主义革命的完成，中国已经消灭了作为统治阶级的官僚资本主义，由此，对待资本的态度也回归到初衷。

发展中国家利用外资的出发点应在于发展生产。这是毛泽东时代就明确的对待外资的态度，也是中国的发展经验。1936年，针对斯诺“你们的政府是否承认外国在中国的财产权，也就是说是否承认现有的外国投资？如不全部承认，那末哪些类别的外国投资将得到承认，在什么情况下外国商人能够在中国经营？”的提问，毛泽东明确回答：“苏维埃政府欢迎外国资本的投资。中国过去未能利用外国资本使中国人真正得到好处，外国资本给群众带来很少好处，或者根本没有好处。只有在中国取得真正的独立和民主之后，才有可能把大量外资用于大规模地发展生产事业；也只有自由的中国，由于生产性经济的广泛发展，才能够偿还这种外国投资的本金和利息。合法的外债将得到承认。凡是为建设目的和用于建设的外债，我们都将认为是合法的。我们将不承认任何‘政治借款’，也不承认任何用于打内战、打红军或其用途违背整个中国人民利益的借款。我们将承认用于建设铁路、电讯、无线电、航空线，发展工业或农业，救济灾荒等等的借款。”针对斯诺“关于（甲）外国政治权利和（乙）外国投资，苏维埃政府的政策同国民党的政策有什么基本不同？”的提问，毛泽东明确回答："国民党将其外债主要用于进行军阀内战或打红军，或者把钱浪费在其他愚蠢的行动上。它的借款给中国的政治主权造成更大的损失。人民政府如果建立起来，外国借款和外国投资应就只能被用来发展中国经济生活中的基本生产能力——特别是在全国范围内建设基础工业和引进科学的农业方法和农业组织。同南京的政策相反，对影响中国独立政治权利的外国投资，一概不予承认。"① 可见，毛泽东对待外资的态度关键取决于是否干涉中国的主权平等和促进发展。用于促进中国社会生产和发展的外资，中国共产党的态度是欢迎的。由此可见，当前很多非洲国家强调利用外资促进基础设施建设和工业化发展目标，是与中国的发展经验一致的。

新时代中国重视利用外资的着眼点仍是服务于实体经济。站在发展经验国际交流视角，新时代中国的发展政策同样体现了在维护国家主权独立和平等发展权基础上重视外资、重视资本的特点。关于实体经济和对待外资的态度，中国国家主席习近平有过多次的论述，其逻辑体现的是中国共产党对待外资的一贯立场。其一，强调发展实体经济对维护国家安全和可持续发展的重要性。如 2015 年 10 月 29 日，习近平在中共十八届五中全会第二次全体会议上的讲话中指出："我们的政策基点要放在企业特别是实体经济企业上，高度重视实体经济健康发展，增强实体经济赢利能力。"② 2017 年 12 月，在江苏徐州调研时强调，必须始终高度重视发展壮大实体经济。其二，引进外资的出发点是促进实体经济的发展。2016 年 12 月，习近平在中央经济工作会议上的讲话中针对外资和国内实体经济发展的关系明确指出："要建设法治化的市场营商环境，加强引进外资工作，更好发挥外资企业对促进实体经济发展的重要作用。要更加重视优化产业组织，提高大企业素质，在市场准入、要素配置等方面创造条件，使中小微企业更好参与市场公平竞争。"③ 其三，强调金融重要性同样是让金

① 《毛泽东文集》第 1 卷，人民出版社 1993 年版，第 393—394 页。

② 习近平：《在党的十八届五中全会第二次全体会议上的讲话（节选）》，《求是》2016 年第 1 期。

③ 《中央经济工作会议在北京举行》，《人民日报》2016 年 12 月 7 日。

融服务于实体经济并维护发展的独立自主。习近平主席多次强调金融资本的重要性，2017 年在主持十八届中共中央政治局第四十次集体学习时强调“金融是现代经济的核心”[①]，2017 年在全国金融工作会议上强调“金融是国家重要的核心竞争力，金融安全是国家安全的重要组成部分，金融制度是经济社会发展中重要的基础性制度”。[②] 可见，让金融资本服务于实体经济仍是党和国家对国内金融产业发展方向的定位，也是防止金融产业“脱实向虚”的警示。

① 《金融活经济活金融稳经济稳 做好金融工作维护金融安全》,《人民日报》2017 年 4 月 27 日。

② 《服务实体经济防控金融风险深化金融改革 促进经济和金融良性循环健康发展》,《人民日报》2017 年 7 月 16 日。

现代化的发展必须依托现代化的基础设施*

展现中国快速现代化的成就，基础设施建设水平和能力无疑是一个极其重要的方面。中国当前基建能力曾被形象地描述为“基建狂魔”。中国不仅有众多支撑基础产业的基础设施，也有引领新技术发展的新基础设施。2020 年，国家又将“新基建”作为实现可持续高质量发展的重要发展方向。在对外合作中，新时代的“一带一路”倡议也高度强调同相关国家基础设施方面的合作。作为中国国际合作的重要倡议，“一带一路”强调“互联互通”合作，正反映了中国对基础设施建设重要性的认识。

基础设施水平是衡量社会发展的一个基础性重要指标。一方面，基础设施的发展水平代表着一个社会的进步。基础设施的发达代表了民众生活的便捷，降低了劳动力成本，改善了投资环境。联合国编写的《人类发展指数》报告，将一个地区的人民是否获得可饮用水、是否获得电力等作为衡量发展进步的指标；世界银行将基础设施建设水平作为衡量一个市场是否具有良好的投资环境的评估指标。无论是出于民生改善，还是出于市场环境评估，这些国际通用指标对基础设施水平的关注，反映出在当前世界，基础设施都是非常重要的。很难想象，在缺水少电的情况下，企业如何进入投资，产品又如何能参与全球竞争。另一方面，基础设施的发展

---

* 原文载于《瞭望中国》总第 436 期（2021 年 3 月），参见 http://www.outlookchina.net/html/news/202103/12494.html。

将很大程度上有助于消除发展的不平衡。人类发展史上，每次重大的技术进步或革命，都直接带来了相关产业的发展，也极大地扩大了人类间的物质、信息流通，改变着人类的交流方式，提升了人类应对发展的能力。而技术进步带来的基础设施建设和发展都成为新的增长点，也极大地推动了人类社会的进步。基础设施发展既意味着生活条件的改善，也意味着生产条件的改善，由此基础设施就是衔接生产力和生产关系的重要纽带。在人类现代经济体系日益深化和广泛化进程中，选择一个既能消除发展水平差异，又能切实带动相关经济发展提升发展能力的领域，基础设施无疑是排在首位的。

人类发展的进步无一例外地体现在基础设施建设的进步。人类的技术革命反映了人类改造世界能力的进步，并进而推动了人类自身的发展。从行业发展特点看，石器时代带来了人类农业的发展，农业基础设施建设成为几千年一直存续的活动。蒸汽机车的发明，带动了修铁路的热潮，电力机车的发明带动了电力基础设施以及众多依靠电力驱动行业的基础设施发展。当前，智能技术的发展又带来互联网、物联网、智慧产业等众多基础设施的发展。因此，尽管不同发展阶段对基础设施关注和投入不同，但基础设施对任何国家都是至关重要的。从互联互通看，道路基础设施建设长期在文明发展中发挥着重要作用。古罗马因其道路通达而有“条条道路通罗马”之称，新航路开辟后大英帝国因为海上通道的畅通而被誉为“日不落帝国”，世界在21世纪被广泛称为“地球村”在于全球跨地区交流能力的提升，现代城市化的发展中众多便捷的公共服务也必须依赖广泛的基础设施建设。

中国对基础设施建设重要性的理解。从中国的文字含义讲，之所以称为基础设施，就在于其基础性地位和作用。它是积累的起点，新行业发展的基础。在中国古文献中，无论是《老子》讲“合抱之木，生于毫末；九层之台，起于累土；千里之行，始于足下”，还是荀子《劝学篇》讲“故不积跬步，无以至千里；不积小流，无以成江海”，都强调积累的重要性。在农业社会，灌溉系统是重要的生产基础设施。翻阅中国古代不同朝代农业在基础设施建设领域的投入和政府所发挥的作用，很容易发现，一个富庶的时代通常也是对农业基础设施投入较大的时代，都江堰、大运河等重大水利设施都为这片土地上的社会经济发展留下了历史功绩。同样，一个有远见的王朝，大概率也是重视农业基础设施建设的。不难理解，中国即使在封建社会，政府在公共基础设施方面仍发挥着重要作用，这是值得世界学习的。工业时代，电力、交通是重要生产基础设施，信息化时代，信息设备是重要的基础设施。数据表明，时速 350 千米的高铁每小时耗电 9600 度、时速 250 千米的高铁每小时耗电 4800 度。如果没有强大、稳定的电力供应，高铁的运行就不可能变成现实，可见在现代化进程中，基础设施建设的重要性。

中国的快速发展首先和基础设施建设密切相关。新中国的基础设施发展整体上经历了两个时期。第一个时期是弥补基建短板时期。这个时期的特点是消除对基础设施建设投入的制约因素，恢复和弥补发展落差。作为文明古国，中国历史上的多次繁荣都伴随着基础设施建设的伟大成就，但随着清朝“闭关锁国”导致的技术进步停滞以及殖民化，中国的基础设施建设严重滞后并遭到破坏。仅以铁路、水利基础设施为例，相关统计研究数据表明，1876 年中国在上海修建第一条铁路比世界上第一条铁路晚了 51 年，从 1876 年到 1911 年的 35 年，清政府共修建铁路 9100 公里，年均增加 260 公里；1911 年到 1949 年，新增铁路 17100 公里，年均增加 355 公里，而受战争破坏等因素影响，到新中国成立时大陆仅有铁路 22600 公里；1949 年到 1976 年，新增铁路 23662 公里，年均增加 876.4 公里。可以说，从基础设施建设与现代化发展积累与促进效果的关系看，新中国建设的一个重要时期就是毛泽东时代的基础设施建设“补短板时代”。在农业基础设施方面，毛泽东时期的 27 年中，中国主要依靠人力修建了 84000 多座水库，为保障中国的农业生产和提升产业积累发挥了举足轻重的作用。第二个时期是开始引领基建发展。改革开放以来，由于中国政府对基建的高度重视和投入，中国在水利、电力、道路、港口、机场等众多领域建设了一大批堪称世界经典的技术领先的标志性工程。当前在新一轮技术革命背景下，高铁、通信等领域的建设成就和建设能力使得新时代的中国正成为基础设施建设的国际引领者。2018 年末，中国大陆高铁营业总里程达到2.9万公里以上，超过世界高铁总里程的2/3，居世界第一位，也是世界上唯一高铁成网运行的国家。正如英国《每日邮报》1月20日《英国能从北京学到什么？》一文作者，一个中国经济发展的长期观察者所指，中国经济奇迹的背后虽然有一些难以效仿的领域，但是基础设施的建设和改善，绝对是一个值得西方学习的领域。

共同关注发展中国家基础设施建设的重要性。基础设施对社会经济发展的复合成效是一个逐步释放的过程。从投资角度看，基础设施带动作用虽然显著，但并不是一蹴而就的。当中国努力通过“一带一路”倡议提升相关国家基础设施水平时，却遭到一些国家别有用心的指责。没有人会怀疑制约非洲国家一体化进程的一个重要瓶颈是互联互通不够，因此，通过基础设施建设消除发展差异的重要基础首先应得到国际广泛支持。从单一国家解决基础设施建设能力不足的角度看，首先，国际社会应该加大必要的合作，其中包括融资支持和技术合作。其次，更重要的是，发展中国家必须要清醒认识到基础设施落后对发展的严重危害，并应千方百计加大投入。第三，基础设施建设应该成为全球开展广泛合作的突破口。2000年联合国“千年发展目标”关注全球共同发展议题以来，其成效一直不如人意，一个重要原因就是因为对基础设施领域的投入不够。当发达国家关注发展中国家冲突、战乱以及严重欠发达带来的诸多社会经济问题，并花大量的经费用于所谓的“人道主义援助”时，更应该站在发展的角度去支持发展中国家对基础设施建设的投入。从所谓的“国家竞争”看，能否创造更有利于新技术、新产业发展的环境和平台是衡量一个政府、一种体制是否进步的基本标准。在此过程中，对相关基础设施的投入无疑是非常重要的。不能因为“别人学习好”就“仇恨别人”，推动国际关系健康、可持续发展的一个基本原则应该是“强帮弱”。

中国技术进步在于高效的社会生产组织 *

中国快速发展的经验是什么，无疑会引起越来越多国家和学者的关注和研究。就 14 亿人消除绝对贫困而言，这一定是制度优势。对此，人们可以用“计划经济”和“社会主义市场经济”的不同时代特点来比较，也可以用具体的行业促进政策来比较……在世界不同国家采用不同所有制和不同政治制度的基础上，中国的发展经验如何变得更加可操作是一个重要议题。在当前人类面临新技术革命带来新发展机遇的条件下，在资本主义发达国家长期对中国“卡脖子”打压的背景下，从技术进步角度分析中国所取得的成就和经验，有助于广大发展中国家更好地提升自身技术发展水平，促进本国的可持续发展能力，为本国的人民带来发展的福祉。

中国机械设备出口证明了中国在技术进步方面取得的成绩。2021 年 7 月，一份来自德国工程联合会的测算数据显示，2020 年全球机械设备贸易中，中国出口 1650 亿欧元，占同类商品出口总额的 15.8%，首次超过德国 15.5% 的出口占比，成为世界机械设备出口额排名第一的国家。作为工业化水平最高国家之一的德国，长期占据机械设备出口贸易第一的位置，充分体现了德国现代工业水平的发达，也是世界发展中国家学习的榜样。站在中国角度，从洋袜子、洋钉子、洋火、洋蜡、洋布到载人飞船、

---

* 原文载于《瞭望中国》总第 442 期（2021 年 9 月），参见 http://www.outlookchina.net/html/news/202109/12591.html。

空间站、新能源……当前中国超过德国成为第一大机械设备出口国，这个过程用了 200 多年。为了实现技术进步，中国不得不长期面临着严重的封锁制裁，甚至战争威胁。这一成就的取得，充分证明了中国在现代化发展进程中的成绩，证明了社会主义制度在提升中国发展水平中的决定性作用。从世界范围看，中国同众多发展中国家商品贸易结构中，机械产品都占较高比重。贸易一定要满足对方的发展需要，这是南南合作的重要内容，也是中国一贯的对外合作立场。

中国的快速发展体现出技术进步对包容性发展的作用。人类的技术进步改变着世界，也改变着自身。从人类自身看，从学会使用工具开始，人类利用技术进步改造生存条件的脚步就没有停止。正是由于技术进步及推广，人类大幅度提升生活水平，实现包容性发展才成为可能。放眼全球，虽然不乏个别国家靠着技术进步成为世界重要的国家，日本、韩国等国都是技术进步带来快速发展的经典案例。但低起点、大规模技术进步和促进包容性发展的国家，中国无疑是全球唯一的。后发国家要想实现跨越式发展，必然伴随着技术的快速进步。在全球赶超国家中，尽管这些国家的技术进步有特定的国际环境，但都体现出技术进步的重要性。可见，不同国家在不同阶段的历史使命不同，但在生产资料资本家占有向社会化转变的过程中，国家采取什么样的社会动员和组织方式参与生产、流通环节是至关重要的。

技术进步不是社会主义的专利，组织大规模技术进步、创新和生产力转化则是社会主义的制度优势。一方面，代表先进生产力的技术如何快速转化为大规模的生产，促进社会的整体进步，考验着一个制度的先进性。在发达资本主义国家，企业只要有足够的利润空间，就不愿将先进技术投入到大规模的生产中。这一现象也可以解读为“竞争不充分”。事实上，正是要维护这种“不充分”的竞争，资本主义企业才形成了各种垄断集团，也由此限制了人类的技术进步。另一方面，生产组织方式是衔接生产和分配的桥梁，是充分体现制度绩效的工具。落后生产力条件下，社会经济部门所容纳的有效就业是不足的，这在很大程度上会抑制增长和促进包容性发展。只有在参与社会生产的过程中，人民才能得到更多的社会分配。在很多发展中国家，通常会看到大量无所事事的人存在。很难说，这些人是不愿意就业。更大程度上，是社会缺乏足够的就业机会。增加就业就会将就业人员纳入有效的社会分配制度中。中国的不同阶段的发展经验就是充分利用非市场、市场手段有效组织社会生产并形成产业梯次，从而极大地带动了社会整体的进步。

社会主义制度是中国高效提升技术进步的根本保障。在新中国成立初期，作为一个落后的农业社会，对农业的技术进步推动就充分体现出社会生产组织的高效。这既是新中国成立后农业改革的初衷，也是制度变革。1954 年《中央农村工作部关于第二次全国农村工作会议的报告》指出，“有计划地大量增产的要求和小农经济分散私有的性质以及农业技术的落后性质之间的矛盾”，“是两个带根本性质的矛盾。解决这些矛盾的第一个方针，就是实行社会革命，即农业合作化，就必须把劳动农民个人所有制逐步过渡到集体所有制，逐步过渡到社会主义。第二个方针，就是实行技术革命，即在农业中逐步使用机器和实行其他技术改革。”改革开放时期，邓小平 1988 年在全国科学大会上提出“科学技术是第一生产力”，“产学研结合”背景下，实现了大量新技术的吸收和快速转化。新时代的中国，推动企业创新发展和技术升级同样是增长点。2014 年 11 月，习近平在 2014 年亚太经合组织工商领导人峰会演讲中指出：“我们全面深化改革，就要为创新拓宽道路。如果说创新是中国发展的新引擎，那么改革就是必不可少的点火器。要采取更加有效的措施把创新引擎全速发动起来。我们致力于发挥创新驱动的原动力作用，更多支持创新型企业、充满活力的中小企业，促进传统产业改造升级，尽快形成新增长点和驱动力。”①

组织大规模的技术创新是中国发展的马克思主义。技术进步推动社会治理变革是一个漫长的复杂过程，但生产组织方式的变革利于实现资本主义生产方式和社会主义生产方式的过渡。如何看待和利用资本主义为人类技术进步作出贡献，促进全球的包容性增长是马克思主义理论家都在不

① 习近平：《谋求持久发展 共筑亚太梦想——在亚太经合组织工商领导人峰会开幕式上的演讲》，《人民日报》2014 年 11 月 10 日。

断思考的问题。马克思在《法国的动产信用公司》一文中就明确指出了股份公司的作用和归属：既显示出前所未有的联合的生产能力，同时也加速了资本的积累并导致小资产阶级加速破产、工业寡头集团的统治日益加强，同时培育了大量的“掘墓人”。马克思 1856 年 4 月 14 日在纪念英国宪章派报纸《人民报》创刊四周年的演说中指出，生产力发展和科技进步中蕴含着巨大的革命力量。在资本主义社会，生产力与生产关系之间的对抗必然引起无产阶级革命。作为新生产力的代表，无产阶级将肩负彻底改造旧世界的历史使命。毛泽东 1956 年 4 月在《论十大关系》的讲话中指出，“外国资产阶级的一切腐败制度和思想作风，我们要坚决抵制和批判。但是，这并不妨碍我们去学习资本主义国家的先进的科学技术和企业管理方法中合乎科学的方面。工业发达国家的企业，用人少，效率高，会做生意，这些都应当有原则地好好学过来，以利于改进我们的工作。”① 站在改革开放取得巨大技术进步的今天看，中国的成功为马克思主义理论的发展作出了巨大的贡献。

技术进步是消除对中国“卡脖子”的有效手段。正是由于中国高效的社会生产组织和技术进步转化，直接影响了西方垄断资本的利益，由此中国成为长期被打压的对象。强起来必须要有强大的现代技术支撑。过去中国通过努力学习和勤奋钻研搞出诸如“两弹一星”等镇国重器，有效地压制了敌人的核恐吓。新时代的中国有能力继续充分发挥制度优势，推动技术进步为中国和世界人民带来更大范围的包容性发展。正如 2020 年习近平在中央政治局第二十四次集体学习时强调的，“当今世界正经历百年未有之大变局，科技创新是其中一个关键变量。我们要于危机中育先机、于变局中开新局，必须向科技创新要答案。”② 2021 年 7 月 30 日召开的中共中央政治局会议提出，“引导企业加大技术改造投资，要强化科技创新和产业链供应链韧性，加强基础研究，推动应用研究，开展补链强链

① 《毛泽东文集》第 7 卷，人民出版社 1999 年版，第 43 页。

② 《深刻认识推进量子科技发展重大意义 加强量子科技发展战略谋划和系统布局》，《人民日报》2020 年 10 月 18 日。

专项行动，加快解决‘卡脖子’难题，发展专精特新中小企业。”[①]

对外合作提升合作方自主发展能力体现社会主义中国与资本主义国家对外合作的不同。中国与发展中国家合作中，积极参与的一个重要方向就是技术转让与全产业链合作。其根本出发点就是让合作国家尽快建立完整的产业链，提升东道国的自主发展能力。仅以石油产业对外合作为例。从世界石油产业成形以来，来自发达国家的石油资本巨头在世界各地建立了众多的石油生产企业，值得思考的是，很多国家却长期仅仅是原油生产国，难以形成完整石油的上下游产业，在大量出口原油的同时却不得不花费高昂的价格进口石化精炼产品。技术的短缺，成为卡在这些国家脖子上的枷锁，国内的资源也成为跨国资本集团的印钞机。最终资源国陷入有开发无发展的困境。由此很容易理解，因“芯片短缺”发展受限的背后是美国不惜以一国之力对中国行业制裁的意图。市场条件下，衡量企业进步的一个标准是研发投入，这也被广泛用于当前衡量发达经济体或跨国公司竞争力。从中国的发展经验看，是否能高效组织社会生产和技术进步是一个惠及面更宽的议题。

① 《分析研究当前经济形势和经济工作》,《人民日报》2021 年 7 月 31 日。

深圳经验是什么*

从发展经验交流看，深圳无疑是了解中国快速发展的一个经典窗口。深圳经验的经典不仅体现在工程建设领域曾创造了著名的“深圳速度”，也在于社会经济综合发展的快速进步。单从技术角度看，一些拥有更高机械化程度的发达国家也具有深圳的快速建设能力。但要实现像深圳这样快速、持续、综合的进步则并不容易。深圳用40年时间走过了国外一些国际化大都市上百年走完的历程，这是中国人民创造的世界发展史上的一个奇迹。深圳速度是中国实现快速发展奇迹的一个典型表现，深圳经验是中国市场化经济改革探索的焦点。2020年10月14日，习近平在深圳特区建立40周年庆祝大会的重要讲话中，将深圳经验概括为十条发展经验。“深十条”是站在中国的发展经验探索角度总结的，但对于经验交流而言，“深十条”也是发展中国家了解中国发展经验的重要内容。

“深十条”经验的不同语境解读。习近平主席关于深圳经验的总结是站在国内发展，从开启新的全党全国的工作角度来阐述的。这种阐述既包括对经济特区改革开放取得成功的原因、动力、方向、目标、发展思想、坚持原则等方面的经验总结，也包括改革探索中国家制度建设的成效及改革过程中新的发展理念及对深化改革意义的经验总结。或者也可以从

---

* 原文载于《瞭望中国》总第432期（2020年11月），参见 http://www.outlookchina.net/html/news/202011/12398.html。

改革自身、改革与当代发展、改革与未来方向等经验进行解读，或者从执政党领导国家的发展能力视角解读，从社会主义制度建设和发展理论的完善角度解读，从国家工业化发展与可持续发展角度解读，从国家统一大业的“一国两制”角度解读等。由此，不同视角对深圳经验乃至中国改革开放的发展经验的解读都可能是不同的。同样，站在国际发展经验交流视角看，“深十条”的经验总结对于很多尚在探索发展道路和国家治理的国家也有多样的积极作用的。

审时度势根据国际发展环境调整党和国家工作中心方向。习近平讲话中关于中国兴办经济特区的历史回顾清晰表明，适时调整国家发展方向对于维护国家安全和实现发展至关重要。正如习近平在讲话中所指，“1978年12月，党的十一届三中全会作出把党和国家工作中心转移到经济建设上来、实行改革开放的历史性决策，动员全党全国各族人民为社会主义现代化建设进行新的长征。”① 回顾革命历史和社会建设实践，新中国成立之前的革命斗争方略、成立后的社会制度建设和经济发展、改革开放的工作中心调整，都离不开国际形势变化的大背景。中国共产党领导中国人民进行抗日战争的方略离不开国际反法西斯形势的变化、新中国成立后的制度建设离不开冷战的国际环境、改革开放离不开冷战结束及国际格局多极化快速发展。从抓机遇视角看，中国之所以能从半封建半殖民地社会迅速脱胎换骨成为现代化国家，就在于能够精准把握时代脉搏，适时调整发展政策。

发展经验探索始于基层实践。深圳改革试点的成功只是中国不断进行社会改革试验的一个缩影，而不仅仅是改革开放成功试验的窗口。在推动社会经济发展方面，中国共产党一贯高度重视通过实践探索和经验总结来寻求科学道路。这种方式广泛存在于中国不同时代的政治、经济、文化建设等社会实践中。如1945年4月21日毛泽东在中国共产党第七次全国代表大会预备会议上的报告中指出，“七大在陕北开会，这是陕北人的光荣。

① 习近平：《在深圳经济特区建立40周年庆祝大会上的讲话》，人民出版社2020年版，第1页。

陕北已成为我们一切工作的试验区，我们的一切工作在这里先行试验，在这里开七大，在这里解决历史问题。”[①] 早期的党和军队建设中著名的三湾改编，新中国成立后的公私合营、农业合作社等，改革开放后的家庭联产承包责任制、经济特区、沿海开放城市、自贸区等，这些之后被广泛应用和推广的经验都来自中国基层社会经济建设的实践探索。人类掌握的知识之所以称为科学，很大程度上是因为实践与规律的总结。在制度设计层面，由空想社会主义到科学社会主义正是基于社会实践及对规律的掌握和应用。由此，在推动人类制度进步的过程中，中国共产党人的一个基本标准就是坚持实事求是和将实践作为检验真理的唯一标准。

特区试点有助于循序渐进推动国际经济合作。不同发展水平国家在参与国际经济合作中面临的风险是不同的。特别是对于那些仍依靠初级产业参与国际经济合作的国家而言，既希望通过国际合作延伸价值链、提升产业竞争力，又担心开放的合作会对本国脆弱的产业经济带来致命的冲击。因此，一些发展中国家在扩大对外合作中踟蹰徘徊。作为发展中国家，中国对此是感同身受的，从 1979 年设立特区，到 2001 年加入世界贸易组织……中国参与国际经济合作一直是积极稳妥的。搞活经济需要激发中小企业活力，但参与国际竞争则需要规模竞争突出的企业；出口导向有助于解决发展中国家资本短缺问题，但却容易形成产业结构失衡问题……特定视角看，任何经济政策都是一把双刃剑。但从人类发展经验看，封闭必然落后。中国深圳发展经验表明，通过试点开展国际经济合作，既有助于降低风险、提升适应能力，也有助于不断总结经验有序推进国际合作激发市场活力、弥补发展差距，并促进更大规模的社会经济发展。

深圳经验的独特性与普遍性统一。我们今天看待深圳经验时，除了曾经创造的深圳速度，更显眼的是深圳在改革开放中的持续进步和产业不断升级。从一个边陲小镇到全球性科技企业云集的城市，从依靠特殊政策发展到引领技术产业发展，深圳已经成为中国一张发展奇迹的靓丽名片。或

① 《毛泽东文集》第 3 卷，人民出版社 1996 年版，第 297 页。

许与其他经济特区相比，深圳产业发展的快速升级有其独特性，而这种独特性恰恰反映出党和国家对改革开放初期探索道路的高瞻远瞩。一花独放不是春，百花齐放春满园。中国地域广大，不同地区的市场条件有着较大的差距。从原材料、资源开发驱动到规模经济驱动、技术创新驱动、资本驱动……世界不同国家的现代化发展积累了不同的发展经验，但这些经验是否适合中国，需要通过“摸着石头过河”来绘制可复制和扩展的经验。由试点、试验到经验，其背后逻辑正是执政党高度重视社会发展中的科学经验总结和制度设计。同样，对于广大发展中国家而言，不同的资源、市场禀赋条件决定了发展道路选择的千差万别。只有充分利用自身的特点推动经济起步，才能逐步培育更加具有竞争力的产业发展和行业均衡发展。

价值导向与发展规律的高度统一。“深十条”多处着眼中国共产党党性和国家制度特点，这是中国改革开放的价值导向。一方面，正如“为人民服务”是中国共产党的执政信条一样，中国改革开放的价值导向就是“人民为中心”，让改革发展成果更多更公平惠及人民群众。另一方面，发展规律既体现在尊重市场规律，也体现在寻求发展中坚持社会主义民主与法治，遵循人与社会、人与自然关系的和谐与可持续性。如果说改革开放初期中国的社会主义市场经济探索是在“摸着石头过河”，那么时至今日，中国已经积累了市场经济的较多成功的经验，中国今后继续推进的深化改革将是有章可循的改革。从改革开放初中央只给特区政策，具体怎么搞由“特区先行先试”，到《深圳建设中国特色社会主义先行示范区综合改革试点实施方案（2020—2025年）》中总体要求和具体方向的明确规定，体现出中国在深化改革过程中既不走老路，也不走歪路，而是继续走创新引领高水平开放型国际发展的新路的选择。

用开放的心态引领高质量创新发展。成绩只能说明过去，并不代表未来。如果抱有“老子天下第一”的心态，只能是自闭前进的道路。深圳经验不仅是经济发展经验，也是制度探索经验。在迈向中华民族伟大复兴过程中，深圳经验所昭示的不断探索精神仍将继续发挥引导作用。一方面，深圳经验就是中国市场经济学习国际经验的总结。深圳特区的探索推动了中国市场取向的经济体制改革，是中国特色社会主义市场经济理论的重要来源。当前中国仍处于社会主义初级阶段，参与全球产业合作的能力和水平仍有较大提升空间，这需要继续深化社会主义市场化改革。另一方面，坚持和完善中国特色社会主义制度，推进国家治理体系和治理能力现代化，需要中国在制度设计上更具有兼容性和可参照性。2019 年 8 月中共中央出台支持深圳建设中国特色社会主义先行示范区的意见后，试验的继续深化使深圳再次成为新时期改革发展的方向。

稳步有序才能推进更好发展*

发展政策缺乏连续性是世界上一个广泛存在的现象。很多国家在发展进程中因执政党更迭或政府领导人变化而导致原定建设项目搁置或发展计划终止。这种情况不仅让外界形成了其既定的发展方略随意改变的印象，影响了外部对其合作环境的评估，更重要的是导致国内发展任务的阶段性目标总难以实现，滞缓了社会的进步，特别是在重大的基础设施工业项目建设中，由于投资周期长，项目一旦搁置，带来的消极影响显而易见。也由此让人认为这些国家政治变化热热闹闹，发展政策反反复复，社会经济发展裹足不前，人民对发展福祉的渴望，成为国内政治集团的游戏。因此，什么样的执政观和政府治理体制更有助于促进一个国家的发展，是发展研究和执政党间交流的重要内容。中国在这方面的能力无疑是备受关注的。中国共产党历次全国代表大会关于奋斗目标和阶段发展任务的纲要，成为指导中国革命和建设的方针。有序发展是中国发展的成功经验，受到国际重视。这也是当前很多发展中国家同中国交流发展经验的重要内容，典型的是“五年计划”。

中国70年所取得的伟大发展成就，很大程度上得益于发展计划的有序稳步推进。放在人类历史发展的长河中，70年是短短的瞬间，但是能在

---

* 原文载于《瞭望中国》总第403期（2019年4月），参见 http://www.outlookchina.net/html/news/201904/11971.html。

70年中稳步有序发展，给十多亿人口带来长足的发展，这是中国对世界的贡献。能有序稳步推进各项发展计划，很大程度上受益于中国经济的“计划性”，其中包括延续至今的以五年计划为代表的阶段发展方案。从1953年开始，到目前已经执行到第十三个五年规划。不同阶段的五年计划针对当时的发展要务，提出了阶段性发展目标，逐步建立健全了中国的产业结构，并逐步提升了中国独立自主的发展能力，逐步实现全面综合发展。尽管在发展过程中出现了诸如第二个五年计划期的政策失误，但在1963年到1965年进行调整后，1966年重新开始了五年计划的实施。关于发展阶段的定位和阶段发展特点的总结成为执政的中国共产党和相关理论研究的热点，其目的是希望国家对社会阶段特点及发展任务的确立更加科学合理。

发展的计划性是中国成功发展的经验，也是人类有效发展经验的积累。首先，计划经济是社会主义制度的一个基本特点，其重要性早已被证明。马克思主义诞生于资本主义强调自由市场竞争的阶段。马克思主义关于人类社会的发展目标是社会经济高度发展背景下实现计划性的社会生产，物质资源“按需分配”。因此，计划经济被认为是社会主义制度特有的形态，备受西方市场派人士指责，认为计划经济存在僵化、教条、绩效低、平均主义、忽视价值规律等负面作用，进而认为市场化改革是解决这些问题的根本。什么发展阶段和发展条件下采取什么样的经济政策，是马克思主义的中国化经验。计划性发展是计划经济的核心，它所强调的是有序、分层和稳步推进社会各经济部门的发展。社会经济系统中，产业的发展是分层级的，恰如生态系统一样，不同产业及其发展在社会分工体系中扮演的角色不可能一致。依据今天的经验看，讨论计划和市场各自的重要性，如同对一个孩子不同成长阶段的特点进行批判。实施什么样的经济体制，首先要看时代特点和发展任务。列宁曾经在苏俄实施战时共产主义经济政策，中国共产党也曾在新中国成立初期实施供给制等。这样的经济政策反映了当时经济条件下发展生产的需要，是落后国家建立社会主义制度后，弥补发展落后所采用的有效措施。苏联在1928年到1932年第一个五年计划中，在一个传统的落后的农业社会基础上开始建立较为完整的工业体系，在 20 世纪 30 年代末实现了农业社会向工业社会的基本转变。这被认为是人类历史上第一次通过政府主导预先编制发展计划而实现社会转型的成功经验。1928 年到 1941 年，苏联完成和实施的三个五年计划，不仅极大地提升了苏联自身的社会经济发展水平，也为苏联卫国战争和世界反法西斯战争的胜利奠定了坚实的物质基础。苏联在二战后实施的五年计划，对于快速修复战争创伤恢复国民经济也起到了非常重要的作用。其次，从西方资本主义发展经验看，政府有计划地参与市场是合理的。市场规律作为“看不见的手”在早期自由竞争资本主义阶段在促进市场快速扩张，并带动工业化发展方面确实起到了积极作用。但随着资本主义生产方式的无序扩张，全球的产业洼地时代在快速消除，也由此凸显了资本主义自由经济的弊端。一个突出的案例是 20 世纪经济危机期间，出现了发达国家的农业资本家为了提高价格，消除过剩产能，而将大量的牛奶倒入河中的现象。由此，国家参与经济调控，利用“看得见的手”政府来调控市场，成为资本主义经济学的重要理论，就有了凯恩斯学派的诞生。可见，资本主义发达国家政府利用货币、财政、税收等经济手段调控经济，同新建立国家在经济水平极其低下且受到外部制约条件下使用计划手段分配资源解决紧迫问题并促进社会经济发展是相似的，都强调政府参与的重要性。

毛泽东领导确立了中国社会有序发展的基本制度。作为新中国第一代领导集体的核心，毛泽东在新中国成立初期关于社会经济发展的方法、路径直接体现在国家的发展方略和制度设计上，其中包括学习苏联五年计划经验。1953 年 2 月 7 日，毛泽东在全国政协一届四次会议闭幕会上的讲话中就学习苏联的经验指出：“我们要进行伟大的五年计划建设，工作很艰苦，经验又不够，因此要学习苏联的先进经验。”在学习外国经验方面，“我们这个民族，从来就是接受外国的先进经验和优秀文化的。”[①] 同年 6 月 30 日，毛泽东在同中国新民主主义青年团第二次全国代表大会主席团的谈话中强调，“党在过渡时期的总任务，是要经过三个五年计划，基本

① 《毛泽东文集》第 6 卷，人民出版社 1999 年版，第 263、264 页。

上完成社会主义工业化和对农业、手工业、资本主义工商业的社会主义改造。三个五年计划就是十五年。一年一小步，五年一大步，三个大步就差不多了。基本上完成，不等于全部完成。讲基本上完成，是谨慎的讲法，世界上的事情总是谨慎一点好。”[①] 1954 年 6 月 14 日，毛泽东在中央人民政府委员会第三十次会议上的讲话中关于长期以五年计划有序发展指出：“我们的总目标，是为建设一个伟大的社会主义国家而奋斗。我们是一个六亿人口的大国，要实现社会主义工业化，要实现农业的社会主义化、机械化，要建成一个伟大的社会主义国家，究竟需要多少时间？”“大概是三个五年计划，即十五年左右，可以打下一个基础。”[②] 正如时任国务院副总理兼国家计划委员会主任李富春，1955 年 7 月 5 日到 6 日在第一届全国人民代表大会第二次会议上所作的《关于发展国民经济的第一个五年计划的报告》中明确指出的，“中华人民共和国发展国民经济的第一个五年计划草案，是在中国共产党中央委员会和毛泽东主席的直接领导下编制完成的。”在日益市场化发展的今天，中国的五年计划机制仍得以沿袭，可见毛泽东主导确立的有序发展“五年计划”已成为规范中国社会经济发展的重要制度。

从发展的角度看，计划经济所涵盖的特点是多元的，其内涵和实质绝不应仅仅停留在苏联和新中国成立之初所实施的“计划经济”形式上。任何国家的建立，都会高度重视社会经济的发展，这是不容置疑的。但是，起点是差异较大的。计划经济实施的一个前提是社会经济的落后与资源促进发展方面的短缺，以及高效利用资源促进部门经济发展的迫切性和优先性。计划经济在规避建设重复投入、企业恶性竞争、工人就业保障等方面有着重要的积极作用。单从企业绩效看，中国的计划经济初期，因为社会刚刚从长期的动荡转向稳定，人民从被残酷剥削变成国家的主人，工作热情极大地释放，从而抵消了计划经济的局限性。当前讨论计划经济的合理性和历史阶段的积极作用，并不是开“历史倒车”，而

---

① 《毛泽东文集》第 6 卷，人民出版社 1999 年版，第 280 页。
② 《毛泽东文集》第 6 卷，人民出版社 1999 年版，第 329 页。

是从体制建设角度总结中国的发展经验。无疑，经济发展的计划性是计划经济的重要经验。对此，邓小平有着“计划和市场都是手段”的经典论述。

金融是国家核心竞争力*

2017 年 7 月，习近平在全国金融工作会议的讲话中强调，金融是国家重要的核心竞争力，金融安全是国家安全的重要组成部分，金融制度是经济社会发展中重要的基础性制度。2022 年俄罗斯乌克兰冲突以来，随着西方国家对俄罗斯货币支付体系的制裁，俄罗斯提出了“非友好”国家用本币结算进口俄天然气的政策，备受世界瞩目。在“非友好”国家批评俄罗斯的同时，涉及主权国家货币问题的金融安全再次成为研究国家自主发展和维护国际合作的重要性的热点议题。金融在发展中国家中的地位及国际合作中如何维护金融安全是所有发展中国家都必须高度重视和思考的问题。

金融安全是任何国家和政府都高度关注的核心议题。金融安全所涉及的领域是多方面的，几乎关系到现代社会生产、生活的方方面面，但最直接的是货币相关性。因此，金融安全可以解读为国家信用安全、国民资产安全，生产、流通安全等等。就现代国家金融安全的源头看，外生性风险要远远大于内生性风险。因为在通过国际合作弥补国内发展短板的同时，与外汇、贸易、资本等相关的市场风险也相应地放大。虽然每个主权国家都有独立发行货币的权力，但由于其货币参与国际经济活动的能力不

---

* 原文载于《瞭望中国》总第 450 期（2022 年 5 月），参见 http://www.outlookchina.net/html/news/202205/12706.html。

同，发展中国家和发达国家在金融安全方面的风险绝不是同一个等级。一方面，对发达国家而言，货币政策的调整首先是基于国内经济的形势，通过货币政策调整来促进增长或降低通胀。但由于其货币扮演着国际“硬通货”角色，发达国家的金融政策，特别是提供国际市场主要流动性的国家的货币政策，直接关系到世界经济的走向，在客观上自觉不自觉地将发展中国家作为转嫁其国内经济风险的对象。因此，其货币政策长期以来一直是观察其对世界经济发展影响的风向标。另一方面，对发展中国家而言，受自身经济实力和能力所限，本币国际参与力不够，汇率波动、资产贬值等风险高度存在。

发展中国家没有金融安全就没有宏观经济稳定。表象上，对发展中国家的经济进行观察很容易发现，诸如输入型通胀、输入型紧缩等会频繁发生，并会中断发展中国家自主制定的发展战略。逻辑上，作为经济活动必要的介质，主权国家货币币值的大幅波动传导性是非常广泛的。正常情况下，无论是本币汇率贬值国际购买力下降，还是贸易条件恶化国家财政收入减少、期货价格大幅波动导致资产缩水，抑或非正常情况下受制裁外汇储备被冻结……在日益联系紧密的国际合作中，这类金融安全问题首先会对发展中国家的宏观经济稳定造成冲击。对主权政府而言，一定意义上，严重的通货膨胀要比国家严重负债糟糕得多。金融关系到国家财政和储备，更关系到国民的钱袋子。前者，关系到政府的行动能力，对一个国家和政府而言，甚至是生死存亡的问题。后者，如果人民的艰辛收入被通胀吞噬，则民不聊生，进而会怨声鼎沸，从而引发社会危机。这也是为何一些霸权国家常常将金融制裁作为工具的重要原因。

发展中国家没有金融安全就不能正常开展国际经济交流活动。理论上，国家间的经济合作首先是基于主权货币为载体的合作。但事实上，由于很多国家本币的所谓的“国际信用”较低，或者因为这些国家在合作中获得更多的国际“硬通货”，因而常采用国际货币开展国际合作。一方面，当一些国际金融评级机构根据自己的标准下调一些国家的主权信用等级时，常伴随着这个国家资产按照国际硬通货衡量而严重贬值。即使是拥有大量的重要矿产资源的发展中国家，仍然动辄陷入融资困境而生产停滞，极大地影响了国民经济的健康发展。另一方面，外国企业在该地的实体投资中，由于外汇短缺和本币贬值，必要的商品采购都会受到限制，影响了企业生产的正常开展并进而加剧了该国的经济困境。从预期看，如果一国币值波动严重，也会极大地影响实体经济进入该国投资合作的动力。很显然，在北约通过金融制裁俄罗斯的过程中，俄罗斯的国际交流受到了很大的消极影响，类似的情况在历史上并不少见。

不同发展水平国家利用国际金融工具的理论不应相同，发展中国家开展国际合作必须要高度重视金融安全风险。无论是从资本主义、社会主义制度差异，还是从发展中国家和发达国家发展水平差异，基于国家金融首要解决的任务不同、金融服务的对象不同、金融工具使用的能力不同等因素考虑，不同国家在认识和利用金融工具方面的理论不应相同。如果拿不同国家的金融工具生搬硬套，则危害极大。产业资本可以带来生产和就业，金融资本则把“郁金香”价格吹上天，也可以出现“蒜你狠”“姜你军”……不同经济特点的发展中国家在发展进程中应根据自己的国情开展符合自己发展节奏的国际货币合作，其核心目标是促进基础设施建设和工业化发展。很容易理解，不同重量级的竞技者在竞争中如果采用同样的标准，这样的竞争活动是没法开展的。发展中国家参与国际经济活动，必须要考虑到自身的参与能力。发展中国家在自身建设中既需要关注自身的金融安全，同时也要在监管中找到能够积极促进国民经济发展的对外金融合作方式。在学习发达资本主义国家金融工具经验的同时，正确处理好国家融资需要与国家实体经济发展和人民生活之间的关系。无论市场派理论认为供需矛盾激化是哪个环节存在问题，一个永恒的议题是，市场永远会存在问题。同理，因为市场出现问题才“事后诸葛亮”也不是一种科学的决策态度。

金融安全建设应同政权建设同步，中国的脱贫成效直接体现在金融安全。对于发展中国家而言，政权建设绝不仅仅是选举和执政。如果一个政权不考虑国民经济的安全和发展，那么这个政权就得不到人民的拥护。如果仅仅关注选举和权力争夺，那么这个政权就避免不了被人民用脚投票的命运。在世界范围内，可以经常看到，一些政党在获得执政地位后，不能很好地应对物价飞涨等金融风险，最后走下历史舞台。在中国，脱贫的表现，是人民收入的增加，也是购买力的增加。而购买力的增加就是金融安全的体现。购买力增加的背后，是社会生产的增加。在特定视角看，或许有人将诸如改革开放初“万元户”的购买力和当前作比较，片面地分析和强调单位币值购买特定商品的能力差异以突出通胀增长。实际上，这忽略了当时“高收入”购买更多商品的不可能，即使有钱也商品不丰富。正是由于实体经济的发展，当前的普通民众能购买更多的商品，享受更便捷的现代化生活。可见，基础产品的购买力不可能永远作为衡量币值的决定性指标。要满足更多人的不断增长的物质文化生活需要，必须通过社会的物质生产和技术进步。

中国金融安全的几个阶段性经验值得参考。作为长期受资本主义发达金融霸权影响的发展中国家，中国同广大发展中国家应对金融安全风险挑战的压力是一贯的。但经历不同发展阶段，中国能够通过制度作用，积极维护国家的金融安全和稳定，并为服务实体经济作出了重要的贡献，这是值得同发展中国家交流的经验。总体上，中国的金融安全是和中国革命和建设的实践过程和阶段特点密切相关的，但同时也体现出一贯重视物资流通和金融为民生和实体经济服务的宗旨。在战争年代，发行和推动货币流通代表着革命政权的信用确立，也是解决根据地、解放区物资流通的必要手段。从供给制确保革命区物资流通到维护中共货币同境内其他货币的竞争，都是维护金融安全的体现。新中国成立后，面对新的内外形势，党和国家强调金融为实体经济服务保障的重要性。客观上，被制裁而封闭的金融环境，也为中国集中发展社会主义实体经济减少了诱惑和风险。改革开放后，在积极引进产业资本的同时，加强对风险资本的风险监管一直受到政府的重视。中共十八大以来，习近平主席也多次强调实体经济的重要性。如 2013 年 7 月 21 日，习近平在湖北武汉重型机床集团有限公司考察时就强调，“工业化很重要，我们这么一个大国要强大，要靠实体经济，不能泡沫化。自力更生任何时候都不能少，我们自己的饭碗主要要装自己生产的粮食。”[①] 从当前看，中央“强化反垄断和防止资本无序扩张”也是对金融风险防范的重要举措。

① 《习近平：饭碗主要要装自己生产的粮食》，人民网，http://politics.people.com.cn/n/2013/0721/c1001-22269144.html。

中国统一大市场的建设经验*

通过统一大市场实现经贸合作便利化并进而促进社会经济包容性发展是当代国际发展议题，也是全球化发展趋势。2022年3月25日,《中共中央国务院关于加快建设全国统一大市场的意见》(以下简称《意见》)发布。虽然《意见》是对中国国内新时期统一市场建设和发展的指导方针，但从国际视角看,《意见》也体现出中国推进统一大市场建设的路径和特点。这对当前世界发展中国家探索一体化和发展经验交流有着重要的参考意义。

市场是推动现代经济发展的重要手段。统一大市场已经成为推动市场扩大并由此推动经济互补和发展的重要经验。21世纪以来，一体化市场的建设成为多个地区主权国家推进的发展方向。但是，不同市场的阶段特征却决定了市场的发展质量：有的市场并没有为地区的高质量发展提供持续性动力，有的市场仍长期处于低端水平。造成这种现象的原因有很多，但究其根源是市场性质和方向的不同。就全球范围看，全球统一市场的形成是伴随着殖民开拓和资本主义市场经济扩张的脚步推动的。因此，在不考虑地区发展差距扩大的前提下，全球统一大市场的形成过程也可以描述为全球化的过程。在此过程中，生产要素和商品的流通扮演了主要角色。

* 原文载于《瞭望中国》总第451期(2022年6月)，参见http://www.outlookchina.net/html/news/202206/12725.html。

与地区发展并存的一个现象是，整体社会财富（包括人口）的增加和生活水平的普遍性提高，特别受到关注的是，一些国家以非暴力或非掠夺的方式在全球统一市场发展过程中取得了较大的发展。为什么有的国家能在此过程中实现发展，有的却长期裹足不前，这是应该思考的问题。

中国的统一大市场建设一直在路上。从社会主义中国的角度看，中国统一大市场的版本经历了三个阶段：统一的新中国是 1.0 版，改革开放的中国是 2.0 版，当前拥有高质量统一大市场的中国是 3.0 版。在第一阶段，统一大市场是以发挥各地区资源优势为特点的，形成了重工业基地、轻工业基地、能源基地等，主要目标是巩固制度和建立能够支撑独立自主发展的产业链。在第二阶段，统一大市场是以区位优势为特点的，确立了特区和沿海开放城市等，主要目标是引进资源搞活经济和促进增长和积累。或许《意见》关于促进发展满足人民日益增长的需要在任何国家都是重要倡导。从此角度，不容易发现中国关于统一大市场建设的特殊性。《意见》提出，“充分发挥法治的引领、规范、保障作用，加快建立全国统一的市场制度规则，打破地方保护和市场分割，打通制约经济循环的关键堵点，促进商品要素资源在更大范围内畅通流动，加快建设高效规范、公平竞争、充分开放的全国统一大市场，全面推动我国市场由大到强转变，为建设高标准市场体系、构建高水平社会主义市场经济体制提供坚强支撑。”这对新时代中国建设统一大市场的特殊性有着充分的反映：其一是政府的作用，其二是社会主义市场经济体制，其三是法治。这些内容对于发展中国家的经验交流是很重要的。

《意见》的核心内容是升级。整体上可以看出，建设统一大市场至少在四个层面提出了中国构建未来高质量统一大市场的升级方向：第一，支撑市场运作便利化的软硬基础设施升级。《意见》在“推进市场设施高标准联通”部分，提出以“建设现代流通网络”“完善市场信息交互渠道”“推动交易平台优化升级”等措施促进资源的更通畅流动。第二，市场主体作用的升级，用企业的真正社会化和健康发展带动均衡发展。在“进一步规范不当市场竞争和市场干预行为”部分，提出“着力强化反垄断”“依法查处不正当竞争行为”“破除地方保护和区域壁垒”“清理废除妨碍依法平等准入和退出的规定做法”“持续清理招标采购领域违反统一市场建设的规定和做法”等相关要求。这些目标任务的规定就是要求全国统一大市场应该放在国家的阶段性发展目标和任务上来，通过提升市场质量，为市场“共同发展”“共同富裕”和第二个百年目标贡献力量。第三，保障市场健康运作的制度要求升级。主要体现在“推进市场监管公平统一”和“组织实施保障”两部分内容。第四，市场参与全球化的水平升级。“打造统一的要素和资源市场”和“推进商品和服务市场高水平统一”两部分内容，可以看作是为了通过统一大市场建设提升中国的全球市场参与水平。前者具体包括“健全城乡统一的土地和劳动力市场”“加快发展统一的资本市场”“加快培育统一的技术和数据市场”“建设全国统一的能源市场”“培育发展全国统一的生态环境市场”。后者具体包括“健全商品质量体系”“完善标准和计量体系”“全面提升消费服务治理”等。

政府和市场的关系作用是关键。“有效市场，有为政府”是《意见》的“工作原则”之一。早在2015年11月23日，习近平在《在十八届中央政治局第二十八次集体学习时的讲话》中提出：在社会主义条件下发展市场经济，既要“有效的市场”，也要“有为的政府”，努力在实践中破解这道经济学上的世界性难题。可见，如何探索和解决市场和政府关系是中国在发展社会经济中对制度经济学的伟大探索。二者既不能缺位，也不能错位和越位。不缺位意味着不能走完全由资本或是自由市场说了算的道路，不能错位和越位意味着要以技术进步为基础，从发展的需要、人民的需要出发，从新现象中总结新规律并指导社会经济健康稳定发展。

主权独立下市场的便利化就是要减少阻碍资金、技术、商品流通的暗礁，让发展成果均沾水平提高。在市场派眼里，国家的主权独立作用很少受到强调。这是不符合世界近代史的客观事实的。历史上，拥有技术和产业优势的国家在市场扩张过程中希望所有的市场都是开放的，特别典型的是美国19世纪曾经针对列强对中国市场的瓜分提出“门户开放”政策。广大发展中国家从20世纪的民族独立自决过程中实现了国家的主权独立，那时就可以看作具备统一市场了。但是，由于经济不能独立，政治上的独立最终成为一个摆设。在20世纪殖民地独立过程中，对殖民资产国有化，有的国家是按照市场来收购的，有的国家是按照政权属性来没收的，其后果也是影响深远的。诸如一直困扰津巴布韦的向英国回购殖民者占有的土地的问题。不平等的竞争让依靠初级产业的国家成为国际产业资本和商业资本剥削的对象。也由此导致当前很多发展中国家在贸易、投资便利化过程中顾虑重重，进而影响到了地区或次地区统一大市场的建设。导致这种困境出现的症结是，政府不能在市场的开放中通过正常的法律法规提升自身产业进而维护自己的利益。反言之，政府如果拥有对市场监管法律的主权，那么就应该乐观看待经贸便利化过程中对本土产业经济的提升和发展促进作用。这就是《意见》关于社会主义市场经济体制的特质所在。

统一大市场，快速发展的中国，创新的制度和理念。市场经济条件下，市场的规模是和利益增长的规模密切相联系的。马克思在《1844 年经济学哲学手稿》中就“资本对劳动的统治和资本家的动机”指出：“商人的利益始终在于扩大市场和限制卖者的竞争”，随着资本的竞争，引发了不断的危机和动荡。马克思对早期欧洲资本主义发展过程进行了总结。但在社会主义制度下发展市场经济是中国实践的首创。在新的技术条件下，利用市场经济的基本规律，发挥好主权引导和法治规范作用，让市场主体在扩大的统一大市场中真正实现社会化发展，这是新时代中国的理论创新，也是开展相关国际合作的重要指导。

高水平参与全球化，通过市场合作带动更多合作方实现高质量发展转型。首先，对于国际观察而言，《意见》是以市场建设为动力和导向的，中国的高质量发展和统一大市场是以高质量参与全球化进程为一个“循环”的。这充分向世界表明中国会坚定不移扩大对外开放与合作。其次，从新中国成立以来努力实现“耕者有其田”的农业社会，到改革开放以来“满足人民日益增长的物质文化需要”，到《意见》强调“以高质量供给创造和引领需求”，话语表述变化背后是中国社会经济发展的大幅度进步和参与全球市场能力和水平的提升。在人类命运共同体理念下，中国的高水平参与全球化发展，将为更多的国家和人民带来发展的红利。

从保障供给到服务实体：应对通货膨胀的中国经验 *

通货膨胀是发展中国家长期面临的重大问题。当前由于疫情及发达国家的货币政策调整、俄乌冲突供应链紧张，全球范围内的通货膨胀又一次引起广泛的关注。即使是欧美一些发达国家，其通胀率也达到数十年内新高。相比较，经济本身就脆弱的发展中国家所面临的困难更加突出。如何看待通胀的产生和传导，是了解发展中国家长期面临发展困境的重要视角，也是未来国际合作共同应对通货膨胀挑战的重要内容。

通货膨胀直接意味着资产缩水。通货膨胀是和物价水平相关的一个概念，通货膨胀更多被描述为物价上涨，就是本币贬值，直接反映在普通民众、企业购买力下降，政府的投资能力缩水等。在通货膨胀背景下，国家以外汇计价的资产会缩水。从不同视角看，造成通胀的原因是多方面的。可以从货币发行量角度解读为货币超发，也可以从商品供应角度认为是供应不足，也可以从国际经济交流活动中认为是本币国际使用能力的不足，用来采购必要设备，甚至消费品的能力严重下降。通胀情况下，一国资产的实物形态并没有变化，但是计价或交易价格却发生了贬值，同样的本币却不能进口等量的货物，这些成本都将直接影响到国民的生计。可见，通胀是在所谓市场规律下发展中国家资产被周期性掠夺的表现。

---

* 原文载于《瞭望中国》总第 452 期（2022 年 7 月），参见 http://www.outlookchina.net/html/news/202207/12739.html。

发展中国家的通胀通常是输入型的。从国际合作经验看，很少有国家能够实现全产业的覆盖和可持续发展。由此，存在国际互补性合作，就必然要面对外部可能带来的冲击。其中，一个重要的联系纽带就是本币与外汇的汇率。这意味着提供世界主要外汇的发达国家的货币政策或国内经济政策调整，必然会给发展中国家带来本币币值的波动。当发达国家以提高利率等手段实施紧缩政策时，资本市场供给不足导致发展中国家的外汇“硬通货”流出严重，经济景气度下降，为了确保必要的就业和增长，发展中国家通常会采取宽松的货币或财政政策刺激经济进而导致通胀；而当发达国家通胀时又直接推高了制成品的价格上涨，进而带动发展中国家国内消费品价格上涨，成为国际经济资本流动过热的买单者。另外，在国际资本流动性充裕的过程中，发展中国家会选择投建很多新项目，在相关投资未能产生经济效益的背景下，一旦发达国家认为自身经济过热并进行货币政策调整，发展中国家就会面临巨大偿还压力，最终不得不导致项目出现“烂尾”或搁置，甚至出现债务偿还危机。可见，无论是发达国家紧缩带来的资本价格上涨，还是宽松带来的产品价格上涨，都会给发展中国家带来通胀，而前者给发展中国家带来的通胀更具有责任推卸的隐蔽性。

“牛病了给鸡打针”是国际治疗通胀的常用做法。国际通胀的全球治理着力点应该是提供主要外汇流通的国家。“牛”通常用来形容资本市场如虹的上涨，这里用来指长期以来提供主要国际资本的发达国家，这些发达国家是资本获利的主要国家。中国有句俗语“属鸡的命，刨一爪子，吃一嘴子”，道出了发展中国家的辛苦生计或通胀下入不敷出的窘境。资产缩水对任何国家的普通民众都是一种伤害，但不同发展水平国家的民众对通胀的痛感是差异很大的。全球化日益深化的背景下，可以看到引发通胀的危机在不断发生，且频率加快。严重的通胀或恶性通胀，会导致国际经济合作中的债务偿还危机，关系到一个国家民众对政府的信任，关系到“菜篮子”和“米袋子”的安全问题。从长远看，如何尽可能地降低一个经济发展水平落后国家的通胀，不仅关系到国际货币体系的改革，也关系到国际社会的治理方向。由此，治理全球性通胀或解决发展中国家的通胀带来的问题，首先应该关注提供主要外汇流通的国家。

货币的流向是衡量一个政府性质的重要视角。对于发展中国家的国民而言，更多情况下容易将国内的通胀归责于政府行为和责任，这是不客观的。不考虑一国生产与国际流通的关系，仅从政府对于通胀的责任角度看，财政、货币政策是影响通胀的重要因素。但客观上，就政府政策选择的正确性看，任何一个政府，做到全面精准把握内外形势百分之百地降低通胀的可能是微乎其微的，这是由其经济的国际合作特点决定的。强调政府应对通胀的能力有限性并不是为某个政府政策的失误开脱，而是需要选择一个理性的视角看待政府在应对通胀方面的作为和不作为。其中，超发货币的流向就是一个重要视角，如发展中国家通过财政和金融宽松政策，是为实体经济发展而注入活力，那则意味着生产能力的提升和基础设施的不断改进；相反，如果一个国家因为不断穷兵黩武，增发货币用来投入武器制造业，则国民财富的消耗是在造福个别行业或利益集团。从国际治理角度看，之所以有大国不断干预地区安全事务，甚至持续挑起战乱，就是因为利用自身货币的国际性让其他国家为其行为买单，从此角度看，通胀就是国家间财务转移的一个重要而隐性的手段。

从“稳定物价保障供给”“平衡财政收支”到“保障供给服务实体”反映了中共不同发展阶段应对通胀的不同理念。通胀在中国也是常发的，但并没有演变为持续的恶性通胀，而是不断地转危为机。在历次应对通胀中，可以看到如下特点。其一，早在抗日战争时期，中共就高度重视经贸平衡通胀的原理利用。如 1941 年 8 月 6 日，毛泽东给时任中共中央西北局副书记、中共陕甘宁边区政府党团书记、陕甘宁边区政府秘书长谢觉哉的关于财经建设基本方针的信中就针对当时边区的贸易指出：“盐为达到出入口（边区进出贸易——引者注）平衡之唯一的或最主要的办法”，这是可用来换取边区棉、布等必需品的关键。“出入口问题一解决，则物价币价两大问题即解决了。”[①] 其二，新中国成立后以艰苦奋斗来应对通胀、开展积累。在自身积累严重不够的条件下，新中国所经历的大规模项目建设放在任何一个国家大概率会引发严重通胀。为应对这一挑战，中共所实

① 《毛泽东书信选集》，人民出版社 1983 年版，第 177 页。

施的政策是与民同甘共苦，积极改善收支平衡和控制物价。代表性的文件有 1950 年 6 月 6 日毛泽东在中共七届三中全会上所作的《为争取国家财政经济状况的基本好转作斗争》报告。改革开放前，“保障供给”是中国广为人知的标语。在商品生产能力严重不足，又要开展一系列重大建设项目的背景下，通过特殊票据的发行等，确保了人民基本生活需要的供应，同时也有效地完成了工业化初期的资本和产业积累。其三，改革开放过程中，针对不时出现的通胀，中共充分发挥政府调控作用，多措并举调控市场维护物价，确保了改革的不断推进和航向的稳定。其四，新时代以来，中共更加重视金融业在防范通胀中的作用，强调把握好金融本质，避免发展“脱实向虚”。如习近平 2019 年 2 月 22 日在中央政治局关于完善金融服务、防范金融风险的集体学习会议上就强调，要深化对国际国内金融形势的认识，正确把握金融本质，深化金融供给侧结构性改革，平衡好稳增长和防风险的关系，精准有效处置重点领域风险，深化金融改革开放，增强金融服务实体经济能力，坚决打好防范化解包括金融风险在内的重大风险攻坚战，推动我国金融业健康发展。

应认识到发达国家和发展中国家对通胀理论的应用有很大差距。从特定视角看，通胀是同经济过热相关的。由此，发达国家将通胀水平作为衡量社会经济是否过热的一项主要指标来进行货币或财政政策的调整。但这种情况对发展中国家并不完全适用，其背后是主导产业的结构性差异和发展水平的差异。相比于发达国家高度关注资本、技术市场，发展中国家则更多关注初级产业或基础设施建设，这是吸纳劳动力的主要领域。因此，如果按照发达国家的通胀经验主导进行发展中国家的政策调整，则将主动附和发达国家主导的经济周期，最终很难规避可能到来的风险。中国应对通胀的经验表明，发展中国家在实现经济高质量自主发展过程中同输入型通胀压力的斗争是长期的。这也是广大发展中国家长期面临的问题。要实现健康稳定的高质量发展，就需要共同推进国际经济秩序的健康发展，同时要充分协调好节约、储蓄和投入的关系，在防范风险的同时积极提升国家生产能力的现代化水平。

做好“双碳”背景下产业升级这篇大文章*

一个国家的社会经济发展进步离不开技术进步带动产业整体升级，抓住产业升级新机遇才能实现跨越式发展。从此角度，产业升级绝不仅仅是经济和发展问题，也是重大的政治问题。从产业升级带动社会经济发展成效看，中国对此的经验和感受是深刻的。就当前看，新时代以技术革命推动产业的整体升级和社会经济发展是国家的重大发展方向。这个方向既是塑造新发展格局的需要，也是中国努力实现“可持续发展”的重要举措。

2022 年 1 月 24 日，中共中央政治局就努力实现碳达峰碳中和目标进行第三十六次集体学习。中共中央总书记习近平就“深入分析推进碳达峰碳中和工作面临的形势任务，扎扎实实把党中央决策部署落到实处”发表讲话，强调实现碳达峰碳中和是贯彻新发展理念、构建新发展格局、推动高质量发展的内在要求，是党中央统筹国内国际两个大局作出的重大战略决策。1 月 27 日下午，习近平到山西瑞光热电有限责任公司考察调研，这是 2016 年以来连续 7 年调研煤炭相关的改革议题。正如人民日报《总书记为何连续七年看煤炭》一文中所说，总书记的关注“关乎历史，关乎现在，也关乎未来”。

重视新技术革命带来的产业升级是中共十九大以来中国发展方向。当

---

* 原文载于《瞭望中国》总第 448 期（2022 年 3 月），参见 http://www.outlookchina.net/html/news/202203/12678.html。

前的第四次工业革命是一次综合性产业升级和革命，对人类进步的影响将是史无前例的。十九大以来已召开的36次中共中央政治局集体学习中，关于重视新技术影响和应用的直接议题有6次。包括第二次“实施国家大数据战略加快建设数字中国”、第九次“人工智能发展现状和趋势”、第十八次“区块链技术发展现状和趋势”、第二十四次“量子科技研究和应用前景”、第三十四次“推动我国数字经济健康发展”、第三十六次“努力实现碳达峰碳中和目标”，占到六分之一。如果将涉及新时代塑造发展新动力的内容考虑在内，则第三次“建设现代经济体系”关于做大做强现代化的实体经济、第八次“实施乡村振兴战略”推动农业由大国向强国转变等议题都同新条件下产业升级密切相关。作为最大的发展中国家，在众多发展议题中，执政党和国家最高领导层如此密集学习新技术变革，足见新时代对技术进步和产业升级的高度关注。

产业升级将意味着社会更大规模的就业和包容性发展。历史地看，在产业大规模升级过程中，由于新技术的广泛使用，不仅带来了资源的更加高效的使用和分配，也带来人类自身数量的快速增加和生活质量的提高。数百上千年前，在当时技术条件下地球所承纳人口到达一定规模，导致频繁地对有限资源争夺的战争和冲突，但当前技术的不断进步却使地球承纳了更多的人口并实现了历史上人类更高的生活质量。这种经验对于广大仍在探索发展转型的国家而言是非常重要的。新技术广泛应用下的产业升级，意味着能效的提升和生产关系的重塑。在此过程中，并不能简单理解为技术的进步会带来就业机会的下降。事实上，在产业升级过程中，总体趋势是社会分工更加精细，也会由此产生更多细致的行业分工。技术的进步，将伴随更高级生产、生活设施的建设，并伴随新的教育、培训、服务等产业的发展。可以看到，随着当前科技的进步，跨行业的融合发展在加速推进。在可持续发展目标下，生物技术已经在规模性地向工业领域扩展，传统的能源、石化材料等正被新的生物技术产品所替代。新的数控技术带动下，人类对资源的开发和利用日益精益化和高效化。

了解产业升级背后的历史逻辑，是认识当前产业升级重要性的基础。人类对石化碳资源的现代化开发和利用已经有数百年的历史，这代表着过去人类的科技能力和水平，也造就了过去的人类与自然的关系。在当前技术条件下，人类已经完全掌握大规模对即时碳资源的收集和使用，可以将风、光等资源向电力转化。一定视角看，资源的使用和开发模式是与人类社会秩序相关的。如果说历史上长期存在资源争夺塑造了不同的国际关系，也反映了特定资源的重要性和稀缺性，那么当前和今后的新能源发展领域，全球在很多地方有巨大的开发空间和潜力，如萨赫勒地区拥有的巨大的太阳能，很多滨海地区的风能……广泛利用这些有巨大开发潜力的资源，将是人类解决现有发展瓶颈的重要突破口。在利用各自优势实现对新能源的共同开发过程中，将塑造新的国际合作和人类交往关系。能源短缺的解决，将极大地推动其他生产、生活方面的进步。

产业升级常冠以“革命”之名，表明产业升级既是机会也是挑战。尽管产业整体升级中不可避免伴随阵痛，但以自我革命推动产业升级是社会治理和发展进步的主动积极方式。传统产业的整体升级，必然带来利益结构的调整，也是一次利益格局的重塑。在产业的整体升级过程中，利益结构调整或体现在社会的对立加剧，或体现在以自我革命推动和实现新的发展。这也是理解近代以来大规模产业升级被集中描述为“工业革命”的一个视角。资本主义工业化生产需要土地引发了对地主阶级的革命，社会主义社会化的生产和分配需要引发了同资产阶级新的斗争。信息产业的发展带来万众创业引发了传统生产、供应商经营模式的变革……“双碳”目标下的新能源升级必须用“革命”的态度应对，这是从能源升级换代视角看待新技术革命。当中共和中国政府向世界承诺“双碳”目标时，并不仅仅是对气候问题的关注，也体现了中国努力实现新技术推动产业升级的决心和勇气。同样，中国的这一立场也体现在国际合作中。2021 年 11 月 30 日，中非合作论坛第八届部长级会议通过的《中非应对气候变化合作宣言》中明确提出：“人类需要一场革命，通过加快可负担的绿色低碳转型等方式减缓气候变化影响，助力可持续发展，共同构建人与自然生命共同体。”

把握好新时代产业升级的驱动特征，有序推动产业系统升级。首先，从绿色清洁能源入手积极推动产业发展新格局塑造。工业产业的整体升级离不开能源行业的变革驱动。无论是蒸汽驱动的18世纪第一次工业革命机械化，还是电力驱动的19世纪第二次工业革命的电气化、20世纪第三次工业革命的信息化，高效能源的使用都扮演着关键的角色。在绿色能源推进可持续发展的国际共识背景下，“双碳”目标下的能源改革正是又一次重要的产业升级变革。“双碳”同数字化、智能化、信息化等概念一并成为反映产业升级时代特点的用语。其次，推动能源统一大市场基础上的发展由资源、资金驱动向科技驱动转型。2021年以来，国内、国际能源市场出现较大波动，这一现象既有疫情防控对物流和生产造成的影响，但更是全球能源发展新旧动能切换的表现。就国内市场而言，加快高质量统一大市场建设是实现“双循环”的重要前提。稳步有序推动“双碳”目标实现并构建绿色能源发展新格局的同时，通过产业升级或发展转型补偿部分地区的“生态欠账”将有助于我们共同富裕和可持续发展目标的实现。因此，我们可以理解2021年11月24日召开的中央全面深化改革委员会第二十二次会议通过的《关于加快建设全国统一电力市场体系的指导意见》和习近平在会上关于加快科技体制改革攻坚和科研人才培养讲话的重要性。

南南合作重视分享中国产业升级发展经验。发展中国家的发展长期滞后，根本上是制度的激励作用不够，在产业层面提升现代化发展水平的能力较低。中国的快速进步和产业技术升级密不可分。这是中国的发展经验，也是中国积极同发展中国家分享的有益经验。历史地看，中国长期处于技术落后或先进技术短缺的国际地位。因此，相当长时间内，中国国际合作的一个重要方向是获得先进技术并推动产业的整体进步。经过几十年的这种发展，中国取得了较大的进步。新时代以来，中国国家主席习近平在多次的南南合作中强调第四次工业革命的重要性，希望发展中国家能共同把握历史机遇。2018年7月，习近平在金砖国家领导人约翰内斯堡会晤大范围会议上的讲话中高度肯定了会议主题“金砖国家在非洲：在第四次工业革命中共谋包容增长和共同繁荣”，并强调要加强发展中国家在新一轮工业革命进程中的工业化合作。2018年9月，中非合作论坛通过《关于构建更加紧密的中非命运共同体的北京宣言》，明确提出“使各国加强合作，共同从第四次工业革命中广泛受益”。

第四部分

中国式现代化国际合作及参与全球治理探索

国际合作方式直接决定着人类的福祉。当我们分析中国式现代化的制度建设和经济发展成就时，必须要将中国式现代化的重要性放在国际合作视角看。在人类历史上，以各种名义引发的战争不断。无论科技如何进步，社会如何发展，都未能避免冲突和战乱对不同地区国家和人民造成的规模性灾难。近代资本主义的全球扩张，更带来了史无前例的暴力，从奴隶贸易到殖民地争夺、两次世界大战……无数的生命财产遭到毁灭，文明多样性、发展多元化受到践踏。可见，如果不推动国际合作方式的根本变革，任由讹诈、制裁、“颜色革命”、国际规则双重标准、冷战思维等盛行，全球性安全风险将变得更加突出，一旦核失控将给人类带来整体的毁灭。

中国式现代化将开展广泛的和平国际合作视为人类发展的趋势。合作共赢是中国传统文化中的重要理念。从公元前139年张骞出使西域开辟丝绸之路，到15世纪初郑和七次下西洋，中国长期是和平国际合作的重要参与者。在近代国际社会丛林法则盛行，中国深受其害。20世纪70年代，面对纷繁复杂的国际形势，毛泽东将统一战线理论运用于国际舞台，提出“三个世界”划分的理论，于是有了第三世界的说法。在当前世界发展再次走到十字路口时，中国希望世界各国能以史为鉴，尊重文明多样性和发展自主性，强调通过合作缩小发展差异，降低安全隐患。中国式现代化参与国际合作秉持的理念及合作方式，需要世界更多国家的参与和支持。

中国全球合作的角色：倾听者、建设者和合作者*

随着习近平主席访问中东三国，国际热议不断，“中国输出发展理念”“中东国家向东看”等不一而足，凸显出国际社会对中国参与中东事务的关注，从中可以看出不同行为体对中国中东外交政策的复杂心态。

访问全球焦点地区，体现了中国政策在国际事务中的一贯立场，同时也体现了本届政府上台以来，中国在综合国力快速提升基础上参与全球治理的大国立场。中东国家对深化对华友好关系的共识并非“媚强”，而是对中国一贯主张的国际关系中的平等原则的认同。

忠实的倾听者远胜自大的说教者。长期以来，国际霸权、发展不平衡是造成很多国家动荡的主要原因。了解当事国的关注，站在主权国人民长远利益角度考虑发展面临的问题，是解决问题的基础。早在2013年习近平主席在访问南非参加金砖国家领导人会议时，就明确表示，希望在发展同各方关系中首先扮演一个倾听者，“听听非洲国家对发展中非关系的想法”，同时也“呼吁国际社会倾听非洲的声音，尊重非洲意愿，发挥建设性作用”。同样，在中东中国也一直扮演着忠实倾听者和建设者角色。之所以在长期的阿以冲突中保持同各方的友好合作，倾听和建设无疑发挥了重要的作用。只有倾听才能理解，只有理解才能尊重。无论是对塞西政

---

*原文2016年1月22日载于“中青在线”，标题《中国在中东的角色：倾听者、建设者和合作者》，获网信办全网推送。

府上台后对华访问提出的希望加强多领域合作促进其经济恢复和发展的声音，还是对多年的伊核问题谈判中的伊方立场，“中国声音”完全立足于“和平稳定”“对话合作”，充分照顾了当事国的发展关注。习近平主席此次访问中东，表明中国在倾听基础上对当前动荡中东的稳定和发展正发挥积极的建设性作用。

互利共赢的践行者强于狭隘的谋私利者。诚然，中国经历多年的工业化发展，有着明显的产能过剩及转出需求。但是，这是全球经济发展的必然。正如20世纪60年代后随着欧美战后重建的完成，国际资本流动向发展中国家转移一样，当前中国的产业升级意味着将带动更多的发展中国家走向增长和繁荣。中国深切理解中东各国发展经济改善民生促进社会进步的迫切需求。对接中国的发展，通过“一带一路”促进共同发展是习近平访问中东带给各国人民的发展选项。正如习近平主席在《利雅得报》发表的题为《做共同发展的好伙伴》的文章所指，中国希望中东国家能够成为重要参与者、建设者、受益者。

平等开放的合作者才是共同秩序的构建者。如果说阿拉伯国家的“向东看”是一种外交选择，那么这种选择源自自愿。平等合作、互利共赢、命运共同体无不是中华民族复兴中构建新型国际关系的核心。如果说中国的发展经验受到关注，那么，并非因为中国在崛起中输出了经验和价值观，广大发展中国家关注中国发展经验，更多体现出发展中国家对通过增长解决发展的迫切愿望，以及对中国成就范式的认同。这是各国在发展道路上对世界发展经验的判断和完全独立自主的选择。尽管中国30多年的高速增长也带来了一些问题，但无论同领先工业化进程数百年仍问题层出不穷的发达国家相比，还是同一些长期存在民不聊生、兵荒马乱残酷现实的发展中国家相比，中国在发展道路上取得的成绩都是巨大的，也是史无前例的。构建新型国际关系，需要各国平等参与，在互利共赢中实现国际关系的可持续发展。“命运共同体”这一中国崛起中的重要外交理念正在得到中国政府强有力的践行。

中国是多边主义的坚定维护者 *

2020 年 6 月 17 日，中国国家主席习近平在中非团结抗疫特别峰会上的主旨讲话中明确强调，“我们要坚定不移践行多边主义”，“维护以联合国为核心的全球治理体系，支持世卫组织为全球抗疫作出更大贡献”，“反对将疫情政治化、病毒标签化，反对种族歧视和意识形态偏见，坚定捍卫国际公平正义”。① 通过中非抗疫峰会，再次宣示了中国对非洲支持的多边主义的共识和立场，是应对当前国际疫情挑战和单边主义盛行带来的危害的正义发声。坚定不移践行多边主义是新时代中国构建新型国际关系的重要原则。

坚持多边主义就是维护国际民主和秩序。从概念看，“多边”可理解为多方，多边主义就是重视利益攸关者的多方合作，尊重各方立场或观点，凡事协商着来。多边主义的维护更多体现在“多边”公正参与制度建设。多边主义不仅是涉及外交关系的概念，实际上也是任何国家都难以回避的关乎自身发展安全环境的重大问题。全球国际秩序建构是近代以来的事情，也是全球化的产物。从所谓的“发现占领”到奴隶贸易、从依靠实力抢夺殖民地到霸权主义，“强者通吃”的丛林法则曾长期在人类发展史

---

* 原文载于《瞭望中国》总第 429 期（2020 年 8 月），参见 http://www.outlookchina.net/html/news/202008/12351.html。

① 《习近平在中非团结抗疫特别峰会上的主旨讲话》，新华网，http://www.xinhuanet.com/politics/leaders/2020-06/17/c_1126127508.htm。

上占据着主导。第一次世界大战后建立的“国联”之所以不被尊重，缺乏执行力，其根本原因就在于国际问题上少数国家说了算，严重违背国际公平和正义。其结果是强强对抗加剧，战争继续。在第二次世界大战后建立的联合国，虽然霸权主义仍不时作威作福，但一些强国能够认识到民主对自身安全的重要性，愿意推动国际秩序建构。更重要的是，由于二战后广大亚非拉民族独立自觉意识的提高以及苏联和新中国在国际舞台上反帝、反殖的推动，国际秩序建构朝着公正公平的方向发展。

多边主义是发展中国家维护独立自主的重要途径。霸权主义和单边主义一直是严重影响国际发展环境的重要因素。回顾历史，在霸权主义横行的时代，发展中国家的利益严重损害，同霸权国家的发展差距不断扩大。霸权国家不仅攫取发展中国家的资源、市场，还输出制度、文化，选择代理人执政把控一切。亚非拉很多国家在过去数百年发展的表现就是明证。在当前，一些国家长期存在政局动荡、民族边界冲突，很大程度上都是霸权主义造成的。一些发展中国家在同世界的合作中，常通过“灵活外交”或“平衡外交”来避免“选边站”，以求努力维护良好的外部环境实现国家自身的发展利益。但一个动辄挥舞“大棒”的霸权国家是没有信誉可言的，除非放弃自己的发展要求甘于做霸权的奴隶。而多边主义才是和平解决边界冲突、贸易纠纷、种族冲突的重要保障。从政治上看，支持多边主义是二战后众多殖民地走向民族独立的重要基础。从经济上看，支持多边主义有助于维护良好的外部合作环境，是避免国家间因政治目的导致产业合作中断的重要途径。维护一个开放的全球产业链，有助于不同国家在产业发展中取长补短实现较快的发展。而技术和经济的进步将会普遍提升人类的发展水平。不可否认的是，当前的很多普通民众所享受的物质文化生活要好于古代的王侯将相，这就是社会发展和进步带来的效果。当一种先进的技术由于政治原因被限制使用与合作，毫无疑问这是违背历史进步规律的。

多边主义是国际秩序构建的基础。多边主义是国际法的基础，也是全球治理的前提。因此，维护多边主义就是对国际秩序的维护和构建。一方面，多边主义是针对单边主义、霸权主义而言的。只有各方平等参与，国际治理才具有合法性和约束性。这体现的是现代国际关系的民主和进步。另一方面，发展历史起点的不同决定了不同国家在具体问题上有不同的解读。因此，多边主义要体现包容性。很大程度上，经济的全球化是以政治的多极化为基础的。单极化背后的逻辑是霸权国家在国际舞台上为所欲为，肆意捏造谎言，肆意践踏国际法、肆意侵犯他国利益，将自己的发展权和国民的民主权凌驾于别国之上，在国际秩序和规则的制定中极端地按照自己的利益考虑。分化瓦解多极化的目标是获得独享的国际强势地位，这是开历史倒车。因此，共商共建共享应该成为多边主义的重要理念。正如习近平 2019 年在亚信第五次峰会上指出的，“我们将坚定践行多边主义，维护以国际法为基础的国际秩序。中方愿同各国一道，秉持共商共建共享的全球治理观，坚定维护以联合国为核心的国际体系，坚定维护以世界贸易组织为核心的多边贸易体制。对于经贸往来中出现的问题，各方都应该本着相互尊重的精神，通过平等对话协商，按照国际关系准则和多边贸易规则妥善处理，而不是动辄诉诸保护主义、单边主义。中国的这一立场，不仅是在维护各国的正当发展权利，也是在维护国际公平正义。”①

维护多边主义符合世界绝大多数国家的切身利益。从多边主义实践的效果和影响看，世界广大民族国家获得独立和冷战后的快速增长都受益于多边主义的盛行。研究国际政治的人都清楚，第二次世界大战后的世界民族独立运动是人类国际关系上的大事。但这个成就是基于二战后老牌帝国主义实力的下降和东方力量上升的。在苏联的影响下，国际格局和形势发生了空前的变化。这种国际实力的平衡，为广大亚非拉国家获得民族自决和独立奠定了重要的基础。研究世界经济的人不应该否认，冷战结束后，多极化的发展趋势再次为世界的经济发展营造了较好的国际环境，也由此带来了多数发展中国家的快速发展。相应的，发达国家也在此过程中保持了更好的发展。相比较，近年来，随着霸权国家卷土重来的一系列行为，世界的正常发展遭受严重破坏。一个国家的伟大和发达应该通过自己的制

① 《习近平在亚信第五次峰会上的讲话》，新华网，http://www.xinhuanet.com/politics/2019-06/15/c_1124627485.htm。

度设计和技术创新来实现，而不是继续野蛮时代的武力与强权。霸权国家的错误行为没有得到纠正，成为当前国际秩序动荡和发展充满不确定的重要原因。强迫他国“选边站”，政治化世界经济合作，不仅是对他国切身利益的一种损害，也会进一步危害到国际秩序的稳定和健康发展。

维护多边主义是中国最大的国际政治。“多边主义”是中国对外关系中常用的一个舶来词汇，中国在国际合作中使用该概念，反映的是中国的国际化融入意愿。新中国从毛泽东时代开始，就敢于反抗帝国主义、霸权主义，支持广大亚非拉国家并积极融入国际社会，维护多边主义。参与国际秩序建设是中国的最大国际政治。一方面，中国坚决反对帝国主义、殖民主义，支持广大受压迫的亚非拉民族独立自主发展、在国际社会上维护自己的利益。另一方面，中国一贯尊重历史、文化、发展和制度的差异。国际合作中强调求同存异，强调对话解决分歧，政治协商解决矛盾。正是因为中国以上对待多边主义的坚定立场和态度，中国得到了广大国家的支持。中国重新获得联合国席位就是国际多边主义的一个充分表现。中共十五大以来，支持多边主义，通过多边外交活动维护世界和平以及通过多边经贸合作参与世界经济发展一直在中共代表大会报告中体现。习近平主席多次强调支持国际多边合作的重要性，将维护多边主义作为国际合作的重要方向。可见，从反帝、反殖、反霸权，到通过坚持多边主义维护国际多边组织的权威性，积极推动世界政治的民主化和世界经济的包容性增长和发展，是中国维护多边主义的重要逻辑。

多边主义应该得到全球的支持。维护多边主义是构建国际秩序的主要内容。坚持多边主义就是守望世界人民的共同家园。特别是在疫情肆虐，世界经济发展严重受损，多国社会矛盾加剧的背景下，世界更多的国家应该认识到支持多边主义对自身安全和社会健康发展的重要意义。一方面，世界各国应该敢于按照事情的是非曲直在国际舞台上发声。另一方面，要敢于对霸权主义者的单边主义“说不”。从国家影响看，特别是一些大国，被强权左右对外合作，丧失的是国家的尊严，破坏的是国家的形象。一个国家的尊严并不是人口众多或“大棒”有多厉害。印度的甘地以一个手无寸铁的弱者来表达对正义的伸张，南非的曼德拉以“蹲监狱”来控诉种族隔离制度的黑暗……他们不仅为自己赢得了声望，也为自己的民族和国家赢得了尊严。中国在中国共产党的带领下，在遭受不断围攻制裁的背景下，筚路蓝缕，千辛万苦，以勇于承担世界责任的心态、积极推动国际民主化进程的意志、敢于维护以联合国为代表的全球秩序的行动，向世界证明了一个大国的担当，理应得到世界广泛的理解、尊重和支持。与此同时，世界也应该相信，霸权国家针对中国的制裁和极端打压在70多年前都铩羽而归了，当前的中国更有能力做多边主义的坚定维护者！

中国是维护世界和平与发展的中坚力量*

2019年6月召开的亚信峰会及7月召开的二十国集团峰会，将世界和平与发展两大主题集中到一起。在美国特朗普政府单边贸易保护主义盛行、伊朗安全冲突趋于升级态势下，世界向何处去的问题重新摆到人类的面前。作为特朗普政府单边贸易主义的主要针对者，作为世界第二大经济强国，中国的态度无疑是备受关注的。

协调共同发展是人类社会发展的趋势，但协调共同发展一直面临着挑战。生产力决定生产关系是马克思主义的基本观点，也是人类社会的基本规律。但历史的发展经验告诉我们，历史的发展进程从来不是直线的。不同国家、不同地区发展水平的差异，及存在的更重要的一些破坏性因素，一直影响着人类共同协调发展。一些地区内的国家通过区域一体化合作来积极寻求解决单一国家无法应对的发展挑战，可能会触动另一些国家的利益并使其人为阻碍这一发展进程。虽然没有人能完全否定国际社会中丛林法则的存在，但丛林法则的存在并不是合理的，也不代表人类的发展方向，这是毋庸置疑的。否则，人类共有秩序的建构就不可能成为现实。站在21世纪人类一体化高速发展的今天，解决“人类命运共同体”秩序建设所面临的挑战更加迫切。

---

* 原文载于《瞭望中国》总第407期（2019年7月），参见 http://www.outlookchina.net/html/news/201907/12043.html。

2019 年，联合国很多报告中“不确定”一词使用频率较高。作为当前世界最重要的多边机制，联合国在其报告《世界经济形势前景（2019 年）》中提到贸易协议不确定、货币政策不确定、经济政策不确定、政治发展不确定、经济增长不确定、2030 年议程不确定等，单一使用频次达到 60 次以上。在美国单边贸易保护主义不断升级、中美贸易争端持续得不到解决、美国伊朗安全冲突可能性不断增加的背景下，似乎世界的发展正变得很不确定。历史地看，人类发展进程中，“不确定”更多是强国、大国自身发展给外部世界带来的。事实上，回顾历史，人类社会整体前进的脚步一直是确定的。在特定的历史阶段，特定的历史事件面前，在大国影响世界发展充满不确定的时候，需要更多国家体现出对人类共有秩序和发展的担当，推动人类社会向健康的方向发展。

中国在国际舞台上的大国责任和担当从未缺席。从体量上看，中国作为世界大国已经有数千年的历史。但在新航路开辟以来的数百年中，从毛泽东时代开始，中国在全球事务中坚定维护和平与发展的立场才为中国赢得了真正的全球大国尊严和地位。中国今天的国际地位，正是国际社会对中国从未缺席大国责任和担当的高度认同。梳理二战后的历史不难发现，西方大国导致的不确定性从未消失，而中国对促进世界和平与稳定的坚定信念从未动摇。一方面，从全球治理角度看，世界秩序由少数几个列强掌握到世界各国在国际治理和发展诉求中都有发言权，中国的推动作用是突出的。第二次世界大战后，无论是中国坚定地支持广大亚非拉国家的民族独立运动推进去殖民化进程，还是冷战对峙时期中国积极倡导和平共处五项基本原则推进不结盟运动，甚至反对苏联霸权扩张应对核恐吓，中国都无惧威胁，一如既往地坚持按照是非曲直在国际舞台上发出自己的声音，以自身能力积极维护国际社会的和平与发展。另一方面，“穷则独善其身，达则兼济天下”一贯是中国面对国际社会共同发展的理念。如果说从积贫积弱起步依靠艰苦奋斗实现人类历史上最大规模的快速发展是中国对世界共同发展的责任和担当，那么中国提出通过“一带一路”共建、共享，促进构建人类命运共同体则是新时代中国对世界共同发展的新担当。此外，从中国自身发展战略看，毛泽东时代以来中国共产党一直高度重视国内发展政策对外部风险的防范，这可以从历次的国家发展纲要中充分体现出来。面对当前国际形势的变化，中国国家主席习近平在讲话中多次提到“当今世界正处于百年未有之大变局”。中国的发展离不开良好的外部环境，中国的决策者有充分的外部风险防范意识，当前的中国有能力和意愿继续做好维护世界和平与发展的中坚力量。

维护世界和平与共同发展，不同制度国家可以广泛开展合作。维护和平是为了共同发展。中国的发展经验一贯将发展作为解决民族社会问题的根本出发点，并强调没有稳定就没有发展。该理念下的中国发展经验是视大众的集体的共同利益高于个人或小众的利益。相比，西方国家常常以支持“民主”“人权”来干涉他国内政，最终导致他国社会发展陷入严重动荡，从而从中为自己谋求利益。所谓意识形态斗争，其实质是国家利益斗争。1954 年 8 月 24 日，毛泽东在会见英国工党代表团的谈话中就明确提出：“所谓反共，这事并不是完全真实的。据我看，美国反共是把它当作个题目来做文章，以达到他们另外的目的，首先是占据从日本到英国的这个中间地带。美国在北美洲处在这个中间地带的那一边，苏联和中国处在这一边。美国的目标是占领处在这个广大中间地带的国家，欺负它们，控制它们的经济，在它们的领土上建立军事基地，最好使这些国家都弱下去，这包括日本、德国在内。”如果单从这个角度看，美国的特朗普执政以来以美国利益优先在世界范围内大肆使用经济手段维护本国利益，要比一些以意识形态为幌子谋求国家利益的美国总统直白得多。由此，也可以理解为什么特朗普对其诸多盟友也频频出招。在面对共同挑战，维护发展问题上，世界上不同制度国家为维护共同的利益仍需要开展广泛合作。毛泽东指出：“我们认为，不同的制度是可以和平共处的。”“我们订一个条约，……订个几十年不打仗的条约。谁要打仗，就反对他。”①

维护世界和平应对安全的挑战，要团结一切爱好和平的力量。20 世纪的越南战争期间，世界的和平与发展也曾面临过严峻的威胁。中国应

---

①《毛泽东文集》第 6 卷，人民出版社 1999 年版，第 339、340 页。

对之策就是团结一切爱好和平的力量抵制美国的冒险行为。1954 年 7 月 7 日，毛泽东在中共中央政治局扩大会议上的讲话中，针对当时美国在越南问题上的讹诈态度指出："我们几个国家，苏联，中国，还有朝鲜和越南，是团结得很好的，方针是正确的，活动是有成绩的。在日内瓦，我们抓住了和平这个口号，就是我们要和平。而美国人就不抓这个东西，它就是要打，这样，它就很说不过去了，没有道理了。现在要和的人多了，我们要跟一切愿意和平的人合作，来孤立那些好战分子，就是孤立美国当局，主要还是那里头急于要打仗的那一派。""缓和国际紧张局势，不同制度的国家可以和平共处，这是苏联提出来的口号，也是我们的口号"。并提出中国愿意在和平共处五项基本原则基础上广泛开展与所有爱好和平国家的合作，包括团结美国国内的反战力量。"美国内部也是有矛盾的。……艾森豪威尔同史密斯以及他的财政部长、国防部长，对现在要打是不赞成的；杜勒斯、诺兰、尼克松、雷德福这些人，就比较更冒险一点。所以，对美国这样的国家也不是没有文章可做。"① 在大国影响自身发展影响国际进程的一些具体事务中，要敢于站出来，敢于团结一切可以团结的力量遏制部分政治利益集团的冒险行为。

发展中国家抱团取暖互通有无，比独立无援好得多。中国一贯强调自己永远的发展中国家属性，这不仅仅是发展水平的划分，更是中国在国际社会中的阵营定位。中国重视同所有爱好和平的发达国家开展广泛合作，反映了发达工业国家工业化以来社会经济发展水平的进步，也是中国见贤思齐的态度。但从全球范围看，在世界和平与发展风险加大时，深化发展中国家自己间的合作更值得信赖。资本主义发达国家从自身阶级利益考虑，对发展中国家快速发展并赶超的恐惧是与生俱来的。当一种先进生产技术在没有竞争条件下能够获得长期超级利润，资本研发的动力就会下降，但这在客观上会阻碍人类社会的进步。近年来国际上一种流行的说法是"中国买什么什么贵，中国生产什么什么便宜"，由此可以理解当下特朗普政府对于中国 5G 应用技术使用的焦虑和抓狂，也反映了资本主义国

① 《毛泽东文集》第 6 卷，人民出版社 1999 年版，第 332、334、333 页。

家和社会主义国家的性质差异。过去毛泽东多次讲中国有人口优势，而今天我们强调有市场优势。广大的发展中国家团结协作会有更大的市场和资源优势。

可持续发展的中国担当 *

可持续发展是当前国际社会高度关注的政治议题和发展议题。可持续发展当前更多体现在人类共同关注的家园建设。在该议题下，气候问题带来的减排、绿色发展等概念已经成为21世纪以来的全球性热点议题。这一现象的产生背景是工业化以来的快速增长和资源消耗，以及带来的地球环境破坏和发展不可持续性。在一些发展中国家，环境的恶化意味着生存环境的恶化，也由此带来一系列的发展问题。系统地看，可持续发展又不仅仅是减排问题，而是关系到人类如何看待快速工业化带来的系列社会经济问题，以及在技术进步背景下如何协调解决人类共同面临的发展问题。从此角度看，任何一个国家都难以回避这一议题。

二十国集团利雅得会议让世界感受到可持续发展的重要性。当前，沙特所在的中东地区是世界最重要的石油储量和开发区。长期的油气资源开发为该地区相关国家带来了巨大财富的同时，也造成了对资源经济的依赖和环境的严重破坏。作为高收入国家，石油经济的转型和多元化发展受到沙特等相关国家的高度重视。相比较，资源条件与沙特存在较大差距的很多发展中国家，在环境恶化、产业转型方面面临的挑战则更加严重。这些国家受制于阶段性发展特点和发展需要，仍不得不高度重视和依赖石化资

* 原文载于《瞭望中国》总第434期（2021年1月），参见 http://www.outlookchina.net/html/news/202101/12459.html。

源的开发。一方面，我们不得不承认的一个客观现象是，很多创造古代人类文明的地区，由于长期的资源消耗与修复不足，地区居民生活的自然环境在不断恶化。另一方面，世界必须高度关注当前一些发展水平较低的国家对发展议题的迫切性需求。可见，在沙特这样的石化资源大国召开“守护地球”的二十国集团会议，对于国际社会进一步关注减排和绿色发展议题的意义是突出的。

中国政府高度重视参与绿色可持续发展的国际议题。2020 年 9 月，习近平主席宣布中国将提高国家自主贡献力度，采取更加有力的政策和措施，力争 2030 年前二氧化碳排放达到峰值，努力争取 2060 年前实现碳中和。2020 年 11 月 22 日二十国集团利雅得峰会期间，习近平主席在“守护地球”议题下就“可持续发展”这一世界议题分享了呼吁世界加大应对气候变化力度、深入推进清洁能源转型、构筑尊重自然生态系统的中国主张。12 月 12 日，习近平在气候雄心峰会上题为《继往开来，开启全球应对气候变化新征程》的讲话中强调，中国在气候问题上“将提高自主贡献力度”：到 2030 年，中国单位国内生产总值二氧化碳排放将比 2005 年下降 65% 以上，非化石能源占一次能源消费比重将达到 25% 左右，森林蓄积量将比 2005 年增加 60 亿立方米，风能、太阳能发电总装机容量将达到 12 亿千瓦以上。作为发展中国家，中国这些应对气候变化的举措和力度可以说是空前的，习近平宣布的“自主”举措再次凸显了中国在人类共同发展议题上的一贯立场，充分体现了中国对全人类共同命运的关注。

“自我约束，自我提升，自主贡献”体现了中国对可持续发展的价值导向和担当。习近平主席在气候雄心峰会发言中“自主贡献力度”的表述，反映了中国在可持续发展议题上的一贯立场和做法，也是新时代中国就可持续发展向世界的表态。从发展经验交流看，中国过去 70 多年对可持续发展问题的高度重视可简单表述为：自我约束、自我提升和自主贡献。中国快速发展的过程，就是中国自我约束、自我提升、自我贡献的过程。当中国作为落后国家开启工业化、现代化进程时，主要通过自我约束，包括消费约束和人类生产约束努力实现自给自足的可持续发展；中国的工业化和现代化进程，就是努力通过提高生产力提升中国的可持续发展能力的过程。作为全球性议题，中国一个国家的担当是无法解决根本问题的，需要世界各国的广泛参与。从国际合作看，中国的表现也应该成为国际社会在“绿色”“可持续发展”领域开展合作的价值贡献。

自我约束首先表现在控制人口的无限增长。人类自身生产的规模是影响可持续发展的重要因素。研究表明，人类从 10 万年前到 19 世纪初，人口数量仅突破 10 亿，但在随后短短 200 多年的工业化进程中，人口增加到 70 多亿。技术进步带来生产力水平提高的同时，也极大地释放了人类自身生产的能力。但如果人口增长和资源生产、分配不能相适应，技术进步带来的资源补充不能满足人类增长的需要，世界的发展将不可持续。因此，人类可持续发展同人类的增长密切相关。而中国在该方面最典型的政策是计划生育。早在 1956 年 10 月 12 日，毛泽东在同南斯拉夫妇女代表团的谈话中就对工业化中与女性社会地位提升、资源公平分配密切相关的计划生育表达了关切。1957 年 10 月 9 日，毛泽东在中共八届三中全会上就中国的农业发展和粮食供应关系指出：中国的农业要靠精耕细作来保障粮食供应（“中国就是靠精耕细作吃饭”），“要提倡勤俭持家，节约粮食，以便有积累”，“还是要节制生育，我不是来奖励生育”。就农业发展的计划性指出：“计划生育，也来个十年规划。”[①] 1971 年，国务院批转了《关于做好计划生育工作的报告》，1973 年，全面推行“晚稀少”的计划生育政策，中国开始了人口的计划性生产。相关研究数据显示，1950 年到 1970 年，中国的人口增长是与世界人口增长同步的，中国人口占全球的比例稳定在 22%，但计划生育使得目前中国占世界人口比重下降到 18.4%，按照之前增长比例，中国到 2005 年少生育了 4 亿人。外部世界长期存在对中国人口计划生育政策的非议，却理解不到中国为世界可持续发展作出的巨大贡献。

自我提升表现在通过技术进步反补过度开发带来的环境破坏。沙特作

---

① 《毛泽东文集》第 7 卷，人民出版社 1999 年版，第 307、308 页。

为高收入国家，有条件建设了大规模的海水淡化工程。其背后需要的不仅是巨量资金，也需要技术支持。从此角度看，可以理解为什么一些发展中国家高度强调工业化的重要性。因为只有工业化水平提高，国家才有能力为环境的治理提供必要的物质和技术保障。这也是中国在可持续发展议题上重视“自主提升”的原因。世界惊叹当前中国大规模海洋养殖经济或大规模改造毛乌素荒漠的背后，正是中国政府和人民对绿色产业的重视和持续投入。早在 1988 年，中国政府工作报告就明确强调发展带来的环境污染和生态破坏问题，强调经济发展要十分珍惜和保护土地、水源、森林、草原、海洋和野生动植物等自然资源，合理开发和有效利用各种矿产资源。之后，中国政府高度重视生态治理和积极倡导循环经济，并先后推出了诸如退耕还林、减少碳排放、生产技术改造等一系列具体政策措施。中共十八大以来，中国更加高度重视生态可持续问题，“绿水青山就是金山银山”已经成为新时代生态文明建设的重要方向。与 2015 年相比，2019 年中国地表水优良水质断面比例上升 8.9 个百分点，劣Ⅴ类断面比例下降 6.3 个百分点，细颗粒物（PM2.5）未达标地级及以上城市年均浓度下降 23.1%。正如习近平在利雅得峰会所讲，中国建成了全球最大的清洁能源系统，新能源汽车产销量连续 5 年居世界首位。未来中国仍将推动能源清洁低碳安全高效利用，加快新能源、绿色环保等产业发展，促进经济社会发展全面绿色转型。

自主贡献体现中国对人类可持续发展目标中加强全球治理的支持。首先，充分发挥体制优势支持全球可持续发展议程。这种支持既体现在党和政府积极推动国内产业的整体转型升级，也体现在积极参与国际减排协议及开展相关合作。中国通过“一带一路”倡议广泛推动同相关国家充分利用第四次技术革命开展合作，正是从人类命运共同体角度关注世界的可持续发展。其次，积极推动节约、创新型社会成为世界发展共识。市场经济的重要价值导向是消费，而与消费伴生的却是资源的消耗。当世界通行以 GDP 衡量一国国民经济增长的成色时，处于工业化发展初期的国家绝不应忘记资金积累和技术积累的重要性。毛泽东讲“贪污浪费就是极大的犯罪”。反对浪费厉行节约一直受到中共和中国政府的高度重视，也一直是社会的主旋律。不同发展水平国家对绿色产业投入的能力和迫切性是不同的。因此，中国既不主张碳排放问题上的一刀切，又积极通过自身努力推动碳排放的减少。这背后体现的正是中国负责任大国的担当。

构建国内国际双循环相互促进的新发展格局*

“十四五”正开启中国一个新的发展阶段。制定一个什么样发展导向的规划是备受世界瞩目的。站在新时代的中国，“十四五”规划既要反映中国的发展国情和发展导向，也要体现中国参与国际合作的方式和力度。毛泽东1930年《反对本本主义》中就讲，“没有调查就没有发言权”，这也成为中国共产党“实事求是”决策的重要原则。习近平主席对“十四五”规划编制工作也明确强调：要开门问策、集思广益，切实把社会期盼、群众智慧、专家意见、基层经验充分吸收到“十四五”规划编制中来，齐心协力把“十四五”规划编制好。

立足实际着眼未来的科学决策。在规划制定前夕，习近平主席近期就该议题进行了多次密集调研和座谈，其中包括7月21日的企业家座谈会、8月24日的经济社会领域专家座谈会和9月11日的科学家座谈会。三次座谈会的行业界别特点是突出的，表明相关领域建议对国家科学决策的重要性。产业是社会经济发展的干细胞，产业发展的科学规划需要重视具有国内、国际视野的社会科学界的分析判断，产业的发展更离不开自然科学技术进步的推动和创新。在企业家座谈会上，习近平主席肯定了企业作为社会主义市场主体在社会经济发展、国计民生中发挥的重要作用，表达了

* 原文载于《瞭望中国》总第431期（2020年10月），参见 http://www.outlookchina.net/html/news/202010/12383.html。

党和政府在未来继续优化产业发展环境，促进企业更好发展的政策导向。在经济社会领域专家座谈会上，习近平主席强调了中长期规划对社会经济健康发展的重要性，指出这是“我们党治国理政的一种重要方式”，提出在新发展阶段，我们要“着眼长远”“把握大势”“研究新情况”乘势而上开启全面建设社会主义现代化国家新征程。在科学家座谈会上，习近平在强调科技进步对高质量发展的重要性基础上指出，“加快科技创新是构建新发展格局的需要”，加强国际科技合作，首先要坚持把自己的事情办好，还要聚焦气候变化、人类健康等共性问题的合作。

构建新发展格局备受关注。在多次调研座谈中，习近平主席突出强调的一个概念是“双循环”。2020 年 5 月 14 日召开的中央政治局常委会议就明确指出，要深化供给侧结构性改革，充分发挥我国超大规模市场优势和内需潜力，构建国内国际双循环相互促进的新发展格局。5 月 23 日，习近平主席看望全国政协十三届三次会议的经济界委员并参加联组会时指出，“必须在一个更加不稳定不确定的世界中谋求我国发展”，[①] 面向未来，我们要把满足国内需求作为发展的出发点和落脚点，逐步形成以国内大循环为主体、国内国际双循环相互促进的新发展格局。除多次在座谈会上阐述“双循环”的必要性和重要性，9 月 1 日，习近平主席主持召开中央全面深化改革委员会第十五次会议，又从改革的角度提出要求，强调为构建新发展格局提供强大动力。

确立新一轮深化改革的重大方向。在当前观察者热议“大循环”和“双循环”的含义时，更应该着眼于构建“相互促进的新发展格局”这一核心词。无论是“大循环”还是“双循环”，其目标是构建新的发展格局。这是中国深化改革的又一重大方向。一方面，发展道路探索继续深化。作为发展中国家，中国的发展不平衡和不充分仍将长期存在。消除发展不平衡需要中国继续推动深化改革，“以国内大循环为主体”的描述，反映出“双循环”是在现有发展水平和工业化国家发展经验基础上探索新的增

① 《习近平关于防范风险挑战、应对突发事件论述摘编》，中央文献出版社 2020 年版，第 64 页。

长驱动和开创新的发展经验。这种驱动是着眼于未来更长时间内的增长和更大范围内的包容性增长。另一方面，新技术革命背景下，通过供给侧改革形成的新的发展格局要有助于提升中国的经济发展水平和融入世界产业发展的能力。从二战后发展中国家发展的经验看，无论是“进口替代”还是“出口导向”，其突出特点都反映了单一市场国家经济循环的脆弱性。

“双循环”是中国发展道路的一次新探索。近年来国际经济政治形势的变化，很大程度上反映了国际发展的失衡。一些国家仍长期徘徊在有增长无发展的老路上，一些国家不能通过创新改革促进社会经济的可持续发展，一些国家习惯于站在国际产业链高端“坐享其成”。在世界百年未有之大变局加速演进之际，解决中国的发展问题不仅关系到中国自身的发展，也关系到全球发展问题的解决。人类工业化进程启动以来，每次的产业革命都带来更多的人口获得长足性发展，都推动着国际秩序的进步。从突破技术到形成产业，开放中国的“双循环”将为世界提供新的发展合作机遇。要构建人类命运共同体，我们首先需要解决好自己的发展问题，才能为世界的进步提供动力。正如习近平主席在企业家座谈会上所讲，“世界经济低迷、全球市场萎缩的外部环境下，我们必须充分发挥国内超大规模市场优势，通过繁荣国内经济、畅通国内大循环为我国经济发展增添动力，带动世界经济复苏。要提升产业链供应链现代化水平，大力推动科技创新，加快关键核心技术攻关，打造未来发展新优势。”①

“双循环”是国家发展升级转型的结构性调整。对一个政策概念的解读需要从背景、目标和实施手段等多视角看待。发展中国家长期存在产业结构单一的现实，这导致按照国际多边金融机构提出的通过“结构性改革方案”来促进发展经济多元化改革总难以见效。这也是发展中国家出现所谓“中等收入陷阱”的重要原因。作为发展中国家，中国也曾存在这样的发展制约，这不仅体现在中国主要产业或国民经济循环主要依靠国际市场需求，也体现在由此带来的国内经济发展不平衡。中共中央提出以“双循

① 习近平：《在企业家座谈会上的讲话》，人民出版社 2020 年版，第 9—10 页。

环”构建新发展格局时，伴随的概念是“改革”。从此角度看，中国“双循环”政策是改革的继续深化，所反映的是中国国内经济结构的调整和更大程度与国际经济发展融合的预期。正如习近平主席在经济社会领域专家座谈会上的讲话中所指出的，从2008年金融危机以来，中国经济的发展已经在向国内大循环为主体转变，经常项目顺差同国内生产总值的比率由2007年的9.9%降至现在的不到1%，国内需求对经济增长的贡献率有7个年份超过100%。通过大循环促进产业升级，不仅有助于国内经济结构的优化，也是促进国内包容性增长的重要手段。

“循环”概念背后是中国社会经济的发展与进步。一方面，“循环”概念反映了中国发展阶段特征和外部环境的变化。从1984年到2020年的政府工作报告看，关于“循环”的概念集中体现在四个时期，大体反映了中国经济改革和发展的阶段性进程和特点。1984年政府工作报告第一次提及经济循环，其改革的重点是国内市场经济初期存在流通、积累等问题。1988年开始，政府开始关注循环经济，其特点是关注国内发展的可持续性问题，其中90年代初针对国际合作环境的恶化，中国再次关注经济循环。2003年到2017年，发展和与环境相关的循环经济概念则长期受到重视。2018年以来中国开始再次强调经济循环的重要性。另一方面，循环的阶段变化背后是中国社会经济发展的不断进步。可以说，当前世界绝大多数国家并不具有“大循环”和“双循环”的条件，或受制于国内市场狭小，或受制于国内资源短缺，或受制于国内产业链不完备……因此，从中国不同的阶段发展看，当前能达到有能力、有底气提倡“大循环”“双循环”构建新的发展格局，首先体现了中国的历史发展成就，也反映出应对发展挑战的自信。

不断改革和创新发展思路。中国的发展经验是独特的，这一独特性在于并没有教条地使用东西方的发展经验，而是不断探索和发展新理念。因此，看待新时期的重大改革方向，也应该避免经验主义视角。“大循环”并不意味着中国走“封闭”的发展路径，也不是在传统的发展经验中寻求可持续发展的“破解之道”，而是创新性看待发展问题，通过技术革新推动更大范围内的包容性增长和探索新的人类可持续发展经验。正如习近平主席所讲，"新发展格局不是封闭的国内循环，而是开放的国内国际双循环"[①]，"中国开放的大门不会关闭，只会越开越大。以国内大循环为主体，绝不是关起门来封闭运行，而是通过发挥内需潜力，使国内市场和国际市场更好联通，更好利用国际国内两个市场、两种资源，实现更加强劲可持续的发展。"[②]

① 习近平：《在深圳经济特区建立40周年庆祝大会上的讲话》，人民出版社2020年版，第9—10页。

② 习近平：《在企业家座谈会上的讲话》，人民出版社2020年版，第10页。

推进涉外法治是中国负责任大国身份的表现*

2020年11月16日至17日，中共中央在北京召开了全面依法治国工作会议。这是中国进入新时代的一次重要会议。会上，习近平对当前和今后一个时期推进全面依法治国要重点抓好的工作提出了十一个方面的要求。就国际发展经验交流看，“坚持统筹推进国内法治和涉外法治”备受瞩目，含义深刻。该部分内容不仅反映出国际社会长期对“法治”议题关注的共性，也体现出发展中国家在“法治”议题下同发达国家开展合作所长期面临的困境，更是新时代中国推动国际治理走向更加公平公正的决心的表现。

“法治”议题的国际性。习近平就“统筹推进国内法治和涉外法治”指出，“要加快涉外法治工作战略布局，协调推进国内治理和国际治理，更好维护国家主权、安全、发展利益。要强化法治思维，运用法治方式，有效应对挑战、防范风险，综合利用立法、执法、司法等手段开展斗争，坚决维护国家主权、尊严和核心利益。要推动全球治理变革，推动构建人类命运共同体。”① 这一论述充分反映出了发展中国家推进法治建设国际性的必要性。其一，法治在全球化进程中并不单纯是一个国家的内政问题。一国的法治，特别是发展中国家的法治建设要结合国内治理和国际治

---

* 原文载于《瞭望中国》总第433期（2020年12月），参见 http://www.outlookchina.net/html/news/202012/12415.html。

① 习近平:《论坚持全面依法治国》，中央文献出版社2020年版，第5页。

理。其二，全球化发展至今，法治仍受制于双重标准问题。就中国而言，维护国家主权、安全、发展利益都需要加大法治力度。其三，发展中国家的法治进程是一个综合进步过程，不可能脱离其发展水平。其四，发展中国家的法治进程需要国际社会推动整体的治理结构变革，其根本是实现真正的共同发展和差别对待。

要法治首先要法制。实现法治首先要有法可依。一方面，发展中国家通常将法制建设作为效仿发达国家现代化国家建设的重要方向。另一方面，发达国家也将是否“法治”作为衡量一个国家是否现代化的标准。由此，在学习发达国家的发展经验过程中，发展中国家都高度重视法制的建设。但是一个众所周知的现象是，在很多发展中国家存在严重的“有法不依”“执法不严”“违法不究”的现象。同样，一些发达国家的企业也存在进入发展中国家后，就一改曾经在母国“遵纪守法”的表现而变得“投机钻营”“违法乱纪”。可见，法治水平的高低并不是有没有法制的问题，而是法制的执行能力问题。其次，法治建设水平反映一个社会的综合进步。人类文明史上，很难用是否“法治”衡量一个制度或社会的进步。这是因为，即使在封建社会，社会的治理和运作也是有法可依的。只是要知道这样的“法治”是多少人在治理，多少人在被治理？正如习近平多次强调，推动法治建设要以广大人民为中心，要坚持依法治国、依法执政、依法行政共同推进，法治国家、法治政府、法治社会一体建设。全面依法治国是一个系统工程，要整体谋划，更加注重系统性、整体性、协同性。

涉外法治水平体现一国法治建设的能力和水平。虽然国际治理中的不公平问题长期存在，但随着人类交往规模力度的空前加大，这种不公平所带来的制约性影响才更加突出起来。这不仅加剧了发展的不平衡性，也固化了发展的阶段差异，为国际秩序的稳定发展带来了新的严重挑战。可见，积极参与国际秩序建设是负责任国家的表现。从学习他国制定的规则，到有能力应用规则维权，这表明中国法治建设的能力有了显著的提升。正如 2018 年 8 月 24 日习近平总书记在中央全面依法治国委员会第一次会议上的讲话所指出的，“中国走向世界，以负责任大国参与国际事务，必须善于运用法治。在对外斗争中，我们要拿起法律武器，占领法治制高点，敢于向破坏者、搅局者说不。全球治理体系正处于调整变革的关键时期，我们要积极参与国际规则制定，做全球治理变革进程的参与者、推动者、引领者。”[①] 涉外法治建设的参与，充分表明中国进一步开放参与国际合作的自信。

涉外法治要体现对平等发展诉求的尊重。通常，人们会站在非政治角度去看待世界，不自觉、无差异地看待平行世界的法治水平，而忽略了不同发展起点、不同发展遭遇、不同发展水平国家的法治环境，由此看不到所谓“平等法治权”背后的黑手。按此逻辑，或许也应该接受被侵略一方的战败赔款，接受所谓的“治外法权”，接受即使21世纪的今天仍存在的“长臂管辖”，甚至一些国家屡屡无视国际公法肆意妄为。在该逻辑下，很难理解一些严重欠发达国家保护自己国家产业所制定的政策法规。诚然，任何社会都存在维护弱势个人利益的法治成效，但一个国家的制度属性决定了这个社会民众通过法治维护切身利益的规模，这就是政治。从发展逻辑上看，政治是优先于法治的，法治建设必须坚持政治建设的优先性。法治的性质体现了政治制度的性质。长期以来，中国在国内法治进程中坚持以人民为中心推动了社会经济的综合快速发展，这为中国参与涉外发展建设增加了底气。就涉外法治而言，作为负责任大国的体现，中国推进法治建设首先体现在主张多边主义，维护联合国权威，以共商共建共享推动国际合作与发展，推动和平解决国际问题。而人类命运共同体目标将是中国涉外法治建设的重要方向。

涉外法治合作应避免法治水平差异而政治化和妖魔化。根据马克思主义理论，法律制度属于社会上层建筑，要与社会经济发展基础相适应。很容易理解，在农业化国家的治理中很难实施符合工业化生产关系的法治，即使制定了相关的法律制度，由于缺乏可操作层面的经验和监管，最终也极容易导致法治难以实施或监管缺位。客观上，即使在21世纪的今天，世界国家发展的水平差异，导致治理水平的差异，而发达国家因此成为行

① 习近平:《论坚持党对一切工作的领导》，中央文献出版社2019年版，第269页。

业规范以及由此产生的社会关系规范、标准的制定者、评判者。当一个国家既是运动员又是裁判员的时候，治理的公正性就会受到极大的质疑。主观上，当一些国家仍时刻不忘以所谓的法治噱头“仇共”“仇社”时，所谓“法治”国家就会更加没有可信度。国际法治合作如果不能容忍法治水平差异，那么用政治手段维护国家的安全就非常必要。这也会给世界的和平发展带来更多的不确定性。

涉外法治建设分享中国循序渐进经验。迈向法治的过程就是中国制度建设不断完善的过程。这个过程既是中国应对外部挑战，创建公平参与国际合作条件的过程，也是学习西方国家经验的过程。前者，在毛泽东时代，中国确立了维护和保障国家独立自主发展的基本法律制度。这些基本制度的确立，不仅消除了西方列强长期在华存在的特权，也确立了国内广大人民群众当家作主的地位，洗刷了百年耻辱实现了中华民族站起来的伟大梦想。后者，改革开放后，中国在学习西方市场经验的过程中，逐步健全了涵盖众多领域的法律法规体系。正如习近平2013年在中央政治局就全面推进依法治国进行第四次集体学习时所强调的，“我国形成了以宪法为统帅的中国特色社会主义法律体系，我们国家和社会生活各方面总体上实现了有法可依，这是我们取得的重大成就。”[①] “有法可依”的论断，既肯定了中国在法治建设过程中所取得的成绩，也表明了中国法治建设的时代特征。从法治建设进程看，十八大以来中国共产党推动全面依法治国新时代，正是要实现邓小平所提出的“有法可依”“有法必依”“执法必严”“违法必究”社会主义法治建设目标。

涉外法治建设将体现中国价值观。社会主义法治的一个重要特点是促进世界和平发展、平等发展、共同发展。这也是中国共产党领导下的中国政府一贯秉持的国际合作理念。在联合国关注世界发展不平衡，呼吁发达国家通过国际合作促进发展中国家的发展背景下，中国的国际合作理念充

① 《习近平：依法治国、依法执政、依法行政共同推进》，中华人民共和国中央人民政府，https://www.gov.cn/ldhd/2013-02/24/content_2338937.htm，2013 年 2 月 24 日获取。

分反映了中国的大国担当和支持国际公平正义的国家制度属性。全球化的进程没人能够阻挡，发展符合所有国家的利益。中国新时代全面依法治国的推进，必将获得世界更多国家的价值认同。

全球发展倡议：联合国见证中国全球治理新价值*

2021年10月25日，是中华人民共和国恢复联合国合法席位50周年纪念日。中华人民共和国主席习近平在纪念会议上发表讲话。习近平总结了中国在联合国过去50年所发挥的积极作用，向世界展示了中国在国际舞台上一贯的负责任大国形象。50年前，中国在世界爱好和平和主持正义的国家支持下恢复联合国合法席位，中国人民欢欣鼓舞；50年后，中华人民共和国主席习近平在纪念会议上通过讲话向世界交出了满意的答卷，爱好和平的世界人民应该感到欣慰。作为联合国的创建者和联合国多边体系的坚定维护者，在全球化不断加强的今天，中国并不仅仅是中国人的中国，也是世界的中国。中国的繁荣富强不仅是维护世界和平稳定的中流砥柱，也是世界探索可持续发展的积极贡献者。

中国恢复在联合国的合法席位后，中国“品学兼优”的成就为联合国全球治理不断注入动力。大国在国际秩序中的作用是突出的。就秩序而言，成员国的价值首先在于遵守共同制定的秩序，然后努力维护这一秩序。维护秩序的能力有大小，但是否遵守秩序的意愿则是主观态度。如果带头破坏秩序，那么实力越强的成员越是秩序的强有力破坏者。过去50年，中国共产党领导下的中国政府和中国人民积极维护联合国宪章尊严，

---

* 原文载于《瞭望中国》总第455期（2022年8月），参见 http://www.outlookchina.net/html/news/202208/12776.html。

身体力行践行联合国宗旨，为世界的和平、稳定、发展作出了重要贡献。当前，在人类面临众多发展新挑战背景下，联合国所提出的一系列关注人类发展方向的重大议题都需要中国的参与。而繁荣富强的中国对联合国的支持将增加联合国治理的底气和能力。今后，中国仍将积极维护联合国权威，为人类的共同发展，为构建人类命运共同体奋斗不息。正如习近平所讲，“站在新的历史起点，中国将坚持走和平发展之路，始终做世界和平的建设者；坚持走改革开放之路，始终做全球发展的贡献者；坚持走多边主义之路，始终做国际秩序的维护者。”[①] 这是新时代中国对世界爱好和平、寻求发展的广大人民的郑重承诺。

中国史无前例提升人民发展权。“一屋不扫，何以扫天下。”作为国际体系中人口最多的国家，解决自身发展问题，就是对联合国人类共同发展议题的支持。新中国恢复在联合国合法席位以来的 50 年，是中国和平发展、造福人类的 50 年。在参与联合国建设的 50 年中，中国不仅尊重联合国确立的行为规则，并且坚持发扬中华民族自强不息的精神，励精图治，勤奋上进。在中国共产党和中国政府的领导下，开创出落后发展中国家快速发展、脱贫的改革新道路，实现了全面建成小康社会的目标，完成了人类历史上最大规模的消除绝对贫困任务。这是中国参与联合国 50 年的优秀发展表现，树立了和平发展的榜样。在当前，中国积极支持联合国人类可持续发展议程，在绿色可持续发展中率先垂范，积极承诺碳减排和达峰并以“敢于断腕”之勇气大力促进国民生产、生活新旧能源的转化，为世界经济的结构性转型作出新的贡献。

中国坚持正义身体力行维护国际道义。联合国治理体系是人类在经历重大历史灾难背景之下的共识和伟大制度建设。联合国建立的一个首要出发点是解决不断发生的国际冲突和战乱，维护世界的和平与稳定。历史证明，在人类社会的发展中，无政府主义和霸权主义一样具有危害性，其实质关系到人类发展的价值导向。根据《联合国宪章》规定，维护国际和平

---

① 习近平：《在中华人民共和国恢复联合国合法席位 50 周年纪念会议上的讲话》，人民出版社 2021 年版，第 8—9 页。

及安全、尊重各国人民平等权利和自决权、合作解决国家间的发展问题是联合国的三大宗旨。中国一直在身体力行坚持按照历史形成的是非曲直维护国际道义与公正。一方面，中国支持广大发展中国家按照自己的认识自主选择发展道路，根据广大发展中国家的需要积极开展合作。一个和平、稳定、繁荣的中国带给世界的是希望，特别是当一些国家人民仍在为发展道路苦苦探索时，中国的发展为世界的繁荣注入确定性。另一方面，针对个别国家在国际舞台上的长期霸权行径，中国一贯坚持按照是非曲直作出自己的判断，在推动联合国相关议题改革的同时，主张历史问题对话解决、和平解决、发展解决，而非蓄意制造分歧和激化矛盾。

中国坚定不移走和平发展道路维护世界稳定。根据《联合国宪章》，联合国成立宗旨第一条即为维护国际和平与安全。时至今日，世界仍长期不断处于个别军事集团的霸权主义和强权政治淫威之下，很多国家动辄遭受制裁甚至侵略。维护主权国家的安全稳定一直都是一些国家为之努力的目标。在过去 50 年中，中国一贯坚持尊重历史，尊重发展中国家自主选择发展道路，在国际合作中坚持正义，支持结盟运动，为世界和平稳定作出了积极贡献。过去 50 年中，中国从来没有主动发起过对外军事战争。和平共处五项基本原则一直在中国的对外合作中得到坚持。正如 2020 年 9 月 22 日中国国家主席习近平在第七十五届联合国大会一般性辩论上讲话指出的，“国家之间可以有竞争，但必须是积极和良性的，要守住道德底线和国际规范。大国更应该有大的样子，要提供更多全球公共产品，承担大国责任，展现大国担当。”①

新时代中国，以构建人类命运共同体的努力支持联合国治理与发展议程。从 21 世纪初提出“千年发展目标”关注发展中国家的发展问题，到“2030 年可持续发展议程”，都集中反映出联合国多边机制对全球均衡、包容发展的高度关注。正如“2030 年可持续发展议程”序言所指，议程是为人类、地球与繁荣制定的计划。它旨在加强世界和平与自由。议程

① 《习近平在联合国成立 75 周年系列高级别会议上的讲话》，人民出版社 2020 年版，第 11 页。

指出“消除一切形式和表现的贫困，包括消除极端贫困，是世界最大的挑战，也是实现可持续发展必不可少的要求。”“所有国家和所有利益攸关方将携手合作，共同执行这一计划”，“在踏上这一共同征途时，我们保证，绝不让任何一个人掉队。”但实际情况是，占更多人口的发展中国家在联合国的发言却得不到有效重视。2013 年，习近平以中国国家主席身份首访非洲，在坦桑尼亚演讲提出了“中非从来都是命运共同体”理念。之后，“中非命运共同体”成为最大发展中国家与发展中国家最集中大陆合作机制中的“核心”词。2017 年 1 月 18 日，习近平主席在日内瓦万国宫出席“共商共筑人类命运共同体”高级别会议时发表题为《共同构建人类命运共同体》主旨演讲，深刻、全面、系统阐述人类命运共同体理念。2017 年 2 月 10 日，联合国社会发展委员会第五十五届会议通过的“非洲发展新伙伴关系的社会层面”决议中，“呼吁国际社会本着合作共赢和构建人类命运共同体的精神，加强支持，兑现在对非洲经济社会发展至关重要的领域进一步采取行动的承诺，并欢迎发展伙伴为加强与新伙伴关系合作而进行的努力”，欢迎并敦促各方在“一带一路”下促进非洲相关领域的发展。联合国将中国“构建人类命运共同体”写入相关决议。表明中国提倡的“人类命运共同体”与联合国全球治理和发展导向的高度吻合。这是新时代中国构建新型国际关系的重要理论贡献。

支持联合国真正多边主义，中国以“构建今世后代的共同未来”提出“全球发展倡议”。习近平 2021 年 9 月 21 日在联大发言指出，“世界进入新的动荡变革期。每一个负责任的政治家都必须以信心、勇气、担当，回答时代课题，作出历史抉择。”[①] 2022 年以来的国际发展形势充分表现出这种动荡特征。作为最大的多边治理机制，机构的改革并不能充分解决机制背后的利益结构问题。但毫无疑问，在相互尊重、团结中秉持寻求互利共赢的态度才有利于解决当前国际发展的结构性问题。国际体系发展中的不公平，很大程度上是由于历史形成的，占国家数量较多的发展中国家在国际体系中的发言权得不到重视。因此，支持真正多边主义，首先是要让

① 《习近平重要讲话单行本（2021 年合订本）》，人民出版社 2022 年版，第 112 页。

更多的国家获得较快的发展。正如习近平提出的“全球发展倡议”所说，世界只有坚持发展优先、坚持以人民为中心、坚持普惠包容、坚持创新驱动、坚持人与自然和谐共生、坚持行动导向，才会迈向平衡协调包容的新阶段。

中非合作新台阶*

2014年是周恩来总理访问非洲50周年，也是中国国家主席习近平访非1周年。在此具有时代意义的年份，中国国务院总理李克强于5月4日至11日进行了对非洲国家埃塞俄比亚、尼日利亚、安哥拉、肯尼亚的友好访问。李克强总理访非不仅体现了中国政府一贯的对非友好政策，也充分表明中国重视非洲的发展需求，积极深化对非合作的意愿。

李克强总理在访非期间的系列讲话和活动表明，中国对非合作在形式和内容上都将有新的发展。这为中非合作注入了新的动力，也进一步夯实了中非合作的基础，是深化中非合作的又一个新开端。

如同中国一样，非洲这片地域广袤、资源丰富的大陆曾长期遭受西方列强的殖民，灾难深重，在20世纪八九十年代被西方国家认为是“最没有希望的大陆”，贫困、饥荒、疾病、战乱等词汇成为西方国家眼中非洲的代名词。相反，得到国际广泛认同的是，正在不断扩大与深化的中非合作——不断扩大的贸易、日益增长的投资等，为非洲注入了增长动力，使得广大非洲国家在近十多年里整体保持了5%以上的增长率。在中国人民眼中，非洲是充满希望的大陆，非洲到处都充满了增长的潜力。非洲是世界政治舞台上的重要一极、是全球经济增长新的一极、是人类文明的多彩

---

* 原文载于《瞭望中国》总第241期（2014年5月），参见 http://www.outlookchina.net/html/news/201405/6826.html。

一极。这种认识正是基于“和你一同哭过的人，你却永远不忘”的情愫。世界的发展需要多极化。因为，民主不是少数国家所享有的特权，“在世界政治经济格局中，多几个‘极’，总比少几个‘极’要好。非洲的崛起和形成新的一极，将使世界更民主、更稳定、更具活力，也更丰富多彩，更有利于全球和平、发展与进步。”中国将一如既往地支持非洲人民在世界舞台上的发言权和自主发展权。

认同非洲联合自强的一体化努力，愿与非洲国家分享发展机遇实现共同发展。长期的殖民统治造成广大非洲国家民族割裂、疆域被人为划分、单一经济特征显著、区域市场狭小、跨界地区冲突不断。这极大地限制了非洲国家的发展。因此，谋求统一的非洲，是促进非洲发展的重要条件。从 1900 年“第一次泛非主义致世界各国呼吁书”公开提出非洲联合自强理念，到 1963 年“非洲统一组织”的成立、2002 年非洲统一组织改组为“非洲联盟”，以及非洲联盟成立后在社会、经济、集体安全等众多方面提出的发展规划，无不反映了非洲民族精英对于非洲发展道路选择的思考和实践。李克强总理选择在非盟总部演讲阐述中国新时期的对非政策，是对非洲国家近年来在社会经济发展中所取得进步的肯定。“团结就是力量。今天的非洲，正朝着一体化建设的目标迈进。今天的非盟，在非洲和世界事务中发挥着越来越大的作用。”而中国全面深化改革进程的启动，为深化中非合作提供了重要的机遇，也将为非洲一体化进程的推进注入新的活力。正如李克强总理所讲，中国也在“为实现中华民族伟大复兴的中国梦而奋斗。中非都面临共同迈向现代化的发展任务，中非关系已进入新的历史阶段”。

继往开来加强中非合作，让中非兄弟友好情谊再上新台阶。中国政府和人民一贯重视加强同广大非洲国家的友好合作。这不仅在于近代以来共同的历史遭遇，还在于维护共同发展的需求。正是在此基础上，1963 年底 1964 年初周恩来总理在访问非洲十国期间向全世界发表了著名的中国政府对外经济技术援助的八项原则，将“穷帮穷”共同发展作为中国与广大发展中国家开展合作关系的具体原则确立下去。2006 年，中国政府发布了对非洲政策文件，确立了新时期的对非战略及合作原则。2013 年，中国国家主席习近平访问非洲提出了对非关系的“真、实、亲、诚”理念，从战略高度再次肯定了中非关系的重要性。本次访非，李克强总理提出了对非合作四项原则：真诚平等相待、增进团结互信、共谋包容发展、创新务实合作。这将是新时期中国开展对非合作的重要原则，也是提升中非合作上台阶的重要保障。

重视提升非洲自主发展能力，全面深化对非合作。自主发展能力是一国可持续发展能力的重要体现，多数非洲国家之所以发展动力不足，很大程度上同其自主发展能力不够有关。长期以来，很多资源丰富国家不仅没有在西方国家跨国公司的资源开发中获得持续性增长和发展，相反却陷入资源诅咒、“矿业飞地”、有增长无发展及资源开发恶性循环等陷阱中。正如中国领导人多次所讲的：中国绝不会走别国的殖民主义老路，也不允许历史上的殖民主义行径在非洲重演。要实现这一历史使命，深化对非合作，不断提高非洲国家的自主发展能力是最可行的办法。而中国同非洲的合作是发展中国家间开展的以共同发展为目标的合作。为实现这样的合作，李克强总理在非盟总部讲话中提出：“着眼未来。中国愿与非洲国家共同努力，积极推进六大工程，打造中非合作的升级版。”[①] 中国将全面加强同非洲国家在产业、金融、减贫、生态环保、人文交流、和平安全等六大领域的合作，全面提升非洲的独立自主发展能力，增强非洲国家发展的可持续性。

促进包容性增长，需要多方共同努力，中国对非合作政策不具有排他性。正如李克强总理在世界经济论坛非洲峰会致辞中所讲，“一国之内实现就业、公平和平衡发展是包容性增长，国家和地区之间平衡发展也是包容性增长。”中非加强互利合作，“有助于提升双方人民的福祉，促进世界经济平衡发展，这本身就是世界上最大的包容性增长。”要实现这种包容性增长的目标，就需要中国和广大非洲国家以及任何有意促进世界和平稳定、发展和繁荣的国家一道努力。“中国与非洲国家的合作是真诚而开放

① 《李克强在非盟会议中心演讲全文：开创中非合作更加美好的未来》，中华人民共和国中央人民政府，https://www.gov.cn/guowuyuan/2014-05/05/content_2671998.htm，2014 年 5 月 5 日获取。

的，中国的先进适用技术和管理经验，愿毫无保留地与非洲国家分享；中方参与建设及运营的所有项目，都可以采取与非方合资或合作的方式。中方也愿与国际组织和相关国家加强协作，在‘非洲需要、非洲同意、非洲参与’的原则下，探讨在非洲开展三方和多方合作，共同为非洲发展建设作贡献。”[①] 也正如2014年5月李克强总理在非盟会议中心的演讲所指，“历史和现实都昭示人们：中国发展好了，非洲有机遇；非洲发展起来了，中国也会受益；中国和非洲都发展进步了，世界会变得更美好。”[②]

正视合作中存在问题，共同协商解决促进中非共同发展。一方面，随着近年来中非合作的不断深化，在不同经贸领域存在的问题开始显现。这是任何双边或多边合作深化都会存在的问题。仅从贸易角度来看，正是由于多数非洲国家工业化程度低、市场封闭等因素，导致非洲出口商品附加值低、运输成本高，市场潜力受限，不利于中非合作的深化。但是，中国有同非洲国家共同发展，共同应对和解决发展中存在问题的良好意愿。正如2013年习近平主席访非时所讲，中国愿意倾听非洲国家的声音。只有充分了解到非洲国家和人民的关切，中国政府才能更好地指导中国的对非合作。本次李克强总理访非，多次提到要提升对非洲工业化合作水平，加大技术转让和人才培训，通过大力投资非洲的道路等基础设施建设，解决非洲的发展瓶颈。另一方面，加强沟通与了解，增进互信是中非各国政府解决合作中存在问题应该具有的态度。正如李克强总理所讲，尽管改革开放使中国发展迅速，但中国仍是最大的发展中国家，中国在联合国人类发展指数的排名仍在100位左右。中国城乡和区域之间发展还很不平衡，发展中国家特征十分明显，中国实现现代化的道路仍然十分漫长。而中国企业的自身发展水平距离发达国家的跨国公司仍有较大的差距。因此，只有在相互理解、相互尊重的基础上，加强对话和沟通，协商解决深化合作中存在的各种问题，中非合作才能取得更大的成绩，才能为中国与广大的非

---

① 《李克强在世界经济论坛非洲峰会上的致辞》，人民网，http://politics.people.com.cn/n/2014/0509/c1024-24995376.html，2014年5月9日获取。

② 《李克强在非盟会议中心演讲全文：开创中非合作更加美好的未来》，中华人民共和国中央人民政府，https://www.gov.cn/guowuyuan/2014-05/05/content_2671998.htm。

洲人民带来更大的福祉，也将有助于全球的和平与繁荣。此外，李克强总理在访非期间还同中国在非企业进行了广泛的座谈，要求驻外企业遵守当地法律法规、积极践行企业社会责任，实现企业与当地社会的共同发展。

着眼未来，深化和完善中非合作机制，共同应对发展挑战。中非合作论坛是深化中非关系的一个重要平台。多年来，论坛在加强中非集体对话、促进中非务实合作方面发挥了重要作用。随着中非合作的不断深化以及当前国际政治经济形势的变化，中非各国在维护自身发展，开展广泛合作时面临着新的挑战——金融危机影响仍然存在、北非局势动荡以来非洲地区恐怖主义活动频繁、非洲提高发展能力要求凸显、中非贸易结构需要进一步优化等。因此，要创造稳定、良好的合作环境，深化互利共赢合作，就需要中非各国一同努力，加强合作的机制化建设，给中非合作机制提质升级，不断完善中非合作机制，充实合作内涵，使中非合作论坛更加务实高效。深化中非合作机制不仅有利于促进非洲发展迈上新台阶，也有利于应对中非合作日益面临的挑战。2015 年是中非合作论坛成立 15 周年，中方将与非洲国家一起推出更多契合双方需求的举措，使中非合作始终走在国际对非合作前列。

中非合作论坛以“一带一路”夯实“中非命运共同体”*

2018 年 9 月召开的中非合作论坛北京峰会是新时代中国和非洲国家求合作谋发展的一次重大盛会。始于 2000 年的中非合作论坛经历 18 年的发展，迎来了她的成人礼。在该论坛机制运作的 18 年中，中非各国在传承友好历史合作基础上，遵循平等、互利、合作、共赢原则开展了广泛的合作，政治互信进一步加强，经贸合作不断深化，中非各国团结合作，为实现各自的独立自主发展取得了巨大的成就，中非合作论坛由此成为推动国际对非合作的引领者。站在新时代起点上，北京峰会是中国和广大非洲发展中国家在新形势下进一步交换发展理念，深化合作路径，应对发展挑战，实现共同发展并构建新型国际关系的重要会议。

“合作共赢，携手构建更加紧密的中非命运共同体”，此次北京峰会议题设置既反映了中非友好合作的历史，又体现了新时代国际合作的主旋律。在实力至上、霸权盛行的时代，中国和广大非洲国家人民在应对生存挑战的过程中形成了休戚与共的兄弟、同志关系。在贸易保护、反全球化日益盛行的当前，中国和广大非洲国家将在应对发展挑战中进一步提升合作水平，形成更加紧密的合作、伙伴关系。

唱响峰会的“中非命运共同体”是中国和非洲国家向世界展示的共同的发展理念。从“联合国千年发展目标”到“2030 年议程”，对全人类共

---

* 原文 2018 年 8 月 28 日载于央视网，参见 http://www.rmlt.com.cn/2018/0828/527011.shtml。

同发展的关注已经成为21世纪全球范围内的主流发展理念。2013年3月，中国国家主席习近平在坦桑尼亚访问期间提出的“中非命运共同体”概念是对中非关系性质的总结和精确定位，反映了长期以来中国和非洲国家彼此关注发展需求和核心利益，把对方的发展视为自己的机遇，积极通过加强合作促进共同发展繁荣的历史。“中非命运共同体”是中国倡导的以“人类命运共同体”为核心的新型国际关系的基础。2017年1月，中国国家主席习近平在日内瓦发表《共同构建人类命运共同体》演讲后，以构建人类命运共同体精神来支持非洲国家的社会经济发展被写入联合国社会发展委员会第五十五届会议报告，已经成为联合国非洲发展决议的重要内容。以“中非命运共同体”为主旋律的峰会，充分表明了中国和非洲国家在维护人类共同利益方面的立场。

“一带一路”对接非洲发展议题深化互补性合作。“一带一路”作为中国的对外合作倡议，旨在以共商共建共享原则通过“五通”（政策沟通、道路联通、贸易畅通、货币流通、民心相通）创新增长和发展模式，推动广泛国家间合作，打造人类平衡普惠发展模式，促进人类社会经济共同发展。受多种因素影响，非洲很多国家长期存在资源潜力不能转化为增长力和发展的现实，甚至陷入有开发无发展的困境。21世纪以来，非盟形成了依托“资源走廊”“空间走廊”“发展走廊”实现“非洲发展新伙伴计划”及“2063年议程”目标的全非共识及重要区域合作规划。由此，“一带一路”同非洲发展方案有着多领域的互补合作空间。北京峰会将为有效整合中非互补性合作作出新的探索。

高水平合作开拓发展新路径。一方面，中非合作论坛北京峰会将推动世界更广泛国家的合作。“一带一路”和“中非合作论坛”都是开放的合作机制。“一带一路”倡议为开展更大范围、更高水平、更深层次的区域合作，打造了开放、包容、均衡、普惠的区域合作架构。在当前世界经济发展面临的不确定性增加的背景下，只有更多的国家参与到合作中来，便利化市场要素流动，共商共建共享开放的世界经济，才能促进世界经济的包容性增长和可持续发展。“一带一路”为世界发展提供了多元化发展选择和发展动力。另一方面，中非合作论坛北京峰会将推动更广泛议题的合作，以应对当前全球范围内面临的诸如气候问题、网络安全、重大传染性疾病防治、生物多样性维护等众多的共同问题。

拉美非外交中的全球布局*

2013年3月，中国国家主席习近平开始就任以来首次出访，对象国包括俄罗斯和非洲三国坦桑尼亚、南非和刚果共和国。2个月之后的5月底6月初，习近平主席又踏上了访问拉美三国特立尼达和多巴哥、哥斯达黎加、墨西哥的行程。习近平是在访问俄罗斯之后访问非洲三国，在访问拉美三国后访问美国的。作为新一届中国国家领导人履新后的重要外交活动，密集出访非洲和拉美众多发展中国家被世界所关注。相关评论指出，这些出访既展示了新一代国家领导的外交风格，也体现了新一届中央政策的全球外交布局。

习近平主席在出访过程中发表了系列重要讲话。其中包括2013年3月25日在坦桑尼亚尼雷尔国际会议中心发表的题为《永远做可靠朋友和真诚伙伴》的重要演讲、2013年3月29日在刚果共和国议会发表的题为《共同谱写中非人民友谊新篇章》的重要演讲、2013年6月5日在墨西哥参议院发表的题为《促进共同发展 共创美好未来》的重要演讲。此外，习近平主席还在众多场合进行了重要的非正式演讲，包括2013年3月27日在德班金砖国家领导人与非洲国家领导人对话会上的讲话、2013年3月28日在南非德班同非洲国家领导人举行的早餐会上的讲话等。

---

* 原文载于《瞭望中国》总第237期（2014年4月），参见 http://www.outlookchina.net/html/news/201404/6669.html。

习近平主席出访期间的多次重要讲话是新一届领导集体在当前世界经历史无前例的快速发展和变化背景下形成的外交思想。它是中国外交思想的不断发展和完善，是指导中国新时期外交活动的重要原则。具体而言，集中体现在以下几个方面。

加强同发展中国家的兄弟友好情谊。中国政府和人民一贯重视加强同发展中国家的友好合作。这不仅在于近代以来共同的历史遭遇，还在于维护共同发展的需求。正是在此基础上，1963 年底 1964 年初周恩来总理在访问非洲十国期间向全世界发表了著名的中国政府对外经济技术援助的八项原则，将“穷帮穷”共同发展作为中国与广大发展中国家开展合作关系的具体原则。在这些原则的指导下，中国开展了大量的卓有成效的对非援助与合作，其中包括中国超出自身经济承受能力为非洲援建的举世瞩目的坦赞铁路，而友好的非洲人民在国际舞台上也一贯积极维护中国的利益。所以，当中国重返联合国时，毛泽东主席风趣地说，是“非洲朋友把我们抬进联合国的”。

中国的改革开放，让中国的整体经济实力有了较大的增长，国际地位有了进一步的提高。中国同非洲、拉美国家的合作更加广泛和日益深化。为更好地开展与非洲、拉美国家的国际合作，应对各种挑战，中国分别于 2006 年、2008 年发布《中国对非洲政策文件》和《中国对拉丁美洲和加勒比政策文件》。习近平主席出访非洲和拉美充分体现了中国一贯重视同广大发展中国家友好合作的外交原则，并传达了积极深化合作的意愿。

坚定中国属于发展中国家阵营立场。第二次世界大战结束后，世界形势发生了翻天覆地的变化。广大殖民地、半殖民地国家的人民通过各种艰苦的斗争争取国家独立。在此过程中，中国人民和亚非拉人民相互支持、真诚合作，结下了同呼吸、共命运、心连心的兄弟情谊。

“三个世界”划分是毛泽东在冷战后期美苏争霸形势下关于国际阵营作出的判断。1974 年 2 月 22 日，毛泽东同赞比亚总统卡翁达谈话时提出了“三个世界”的划分问题，提出第一世界是美国、苏联，第二世界是日本、欧洲、加拿大等国家，第三世界是那些曾处于帝国主义剥削压迫下的尚在寻求发展的广大亚非拉国家。同时，毛泽东也就三个世界的经济发展水平进行了描述："美国、苏联原子弹多，也比较富。第二世界，欧洲、日本、澳大利亚、加拿大，原子弹没有那么多，也没有那么富，但是比较第三世界要富。"1974 年，毛泽东主席提出了"三个世界"划分理论，再次明确了中国的国际阵营属性。随着冷战的结束以及中国经历 40 多年的改革开放，中国取得了举世瞩目的发展成就。近年来，世界上对中国国家阵营划分态度出现了不同的声音。特别是在一些西方国家别有用心的鼓噪下中国资源掠夺论、新殖民主义论等甚嚣尘上，严重干扰和影响了中国在发展中国家的形象。

因此，听听非洲国家对发展中非关系的想法，听听拉美国家对发展中拉关系的想法非常重要。正如习近平主席所讲，中国始终把发展同发展中国家的团结合作作为对外政策的重要基础，这一点绝不会因为中国自身发展和国际地位提高而发生变化。中国坚持国家不分大小、强弱、贫富一律平等，秉持公道、伸张正义，反对以大欺小、以强凌弱、以富压贫，反对干涉别国内政，将继续同各方在涉及对方核心利益和重大关切的问题上相互支持，继续在国际和地区事务中坚定支持发展中国家的正义立场，维护发展中国家共同利益。中国将继续坚定支持发展中国家自主解决本地区问题的努力，为促进世界和平与安全作出更大贡献。

了解彼此需求，促进发展中国家共同发展。亚非拉人民有着共同的发展意愿。在过去的发展中，亚非拉人民取得了令世界瞩目的成就。作为有着相同发展经历的中国非常高兴看到各国所取得的成就。但是，当今世界发展不平衡的现实是客观存在的。广大发展中国家在促进发展方面面临的国际挑战也是突出的。资源禀赋和产业特征的差异为发展中国开展双边互利共赢合作提供了广泛的空间。深化双边关系，实现可持续发展，就必须深入了解对方的发展需求。

习近平主席在访问非洲和拉美期间的讲话多次表明，中国作为发展中国家一员，坚定支持发展中国家的共同发展。亚非拉合作"既要着眼双边合作，更要面向世界"。在国际舞台上，中国永远需要亚非拉兄弟。"中非是休戚与共的命运共同体。历史反复证明，中国发展好了，非洲发展会更顺；非洲发展顺了，中国发展会更好。""我们相信，拉美发展得越好，对世界就越好，对中国也越好。”习近平主席讲话凸显了中国视亚非拉发展中国家在国际舞台上谋求各自的发展是一盘棋，有着共同的利益。中国的发展离不开广大发展中国家，广大发展中国家的发展也需要中国的支持。

展示中国梦内涵，分享发展机遇。中国多年的快速增长令全球瞩目，也成为全球经济增长的动力。中国的发展有利于国际秩序的稳定和全人类的共同繁荣。习近平主席向非洲、拉美国家介绍了中国制定的实现两个百年目标的发展宏图，充分体现了中国梦的内涵。这就是到 2020 年全面建成小康社会，到 21 世纪中叶建成富强民主文明和谐的社会主义现代化国家。新时期，中国发展将给正与中国深入开展合作的发展中国家带来前所未有的机遇，发展中国家的发展也将为中国发展带来前所未有的机遇。双方应该继续坚定走互利合作、共同发展的道路。正如习近平主席所讲，“一花独放不是春，百花齐放春满园”，中国愿意同广大亚非拉发展中国家共享发展机遇。中国将坚定不移做和平发展的实践者、共同发展的推动者、多边贸易体制的维护者、全球经济治理的参与者。

支持主权国家发展模式多元化。文明多样性及发展阶段差异是各国在发展中存在的客观问题。但要和平不要战争，要发展不要贫穷，要合作不要对抗，是各国人民共同的愿望。

世界上没有放之四海而皆准的发展模式。各国都要遵循联合国宪章，坚持国家不分大小、强弱、贫富一律平等，尊重世界文明多样性、发展道路多样化，推动国际关系民主化，推动人类文明进步，维护世界和平稳定，增进人类共同利益。中国主张在国际关系中弘扬平等互信、包容互鉴、合作共赢的精神，共同维护国际公平正义。这是符合主权国家的发展需要的，也是适应历史发展潮流的。中国将继续坚定支持发展中国家探索适合本国国情的发展道路，加强同各国家在治国理政方面的经验交流，从各自的古老文明和发展实践中汲取智慧，促进各国共同发展。

坚持和平发展道路。希望和广大发展中国家在国际事务中维护切身利益时采取更为积极的态度。一方面，中国是维护国际和平环境的坚定力量，既体现出中国爱好和平，又体现出中国维护世界和平的坚定决心。正如习近平主席所讲，中国走和平发展道路，其他国家也都要走和平发展道路。只有各国都走和平发展道路，各国才能共同发展，国与国才能和平相处。另一方面，中国的发展绝不以牺牲别国利益为代价，我们绝不做损人利己的事情。发挥负责任大国作用应该充分体现在支持发展中国家利益，让世界政治经济秩序朝着更加公平、公正、合理的方向发展。统筹国内国际两个大局就是要让中国有实力、有能力来维护世界秩序的健康发展，让爱好和平、期冀美好生活的全世界各族人民共同发展。

加强发展中国家国际合作机制。当前世界局势处于深刻变革之中。广大发展中国家在国际上的地位日益重要，中国同广大非洲、拉美国家政治互信日益加深，经贸活动不断深化。

但是，当今世界并不安宁，各种全球性威胁和挑战层出不穷。这直接影响到了广大发展中国家的利益。热爱和平，珍视和平，实现世界持久和平，让世界上每一个国家都有和平稳定的社会环境，让每一个国家的人民都能安居乐业，是我们的共同愿望。广大发展中国家加强国际合作将促使世界经济更加平衡、国际关系更加民主、世界和平与发展的基础更加坚实。维护国际公平正义，维护世界和平稳定需要广大发展中国家共同努力，并推动国际合作新机制发展。

正如习近平主席在南非金砖峰会所讲，“志合者，不以山海为远。我们来自世界四大洲的 5 个国家，为了构筑伙伴关系、实现共同发展的宏伟目标走到了一起，为了推动国际关系民主化、推进人类和平与发展的崇高事业走到了一起。求和平、谋发展、促合作、图共赢，是我们共同的愿望和责任。”①

---

① 《习近平在金砖国家领导人第五次会晤时的主旨讲话》，中华人民共和国外交部，https://www.mfa.gov.cn/web/ziliao_674904/zt_674979/ywzt_675099/2013nzt_675233/xjpzxfw_675291/zxxx_675293/201303/t20130327_7955556.shtml，2013 年 3 月 27 日获取。

“三个世界”理论的时代意义：营造世界良好合作生态*

2022年9月16日，习近平主席出席上海合作组织成员国元首理事会第二十二次会议，发表题为《把握时代潮流　加强团结合作　共创美好未来》的重要讲话。其中，就上海合作组织宪章签署20周年来，组织内国家共同探索出的新型国际组织合作与发展经验进行了总结，指出：互信、互利、平等、协商、尊重多样文明、谋求共同发展的“上海精神”是上海合作组织发展壮大的生命力所在，更是上海合作组织必须长期坚持的根本遵循。强调“过去我们践行‘上海精神’取得巨大成功，未来我们还要秉持‘上海精神’一路前行”①。回顾当前国际形势的新不稳定因素对国际合作带来的消极影响，结合中国长期积极支持世界开展广泛的符合各自需要的合作及其特点，就会发现“上海精神”是二战后广大民族国家共同营造良好合作生态而开创的“万隆会议精神”的延续，与毛泽东关于“三个世界”划分的属性特征密切相关。

随着冷战的结束，对第三世界国家的描述，更多等同于发展中国家，而忽略了毛泽东对第三世界属性特点的描述。事实上，冷战后发展的历史表明，超级霸权国家依靠自己的强大武力和实力，在全球不断攫取利益的

* 原文载于《瞭望中国》总第456期（2022年10月），参见http://www.outlookchina.net/html/news/202210/12789.html。

① 习近平：《把握时代潮流　加强团结合作　共创美好未来》（2022年9月16日），人民网，http://politics.people.com.cn/n1/2022/0917/c1024-32528127.html，2022年9月16日获取。

同时，也在积极打压其他两个世界国家的合作，其表现手法包括直接军事干预第三世界国家国内事务、拉拢打压第二世界国家、对抗和制裁第三世界国家的发展等，继续扮演着国际合作生态的破坏者。

邓小平在联大代表中国政府对三个世界划分的系统阐述。在毛泽东提出“三个世界”划分理论后，中国政府随即在联合国郑重阐述了关于“三个世界”国际格局划分的理论内涵。恢复在联合国的合法权利后，1974年4月，中国政府派出了以国务院副总理邓小平为团长的代表团出席联合国大会第六届特别会议，会上邓小平系统阐述了中国在国际事务中的“第三世界立场”。邓小平指出：超级大国就是到处对别国进行侵略、干涉、控制、颠覆和掠夺，谋求世界霸权的帝国主义国家。“妄图称霸世界”的美国和苏联作为第一世界，亚非拉发展中国家和其他地区的发展中国家作为第三世界，处于两者之间的发达国家是第二世界。妄图称霸的国家不仅都想用不同的方式把亚非拉的发展中国家置于它们各自的控制之下，同时还要欺负那些实力不如它们的发达国家。可见，划分第一世界和第二世界的标准是是否称霸、是否依靠霸权维护国家利益。在发展议题上，虽然第二世界国家的发展水平高于第三世界国家，但仍然是被霸权国家欺负的对象。反对超级大国的控制、干涉、威胁、剥削和转嫁经济危机，是第二世界和第三世界共同的斗争使命。

从发展诉求看，当前“三个世界”的划分并不过时。二战后全球范围内的民族独立斗争及之后长期的国际经济斗争，其实质是摆脱殖民统治或压迫的发展中国家寻求公平、公正的国际合作，希望在合作中实现民族国家的独立自主发展，让自己的人民缩小与发达国家的发展差距。但实际现实是，这个过程伴随了战后秩序的全部发展过程，至今仍没有实现。在维护公平、国际秩序的国际斗争中，“三个世界”理论描述了我们的合作对象和斗争对象。这种斗争推动了联合国多边治理的发展。但政治独立如果没有经济的独立自主支撑，就是一种独立的假象。从国际秩序的发展和基本原则的遵循看，“三个世界”理论仍是具有时代意义的。在纷繁复杂的国际事务中，国家间合作如何开展，“三个世界”理论仍是关系到根本的问题。

仍困扰世界的殖民遗产和发展差异问题注定了“三个世界”划分的长期性。正如邓小平当年在联合国大会第六届特别会议上所讲，“联合国成立二十九年来，举行专门会议讨论反对帝国主义剥削和掠夺、改造国际经济关系的重大问题，还是第一次。”① 从当前看，全球发展中存在的众多问题仍没有从根本上得到改变。殖民遗产不仅仅是土地掠夺，更是殖民经济特点的深刻影响，同时，殖民者撤出时刻意遗留的众多领土边界、民族划分等问题仍时常发酵。特别突出的是，大多数国家在政治独立后并没有完成经济上的独立自主。其原因是，主权国家对于自己的发展权“说了不算”，时刻有“教师爷”出来以各种标准干涉。以近年来所谓备受西方热炒的“债务问题”为例，融资支持发展，债务方没有觉得出现问题，债权方也没有认为有问题，而第三方却不断强调有问题，并千方百计阻止债务方和债权方的合作。不让融资，又不得不时常接受强国货币政策调整的抽血，这不就是帝国主义全球剥削的新路径吗？不仅如此，针对一些地区或国家的历史遗留问题，超级大国还不断拉拢一些第二世界国家进行拱火，唯恐天下不乱，借以火中取栗。而一些国家却以为超级大国是在帮助其维护正义。

第三世界国家合作生态的基本特征是维护国际民主与公平发展。国家发展水平的差异，是决定“三个世界”划分的重要基础；但什么样的合作导向，更能体现出处于哪个世界的阵营划分。可见，维护国际民主首先要团结一致敢于向霸权说“不”。其次，第三世界国家合作，要能真正体现自己国家民生的发展需要。从国际组织层面看，一个国际组织或合作平台，重点关注的议题很大程度反映了它的性质。我们支持联合国，是因为联合国成立之后的相当长时间内，重点议题是众多民族国家的政治自决和独立。21 世纪以来，联合国议题下，“千年发展目标”“可持续发展”等议题，都反映出了这个多边组织对全球性议题的关注。从国家层面看，作为第三世界国家，维护稳定基础上实现发展一直是最迫切的议题。霸权国家口口声声的道德标准并不真实反映发展中国的迫切需要。正如邓小平在

① 《邓小平文集（1949—1974）》下卷，人民出版社 2014 年版，第 345 页。

联大发言所讲:“原料和发展问题的实质，就是发展中国家维护国家主权，发展民族经济，反对帝国主义、特别是超级大国的掠夺和控制的问题。这是当前第三世界国家和人民反殖、反帝、反霸斗争的一个极其重要的方面。”2022 年上合组织峰会上，突出强调维护粮食和能源合作的重要性，再次凸显了发展中国家的基本需求关注。这与一些国际组织大力强调军事合作，制裁合作等形成了鲜明的议题对比。

从长远看，中国不做政治超级大国的承诺决定了中国将一如既往属于第三世界国家阵营。邓小平在联大发言中就向世界表明,“中国属于第三世界。中国政府和中国人民，一贯遵循毛主席的教导，坚决支持一切被压迫人民和被压迫民族争取和维护民族独立，发展民族经济，反对殖民主义、帝国主义、霸权主义的斗争，这是我们应尽的国际主义义务。中国现在不是，将来也不做超级大国。”并且指出,“如果中国有朝一日变了颜色，变成一个超级大国，也在世界上称王称霸，到处欺负人家，侵略人家，剥削人家，那么，世界人民就应当给中国戴上一顶社会帝国主义的帽子，就应当揭露它，反对它，并且同中国人民一道，打倒它。”新时代以来，随着中国综合国力的提升，外界对中国的第三世界身份有了质疑。对此，中国国家领导人一以贯之强调中国的第三世界属性。如 2021 年习近平主席在博鳌亚洲论坛开幕式的主旨演讲中强调，中国无论发展到什么程度，永远不称霸、不扩张、不谋求势力范围，不搞军备竞赛。中国将继续做世界和平的建设者、全球发展的贡献者、国际秩序的维护者。

无论是 20 世纪 50 年代万隆会议确立并长期指导亚非拉国家合作的万隆会议精神，还是上海合作组织所强调的“上海精神”，都在强调国家间在平等、协商、互谅互让的基础上开展互利合作。如果说，毛泽东提出“三个世界”的划分是根据战后国际形势作出的国际阵营划分，是万隆会议精神的发展，那么“上海精神”就是中国一贯坚持的国际合作立场的新时代新发展。体现出中共各届领导核心对维护良好国际合作生态的高度重视。

中美两个大国的未来*

中美建交后历史回顾

中美建交，是第二次世界大战后国际社会中的大事，它反映了世界秩序的重大变化。两国建交反映了双方在国际事务中合作的必要性：世界最强大发达国家和世界最大的发展中国家间的合作具有各自阵营的广泛代表性，两国在全球事务中有着很多的利益交叉点。解决好两国彼此关注的问题，不仅有利于两国的深化合作，也有利于世界的繁荣和国际秩序的稳定。

国际舞台上的合作需求，是促使两国由对抗走向合作的重要原因。无论是出于冷战中对苏联扩张的遏制，还是出于中华人民共和国恢复了在联合国的一切权利，中美的建交都反映了双方在国际舞台上合作的彼此需求。

冷战时期的美苏对抗，是影响战后国际秩序发展走向的重要原因。在一定时间内，美苏两国竞争及国际影响力的平衡对于维护战后秩序发挥了重要作用。客观上不仅推动了亚非拉民族解放运动的兴起，也使民族国家在主权独立和民族发展自主权方面取得了较大进步。中国作为国际事务的

* 原文载于《瞭望中国》总第 232 期（2014 年 3 月），参见 http://www.outlookchina.net/html/news/201403/6446.html。

积极参与者和国际秩序的积极构建者，其发挥的日益突出的作用得到了美国的认同，并使美国最终改变了对华敌视政策。通过一系列外交活动，包括乒乓球外交及尼克松访华，促成了中美的建交。

照顾彼此关切及核心利益是两国开展合作的基础。中美能够建交和开展广泛合作的基础，是美国对中国所关注的国家核心利益给予认同，这可以从中美签署的三个联合公报中得以体现。尽管双方对中国核心利益的表述有所不同，但毫无疑问，如果美国不能尊重中国的主权独立和国家合理的领土完整诉求，双方的合作基础将不复存在。作为具有悠久文明的世界大国，任何国际秩序离开中国的参与都是不完整的。美国需要中国在国际事务中的合作，就必须认同中国的核心利益。

中美双边关系是当前国际关系中最重要的双边关系。但事实上，由于发展水平和国际影响力的差异，两国关系一直存在不对等的现实。美国一直是中国国际合作所重点关注的对象，但美国政府的独大心态和维护自身利益的狭隘偏见及霸道做法，一度成为影响甚至严重干扰中美两国人民关系健康发展的障碍。

毋庸讳言，随着中国的快速发展，美国必须更加正视中国在国际事务中的地位及所发挥的日益重要的作用。中美关系的发展将直接影响国际秩序的变革。

国际形势变幻下的中美关系

可以说，中美建交 40 多年来，双方在众多领域开展了卓有成效的合作。这种友好合作，不仅推动了双方的互利共赢，也为国际秩序的稳定发挥了积极作用。但很显然，这种合作并非一帆风顺。狭隘超级大国利益视角及冷战思维导致美国多次制造严重损害中国人民感情的恶性事件，其中包括 1989 年在联合国推动制裁中国议案、1993 年的“银河号”事件、1999 年的中国驻南斯拉夫大使馆被炸事件、2001 年的中美撞机事件等。特别是近年来，随着美国亚太再平衡政策的出台，美国战略东移，将遏制中国作为美国的重要外交政策，在中国领土主权问题上不能旗帜鲜明地支持中国的正当权益和合理诉求，为中美两国的发展蒙上了阴影。影响美国对华政策不断变化的因素是多方面的，但根本原因是美国的狭隘国家利益观和对现有国际体系内自己优势地位的维护。

冷战的结束使国际秩序处于失衡状态，空前的实力膨胀了美国的野心，而中国的快速发展直接影响到美国的利益。冷战结束后，美国成为唯一的超级大国。由于缺少实力对等大国的制约，美国这一唯一的超级大国在国际事务中的颐指气使霸权行为随处可见。抛开联合国机制发动科索沃战争、伊拉克战争，支持利益国发动“颜色革命”随意颠覆主权国家政府等行为给现有国际秩序的稳定带来了严重的挑战。

美国的霸权行径使世界上很多国家敢怒不敢言，也冲击到了中国的利益。在战争区，中国的人员财产安全得不到保障。美国以一己之利设双重标准对一些国家的敌视和制裁也直接影响了中国同其开展的经济合作。中国有义务维护世界各地区的安全与稳定。这直接影响到美国的现实利益。

此外，随着中国社会经济的快速发展，中国在海外经济活动的增加，中国不仅需要大量的海外资源也需要海外市场。尽管中国以和平手段获取，但仍让美国感到不安。正如美国总统奥巴马所言，如果中国人过上发达国家一样的生活，那对发达国家将是一种灾难。

事实上，美国也认识到，中国在发展过程中出现问题，那也是全球的灾难。正是这种认识决定了美国政府在对华政策上左右摇摆，既希望将中国的发展纳入美国和西方国家主导的国际规则中，又千方百计滞缓中国的崛起。

中国在国际秩序中的合理利益主张日益受到美国的压制。由于美国的冷战思维和狭隘利益观，中国的核心利益在二战结束后的近 70 年中仍没有得到回归。作为第二次世界大战的战胜国、战后国际秩序的建立者，这是对中国的极大不公正。维护国家领土完整是中国政府的坚定目标，但也绕不开美国的阻挠。美国绝不愿意看到中国的崛起及在此过程中触动美国的利益。

因此，在合作的幌子下，千方百计阻挠中国的发展成为美国的既定战略。在不断制造事端的同时，积极遏制中国同世界其他国家的合作。如在钓鱼岛问题上，美国一方面不愿意让日本感到失落而离心，另一方面又担心日本通过修宪等行为摆脱美国的控制。而随着台海两岸关系的缓和，美国利用台湾问题制约中国崛起的重要性下降后，美国需要搭建一个新的制约中国的平台，钓鱼岛问题牵涉的中日关系无疑是较好的选择。仲裁者的身份一贯是体现美国国际影响力的重要手段。

但是，很显然，时间有利于中国。2007 年中国超越德国成为世界第三大经济体、2010 年中国超越日本成为世界第二大经济体、2013 年中国进出口贸易额超过美国成为全球第一大货物贸易进出口国。而经历在阿富汗和伊拉克的两场战争及金融危机的冲击后，美国的实力大不如前。

相比中国的快速崛起，美国心里极不平衡。中美两国实力和国际影响力的此消彼长以及新兴市场国家的发展和老牌工业化国家的相对衰落，将引发近代以来国际关系的重大调整。这种调整的广度和深度将是空前的。对于即将失去的地位优势，美国还没有做好准备，心里难以承受。

两个大国的未来

中美两国关系走向已经成为影响未来国际体系演变的突出因素，备受世界瞩目。世界需要更加稳定的大国协调机制，这是维护世界和平的重要保证。在中国实力不断扩大及中国在全球范围内经济活动不断增加，中国参与全球事务的要求和能力将不断提升的基础上，如何夯实两国战略共识，增进互信，推动两国关系的健康发展是中美两国，特别是摆在美国政府面前的重大历史课题。但从现实角度出发，要实现这一目标还面临着较多的挑战。当前来看，主要体现在中国对维护领土完整的国家核心利益诉求同美国的冷战思维以及将自身利益凌驾于地区安全之上的思维定势之间的矛盾。由此，未来中美关系发展将体现如下特征。

美国对中国的不信任及由此造成的双边关系不协调将伴随中国的整个崛起过程。近代以来国际体系经历的多次变更伴随了西方强国间的霸权更迭。这种历史情愫影响着美国对中国崛起的态度。美国将中国所有的合法维权行为视为对现有的美国主导的国际秩序的挑战，包括中国对钓鱼岛、南海诸岛的所有权维护等。

其实，中国这种维权充分体现了对二战结束后一系列奠定战后国际秩序的国际条约合法性的维护。对此，美国应该站在公正的角度依据战后条约正确处理这些历史遗留问题。同时，美国应摒弃处理国际问题一贯执行的双重标准，如不应该将中国按照国际惯例设立东海防空识别区视为对地区安全的挑战。

很显然，美国还不愿意这么做。国际社会需要合理的秩序监管，美国不能既充当规则的制定者又充当裁判员，这是有违秩序公正和合理的，也难以让世界各国信服。在全球一体化空前加强的当前，在全人类面临的共同利益面前，美国应该正确审视其在国际关系中发挥的作用和扮演的角色。如果说中美建交体现了世界局势发展的变化及美国对中国在世界事务中发挥重要作用的认同，那么，当前不断深化的世界变化需要美国放下自身的狭隘利益，以更大的政治勇气认同和高度信任中国。中美的和平合作机制，不仅有利于亚太地区，也有利于全球的稳定与繁荣。

中美两国关系走向将取决于美国接纳中国崛起的态度。中美两国在现存国际体系中地位的不对等性，决定了中美关系的走向将更多取决于美国以什么样的心态和做法对待中国的崛起。客观而言，中国和平崛起的目标是维护现有的国际体系，并在此基础上推动其朝着更加公正、合理的方向前进。

对此，中国领导人就发展中美关系提出了构建新型大国关系的构想。正如中国国家主席习近平所讲，宽广的太平洋有足够空间容纳中美两个大国，希望美方充分尊重和照顾亚太各国的重大利益与合理关切。中国希望 21 世纪中美两国关系的发展能够避免大国对抗和零和博弈的历史覆辙，切实走出一条新路。

以史为鉴，可以知兴替。中国五千多年的文明发展史表明，中国并非一个穷兵黩武的国家。中国古代朝贡制度已体现出中国传统文化中的大国意识：在促进地区稳定的基础上更愿意将利益分享而非霸权和独占。新中国成立以来，中国一贯按照事情的是非曲直开展对外关系。中美建交 40 多年来的发展表明，作为全球性大国，中美两国在世界范围内有着广泛的共同利益，中美建交是由对抗到对话并最终确立合作机制的开始。作为第二次世界大战后国际秩序的建立者，中美两国应该在维护世界秩序的基础上增加互信、扩大合作。如果美国政府将中国视为敌人，相信中国人民和中国共产党领导下的中国政府，有能力维护中国的国家安全和国家核心利益。但两国对抗是人类的灾难。合作走向对抗，无益于任何问题的解决。

中美新型大国关系的构建取决于美国领导人的个人智慧和政府的大局意识。曲折中发展的中美关系史表明，只有美国领导人放弃狭隘民族利益、转变意识形态偏见，中美关系才能沿着正常的道路向前发展。和平共处五项基本原则并非只是处理发展中国家关系的原则，也应该成为中美之间开展外交关系的基本原则。只有这样，未来的中美关系才能获得更大的交集，在应对国际关系中出现的问题时，才能出现协作和共识。

中国广大民众希望未来的美国政府切实关注中国合理的核心利益诉求，正视并积极推动历史遗留问题的解决，这将有助于两国建立持久信任和深化合作关系。发展两国关系中“夹私货”的行为，将搬起石头砸自己的脚。特别是在当前日益升温的涉及中国领土完整的二战后遗留问题的解决方面，如果美国不能从战略高度关注中国的核心利益，而仅从自身狭隘利益出发，那将给二战后确立的国际秩序带来严重的挑战。

积极应对外界对中非合作的误读*

近年来，随着中国国际地位的快速上升，以及中非关系的快速发展，国际社会对于中非关系的关注日益增加，对中非关系的报道和评论成为国际媒体界的热点。站在学术角度而言，其中既有较为客观公正的报道，也有歪曲事实、夸大其辞，甚至危言耸听的报道。从认知角度而言，造成这种现象既有视角差异的客观性因素，也有视角差异的主观性因素。层出不穷的歪曲中非关系的报道已经对中非关系的健康发展产生了很坏的影响。本文将就此进行分析。

中非经贸合作问题的东西方话语解读对比

从西方媒体对中非经贸合作关系的解读来看，贸易上，西方很多媒体报道认为中非间不断增加的贸易，使中国对非商品出口大量增加。普遍认为：一方面，制成品的出口对非洲的民族工业造成很大冲击，很多企业难以为继，不利于非洲国家的工业化进程；另一方面，中国进口非洲商品多为能源、矿产及初级产品，中国对非进口是用来满足本国工业消耗，是

---

* 原文载于《当代世界》(2012 年 5 月)，原标题为《试析媒体视角差异及其影响下的中非合作——以中非经贸合作为例》，“人民网—中国共产党新闻网”转载。

“资源掠夺”，使非洲的产业结构更加单一。此外，认为中国出口商品质量低劣，缺乏知识产权保护等。投资上，认为中国对非洲的优惠贷款会加重非洲的债务负担，使得国际金融机构和西方债权方对非洲多年的债务减免成效降低。工程承包上，认为中国企业使用中国劳工是对当地劳工的排斥，剥夺了当地劳工的就业机会。

相比之下，中国媒体对中非经贸合作关系的解读，以及对以上问题的看法有着明显的不同。从贸易来看，非洲当前贸易结构的单一是西方国家历史上在非洲殖民的结果。长期的殖民统治造成多数非洲国家产业结构单一程度非常高，商品出口严重依赖初级产品，如形成了“可可国”“橡胶国”“棉花国”等，无一不是殖民主义种植园经济的产物，“钻石国”“黄金国”“铜矿国”等，哪一个没有资本主义经济掠夺的烙印？据世界贸易组织（WTO）统计数据，2009 年非洲地区能源出口占商品出口总额的比重为 55.3%，能源进口占商品进口总额的比重为 11.5%。同年，非洲能源出口额占该地区初级产品出口总额的比重为 74.6%，能源进口占初级产品进口总额的比重为 41.4%。2010 年，美国从非洲进口商品总额的 81.7% 集中在矿物燃料及其精炼产品领域，其次单门种类中占比最高的是珍珠、钻石及黄金类商品，占美国进口非洲商品总额的比重为 2.4%。其中，尼日利亚是美国在非洲的最大、全球第四大石油进口国，2010 年，美国全球石油进口的 11% 来自尼日利亚，而尼日利亚对美石油出口占非洲石油出口总额的 49%。非洲国家迫切希望通过出口贸易来改善国家财政，但长期以来西方国家控制着国际大宗商品价格的走势，导致非洲在贸易问题上选择权较少。中国对非贸易的需求给非洲国家带来更多的公平的贸易机会，改善了非洲的财政收支，利于非洲经济发展。作为全球的加工厂，中国产品种类繁多，中国对非商品出口提高了非洲人民的生活水平。整体上中国商品物美价廉，但中国生产的商品价格种类差异较大，而同种商品的质量差异更多是商家个人行为所致。事实上，中国有关部门对出口非洲商品的质量高度重视，海关对相关商品的审查方面非常严格。

从投资来看，可以毫不回避地说，作为中国的海外第四大投资目的地，资源领域的投资是中国对非投资的重要领域。但是，这绝不是资源掠夺。首先，资源开发是非洲走向发展与增长的基础。发展中国家在工业化初期，不仅要实现资金和技术的积累，有效开发资源产品，解决双缺口制约，还要解决能源的制约问题。现代工业经济很大程度上是建立在能源经济基础上的，特别是被誉为工业血液的石油。可以说，没有能源就没有工业生产。能源的严重短缺是非洲国家经济长期裹足不前的重要因素。在非洲很多国家，由于能源严重短缺，工业设施的建设都得不到保障，更何况工业生产用电？而要解决能源和资金问题，就首先需要开发资源。因为这些问题在非洲同西方发达国家密切合作的数百年中并没有得到解决。事实上，几百年的"合作"中，非洲国家虽然被开发了资源，但没有得到发展。发展中国家要取得发展，就必须面临突破瓶颈的阵痛。以中国为例，新中国成立初期，为解决中国的发展资金短缺问题，中国的石油产业长期为国家的资金短缺贡献力量。如大庆油田，从油田投产到 2009 年，出口创汇 422 亿美元，有力地支持了共和国的工业化发展和社会主义国家建设。其次，中国帮助有条件的国家延伸了产业链，有利于当地的工业化发展，增加了当地经济的造血能力。以苏丹、乍得为例，中国同两国在石油项目合作时，帮助当地建立了延伸的石油工业产业链——炼油厂，使其石油化工工业得到了快速发展。与此同时，中国企业在项目实施过程中，积极践行企业社会责任，同中国政府一道为非洲国家培训了大量的技术劳力，为非洲国家的能力建设作出了贡献。

从劳动力使用方面来看，中国企业认为，在承包工程项目下使用中国劳动力主要是基于劳动力技能、劳动效率等考虑，是降低非洲项目的成本、高效完成项目的需要。非洲之所以成为目前中国的海外第二大承包工程市场，很大程度上源于中国廉价的高素质劳动力。具有南非资方背景的腾讯在有关报道中就当地劳动力成本问题披露，2010 年南非的调查材料显示，在南非的中国工人月薪只有 2500 南非兰特，而要雇佣当地工人则不得低于每月 3 万南非兰特，雇佣一名南非当地工人相当于雇佣 12 名中国工人。可见，雇佣当地工人比雇佣中国工人的成本要高得多。除工资待遇外，非洲国家立法对雇工的社会保障水平要求较高，如要求为雇工建设标准住房，配备独立卫生间等。这在维护劳工权利的同时客观上也加重了本地企业的经营成本。

媒体视角差异对中非合作影响

随着近年来中非经贸关系的日益深化，西方国家媒体对中非关系的报道日益增多。整体上，负面的声音较多，包括“新殖民主义”“支持独裁政权”“虐待劳工”“加重非洲债务负担”等。这种由于媒体报道视角差异所产生的负面影响正成为严重影响中非关系健康稳定发展的因素。

首先，中国的国际形象受到严重损害。歪曲的报道更容易使民众，包括西方民众和非洲民众产生对中国的不信任，增加对中非关系深化合作的担忧。其次，不利于中非经贸关系的深化。中非关系的健康可持续发展，不仅需要经济领域的扩大合作，也需要在人文领域互相认同和尊重。而后者是前者重要的润滑剂和催化剂。歪曲的报道和宣传，不仅抹黑了中国对非发展作出的积极努力，也会对双方关系的深化造成障碍。第三，增加了西方国家民众对中国和平崛起的误读。认为中国的崛起过程将伴随着对外的赤裸裸的“破坏”，甚至是“掠夺”。在国际问题上也不利于中国负责任大国的形象。

媒体视角差异产生的原因

首先，基于认知主体自身的经验性认识而导致的客观性差异。从认知规律来看，报道者对事务的认识更多时候来自自身的经验知识，而不是从当事者立场和认知经验来考虑。当西方使用“内战”“贫困”“疾病”“腐败”和“动荡”等负面词语描述非洲时，更多是站在自身发达的立场上评论非洲。对非洲政治经济发展提出的改革要求，也是基于西方国家的本位主义认识，从西方国家的发展经验来指导非洲的发展：认为非洲国家应该走所谓西方的自由化、私有化、民主化等道路；而认为非洲的发展滞后，主要是国家政治和政策问题所致。这极大地忽略了非洲国家发展所面临的很多制约性因素。某种意义上讲，也掩盖了发达国家主导的不平等的国际政治、经济秩序对发展中国家带来的灾难性后果。了解西方历史的人很清楚，即使不考虑欧洲中世纪长达数百年的蒙昧时代，在西方国家进入资本主义时代后，不同国家出于发展阶段的需要，其经济政策也是不断变化的，包括重农主义、重商主义、自由主义，以及强调政府干预的凯恩斯主义、贸易保护主义等。因此，西方媒体这种因视角差异产生的客观性的歪曲性报道很大程度上在于其对非洲发展过程中存在问题的解读中更注重横向的比较，从而忽略了非洲不同发展阶段的差异需求。

相反，中国对非洲相关问题的解读更注重纵向的比较。这反映出媒体人立足于中国作为发展中国家，对发展过程中存在问题的理解。如果从纵向来看，看到的是成绩和进步，这种认识更符合非洲的国情，也更客观。因为，中国和非洲同属于发展中国家。中国在描述中非关系时，更多使用“和平共存”“共同发展”“互利共赢”“友谊”“真诚”和“相互尊重”等积极词汇。强调发展的自主性和差异性，强调文化的差异性。对非洲国家面临的社会、经济、民族等问题，中国认为这是“发展问题”，是由于经济发展滞后造成的。

其次，基于特殊目的而导致的主观性视角差异。一方面，是在政治议题下形成的媒体视角差异，很大程度上，这种新闻报道属于政治宣传。典型的案例是来自西方的在非洲有传统利益国家的舆论。对于这些西方大国，其所谓“民主”更多是国际政治议题，而不是同非洲国家民生密切相关的议题。如 2011 年，美国国务卿克林顿·希拉里出席在赞比亚举行的第八届“非洲增长与机会法案”部长级论坛期间，就中国在非洲影响力日益提升的问题接受当地媒体访问时称，中国在投资非洲和向非洲提供援助时，并不总是顾及非洲人民的利益，“新的殖民主义”正在非洲大陆蔓延。希拉里的言论引发的西方媒体对“新殖民主义”的报道，则属于明显的政治宣传。另一方面是媒体自身出于吸引关注的需要而导致的报道视角差异，尽管这种报道是出于行业利益考虑，但对于对事实真相缺乏了解的普通民众而言，这种报道更容易被政治宣传所绑架。因此，媒体的这种报道也属于主观故意产生的媒体视角差异。

第三，社会文化背景差异导致的认识视角差异。东西方在各自长期的历史发展中，形成了自己独特的文明。这直接影响到民众思维习惯，因而直接导致媒体报道的视角差异。中国是人类农业文明的中心之一，受儒家思想影响较深；而西方长期受基督教影响，是人类工业文明的发源地。这种文化的差异导致中西方在消费观念、资金积累、市场管理等方面有着较大的差异。这也是造成媒体语言差异的重要原因。中国在非洲务工人员，由于语言和文化的差异，更喜欢集中生活，相对封闭。这不仅不利于同当地民众的交流，也被西方媒体歪曲为中国企业对中国员工和当地员工的差别对待。相比，资本主义上升时期产生的对殖民地的探险、开发精神使得西方国家民众在与非洲国家民众交流中更开放。此外，中国的儒家思想强调天人合一，自然与社会的和谐。这种思想被广泛运用到社会治理中，注重文化的多样性，文化中强调和谐，社会改革中强调逐步推进，对外交流中强调求同存异，尊重文化和发展道路的差异性。相比，西方更强调将外科手术式的治疗应用到社会经济发展中。因此，中国在对非关系中强调不干涉内政，而西方则重视输出意识形态和社会治理模式。

正视媒体视角差异，重塑中非经贸合作话语权

首先，中国同非洲都应正视媒体视角差异的客观性，共同努力，加强对话。媒体视角差异是指基于不同文化背景、不同意识形态，甚至不同政治目的等因素，客观无意或主观故意形成的对事件的不同报道。中非合作中媒体人和媒体机构应充分认识到这一点。在媒体报道中正视差异的客观性，推动有利于中非合作的正面报道。

其次，媒体宣传应由注重经济合作数据，转为注重经济合作质量。可以说，中国的国际化进程是学习西方的进程。在此过程中，对学术语言、媒体语言等方面，都不自觉地适应了西方的语言规范。例如，在中非经贸

中注重强调双边贸易额的增长、投资额的增长等。这在一定程度上忽略了中国对非经贸关系深化给非洲民众生活和社会进步带来的切实变化。因此，中非媒体报道今后应注重强调经贸合作提升了当地民众的生活水平，促进了当地社会的发展。如创造了多少就业岗位，提高收入水平，政府治理不断进步等。

第三，增强民族自信，打造兼容并蓄的开放文化。立足于各自发展阶段的特征，是客观公正看待中非经贸合作问题的基础。一方面，正视中国的不足。中国作为发展中国家，自身的发展中仍存在较多的社会、经济问题，如劳动力权利保障、商品质量、企业监管等。因此，对海外企业的监管不力是客观的。另一方面，积极应对西方的政治宣传。随着中国的崛起，中国将必须应对更多的“成长的烦恼”。为此，面对国际媒体的负面评论，中国要在提升民族自信的基础上，保持一个平和而富有进取的心态：既要理解善意的批评，也要回击恶意的攻击。

第四，扩大国际媒体间的交流和合作。媒体在促进文化交流、增进不同民族间的理解方面发挥着非常重要的作用。因此，加强媒体间的合作，包括中国同西方国家媒体，中国同非洲国家媒体间的合作，对于增加国际社会对中国及中非合作的认同具有重要意义。

中国式现代化支持世界探索新的全球治理 *

应对全球共同发展挑战，中国在这么做。中共二十大后，中国国家主席习近平 2022 年 11 月 14 日首次出访参加二十国集团领导人第十七次峰会。在 15 日的会议上习近平发表了题为《共迎时代挑战　共建美好未来》重要讲话。作为全球重要的多边机制，习近平在讲话中以中国方式向世界传达了二十大的重要议题：中国式现代化。作为一个新概念，习近平在中共二十大报告中指出，“中国式现代化的本质要求是：坚持中国共产党领导，坚持中国特色社会主义，实现高质量发展，发展全过程人民民主，丰富人民精神世界，实现全体人民共同富裕，促进人与自然和谐共生，推动构建人类命运共同体，创造人类文明新形态。”这是用中国的话语表述中共过去带领中国人民取得的伟大发展成绩，也是用中国方式向世界就共同发展作出的声明。正如习近平在二十国集团峰会上就当前世界面临的困难形势所讲，各国要树立人类命运共同体意识，倡导和平、发展、合作、共赢，让团结代替分裂、合作代替对抗、包容代替排他，共同破解“世界怎么了、我们怎么办”这一时代课题。

中国式现代化蕴含的意义。对于一个国家的现代化进程或模式，不同领域的研究表述有不同的路径和术语特点。但至少可以从三个层面来看，

---

* 原文载于《瞭望中国》总第 458 期（2022 年 12 月），参见 www.outlookchina.net/html/news/202212/12823.html。

且这三个层面是密切关联的。第一，技术进步的现代化。就中国的发展程度和内容而言，中国式现代化意味着中国的四个现代化迈向广阔范围的现代化。未来的现代化是高质量、可持续的现代化。这个现代化是对工业化以来的传统现代化内容的升级。第二，国家治理的现代化。这个现代化是符合国家“个性特征”的现代化。从中国道路探索实践看，坚持马克思主义、坚持中共领导、坚持社会主义道路、坚持问题导向的制度实践，是实现中国式现代化的重要条件和保障。第三，国际合作方式的现代化。这是中国式现代化的国际合作延伸，中国式现代化的目标是普惠式现代化。在内容上，中国式现代化的普惠性体现在“促进人与自然和谐共生，推动构建人类命运共同体，创造人类文明新形态”。

中国式现代化是兼具共性和个性的现代化。就共性而言，现代化是发展程度和进步的描述。现代化的发展表明，生产技术的进步是现代化的逻辑起点。在中国，从 1954 年政府工作报告提出工业、农业、交通运输、国防的现代化开始，现代化在中国党和政府的话语表述中更多体现为摆脱落后和贫困的迫切的技术进步需求。从经济角度看，这个现代化的目标也由此延伸到要建立现代化的各个产业领域。在行业现代化发展到一定程度，并且不断取得预期规模效应的背景下，中国才在二十大提出中国式现代化，这意味着中国式现代化已经成为一种现代化的发展模式。就个性而言，遑论特殊现代化起点的发达国家，即使是当前不同政治经济制度、不同市场条件、不同历史文化条件的发展中国家，现代化之路差异也必然是较大的。中国的个性化现代化表述，反映出中国对当前发展中国家多元化探索现代化道路的支持。在此过程中，作为发展中国家，中国的经验无疑是非常重要的。就推动人类整体的现代化进程而言，“中国式现代化为人类实现现代化提供了新的选择”，反映了中国的智慧，为世界可持续发展作出了贡献。

中国式现代化提出解决世界可持续发展议题的迫切性。发展问题绝不仅仅是历史研究，而正考验着世界各国的政治方向。在人类生产生活方式空前改变的背景下，当前国际环境变化突出反映人类面临的问题在急速放大。以人口为例，长期以来，中国作为世界第一人口大国备受关注，十多亿人口的温饱和发展绝对是一个世界性议题。而今世界人口的刚性需求的重要性比人类历史上的任何时候更加突出。据联合国《世界人口展望2022》报告数据，2022 年 11 月 15 日，世界人口正式达到 80 亿。从 2011 年 10 月 31 日世界人口达到 70 亿开始算起，世界人口增长 10 亿仅用了 11 年零半个月的时间。当今天我们面对地区热点问题影响、受大国冷战思维干扰、人口资源流动伴随全球新冠疫情威胁时，绝大多数国家已经相对地无计可施。在人口的快速增长和资源流动背景下，可以确定地说，未来世界面临的影响巨大的问题将更多。从目前技术条件看，全球发展的资源集约化、高效化、技术化仍是主要路径依赖。但这需要构建更加稳定的全球统一市场，也由此需要不同国家在该问题上有效解决相关制约性问题。

中国式现代化坚持国际合作。首先，中国式现代化支持各国以符合各自国情的方式解决发展问题，探索现代化道路。近年来，关于中国分享发展经验的表述一度引发西方顾虑：中国的经验对世界的影响及其方式？中国是否会输出制度模式？客观讲，如果说二战后中国支持广大殖民地的民族寻求自决和独立是处于全球范围内的制度变革阶段，那么中国在道义上支持反帝反殖反霸方面的立场是坚定的。但与此同时，中国一贯强调民族国家应根据自己的国情探索自己的发展道路，中国的经验不能简单照搬。其次，中国式现代化反对冷战思维。当西方仍在对社会主义中国“严防死守”充满敌意的时候，中国认为这是典型的冷战思维。一方面，全球范围内民族国家政治独立的历史使命已经完成，这决定了全球范围内不会发生历史上大规模的反殖民统治运动。即使在个别国家因为历史遗留问题发生冲突，也不可能发生二战后民族独立时期的规模性制度对抗。另一方面，国际制度方面，多边主义的影响在不断推动全球治理机制完善，这决定了更多国家发展目标的趋同性特征。“个性现代化”要建立在共性合作基础上。这个共性合作就是真正公平的市场机制，是对接对方发展规划，能真正满足对方发展需要的互补性市场合作。正如习近平在峰会所讲：“世界繁荣稳定不可能建立在贫者愈贫、富者愈富的基础之上”，每个国家都想过上好日子，现代化不是哪个国家的特权。

中国式现代化主张国际合作中加强治理合作和共同提高治理能力现

代化。首先，“治理能力现代化”是2017年中共第十九次全国代表大会报告中开始提出的国家制度建设议题。习近平在庆祝中国共产党成立一百周年大会上的讲话中强调，十八大以来的一个重要成就就是推进国家治理体系和治理能力现代化。二十大报告中，针对过去十年来中共的深化改革指出，“我们以巨大的政治勇气全面深化改革，许多领域实现历史性变革、系统性重塑、整体性重构，中国特色社会主义制度更加成熟更加定型，国家治理体系和治理能力现代化水平明显提高。”从中国参与全球化合作进程看，提高治理能力现代化仍是中共未来推动社会经济发展的重要着力点。其次，从国际合作看，随着中国参与国际经济合作规模的不断扩大，在国际治理方面必然寻求更多的合作，这也是中国式现代化关于解决世界发展面临困境提出的立场和方案。在中美关系紧张背景下，2022年8月26日一则关于中国证监会、财政部与美国公众公司会计监督委员会（PCAOB）签署审计监管合作协议的新闻，充分表明了中国积极参与治理合作的意愿。相比于国际合作，每个国家都会优先关注自己的发展。问题在于，如果自己的发展是“走自己的路让别人无路可走”，那么这样的国家对外合作是不可持续的。可见各种现代化发展道路中，有一点是共通的，那就是国家内部的治理将是解决问题的关键。

以经济合作为抓手积极推动全球性治理合作的互信和深化。早在2019年3月26日，习近平在巴黎全球治理论坛闭幕式上就强调，解决全球发展问题要重视解决“治理赤字”“信任赤字”“和平赤字”“发展赤字”。其中，“治理赤字”的存在是导致一个国家或全球范围内发展不公平的重要原因，当然也包括一国或跨国存在的显性腐败与隐性腐败，以及由腐败带来的资源分配不公平，市场环境差，产业资本和金融资本难以支持国民经济的均衡稳定发展。当前，全球治理合作的广度和深度远远落后于经济合作。资源的流动是自然的。即使受制于国家关系恶化，仍有平行市场在发挥作用。当“世界怎么了”出现的时候，更多是治理合作怎么了的问题。二十国集团经济总量约占全球经济的90%，包括了世界主要的发达和发展中大国。在这样的场合，中国强调中国式现代化的重要性，无疑是在向世界影响力较大的国家倡导全球治理合作的迫切性与必要性。